핵확산 문제와 아시아

핵 억지론(抑止論)을 넘어서

일본학총서 24

핵 확산 문제와 아시아

핵 억지론(抑止論)을 넘어서

요시무라 신타로 외 지음
김선희 옮김

도서출판 | 문

한국의 독자 여러분께

 2011년 3월 11일, 일본의 도호쿠(東北) 지방을 급습한 진도 9의 대규모 지진과 뒤이은 쓰나미는 1만 5천 명 이상(행방불명 3500명)의 사망자와, 20조 엔에 이르는 물적 피해를 가져왔습니다. 게다가 더욱 비참한 것은 예측을 뛰어 넘은 큰 규모의 지진과 쓰나미로 도쿄전력 후쿠시마(福島) 제1 원자력발전소의 1호기부터 4호기가 원자력 냉각이 불가능한 상태가 되어 그 결과 대량의 방사능 유출이 발생한 일입니다. 지금도 후쿠시마와 인근 주민의 대부분이 피난생활을 이어가고 있는 상황입니다. 한국을 비롯한 각국의 국제적인 지원에도 불구하고 정작 도쿄전력과 일본정부 및 관계기관은 피해자와 유족, 피난주민에 대한 구제는커녕, 심각한 방사능 오염의 실태조사도 충분하지 않아 분노가 치밉니다. 대기와 해양을 통한 방사능오염확산의 위협은 이번 참사를 통해 도저히 일국의 안전책만으로는 제거할 수 있는 정도가 아니며 국제적인 규모에서 긴급히 착수해야 할 과제임을 통감하게 하였습니다.
 아마 누구라도 핵무기가 인류의 미래에 어두운 그림자를 드리우고 있다는 사실에 인식의 차이는 없으리라 생각합니다. 그런 까닭에 국제원자력기구(IAEA) 헌장이나 핵확산금지조약에도 핵의 군사전용, 즉 핵무기개발을 제재할 것이라고 명기되어 있습니다. 이에는 전쟁은 '악(惡)'이라는 기본적 사고에 더해 핵무기가 민간인과 그 자손에까지 중대한 영향을 미치는 비인도적인 대량학살무기의 성격을 가지기 때문입니다. 그러나 다른 한편 국제원자력기구헌장에서 가맹국이 인정한 또 하나의 '핵', 즉 '원자력의 평화적 이용'에 대해서는 어떨까요? 필경 정부나 핵 전문가 그리고 일반인들 사이에서도 합의를 얻기란 쉽지 않을 것입니다. 현재 세계 경제발전에 한 축을 담당해 온 석유와 천연가스의 고갈이 예측되고 더욱이 그런 화석연료의 대량소비로 지구환경이 크게 파괴되고 있는 것이 현실입니다. '클린 에너지'로 주목되는 원자력발전은 인류가 현재에서 미래로 이어가는 데 이중의 염려를 해소해 줄 특효약처럼 여겨져 왔습니다.

앞으로도 경제발전을 지속하거나 유지하는데 필수적인 에너지원으로서의 원자력은 그러나 이번 동일본대지진에 이은 방사능오염의 확산과 인간, 자연에 파괴적 영향을 통해 핵무기와 마찬가지로 전 세계의 미래에 검은 그림자를 드리우고 있음을 깨닫게 해 주었습니다. 도저히 돌이킬 수 없는 핵의 '폭주' 사태를 외면해서는 안 되는 것입니다.

말할 것도 없이 한국과 일본, 아니 아시아의 여러 국가와 일본 사이에는 어두운 과거가 가로 놓여 있습니다. 일본은 이루 말할 수 없을 정도로 야만적인 식민지 지배로 많은 사람을 고통스럽게 했습니다. 일본인으로서 제 자신도 이 현실을 엄숙하게 받아들이며, 그렇기 때문에 더욱 과거의 잘못을 교훈삼아 제가 가르치고 있는 대학에서나 다른 강연회에서도 청중들에게 역사의 중요성을 역설해 왔습니다. 핵의 '평화' 이용이라는 미명의 원자력 의존은 일면 경제발전의 지속을 약속할지도 모릅니다. 그러나 피해지역을 방문했을 때 저는 고향을 잃은 사람들의 비통한 목소리를 들었습니다. 경제기반은커녕 고향이란 인간의 삶 자체의 기반이 뿌리부터 파괴되어 **빼앗길** 위험이 원자력 가동에는 항상 도사리고 있습니다.

본서는 작년 후쿠시마 원전사고가 발생한지 두 해 전인 2009년에 간행되었습니다. 물론 당시에도 언젠가 심각한 원전사고가 발생하리라고 예측은 했습니다만, 이정도로 빨리 눈앞에서 일어날지 상상하지 못했습니다.

이번에 본서가 고려대학교 일본연구센터 김선희 선생의 노력에 힘입어 한국어로 번역되어 출판되는 것은 편자로서 매우 큰 기쁨이며 또 고마운 일입니다. 김 선생은 일본문화와 일본사상사 전공자입니다. 전공 분야로만 보면 본서의 주제와 거리감이 느껴질지도 모르겠습니다. 그러나 김 선생은 한일 양국 간, 나아가 아시아가 품고 있는 현재적 과제에 대한 문제의식이 왕성하고, 더욱이 피폭지 '히로시마'에서 오래도록 체류한 경험에서 오는 세계 평화와 핵문제에 관한 학문적 인식면에서, 제가 아는 한 일본의 언어와 문화에 통효하며 학술교류에 힘을 쏟는 뛰어난 연구자입니다. 본서의 번역과정에서도 상세하고 핵심을 꿰뚫는 김 선생의 질문서를 받고, 우리 집필자들은 그 성실함과 열의에 큰 감명을 받았습니다. 김 선생이 번역을 해 주신 것, 그리고 위에서 말씀드린 사정을 떠올리면 그야말로 시의적절한 중요한 국제적인 학술교류의 시도라는 큰 의의가 있습니다.

  다시 한 번 지난한 번역작업을 해 주신 김선희 선생께 깊은 감사를 드리며, 본서를 통해서 핵무기와 원자력 위협의 한 켜라도 한국의 독자 여러분이 납득하신다면 엮은이로서, 또 글쓴이의 한사람으로서 더 이상 바랄 것이 없겠습니다.

2012년 3월 14일
요시무라 신타로 씀

서문

아시아에서 '핵확산'은 지금도 착실하게 진행 중이다. 1964년 아시아에서는 처음으로 중국이 핵실험을 한데 이어, 인도가 1974년과 1998년 두 차례 지하 핵실험을 하면서 핵무기보유국이 되었다. 인도에 대항하여 이웃나라 파키스탄도 1998년에 핵실험을 강행하면서 핵무장하기에 이르렀는데, 중국이 직접 지원했다는 소문이 있다. 인도-파키스탄 양국이 핵확산금지조약(NPT)에 가입하지 않고 국제원자력기구(IAEA)의 사찰대상국이 아니었다는 사실이 비밀스러운 핵무기개발을 조장하였음은 틀림없다. 또 아시다시피 양국 간 캐슈미르영유문제는 오랫동안 미해결과제로 남아있다. 이를 발화점으로 일촉즉발의 위기가 남아시아에서 발생할 위험도 부정할 수 없다.

동아시아로 눈을 돌리면 1985년 NPT 가맹국이었던 북한이 핵무기개발의 초점이 되고 있다. 1994년 미국·일본·한국·러시아·중국 5개국 간의 '암묵적 합의'에 기초하여 한번은 무사히 넘어갈 것 같았던 북한의 핵개발 문제는, 합의된 경수로건설의 지연도 한몫하여 21세기에 들어 다시 불붙었다. 파키스탄에서 농축 우라늄 핵기술을 비밀리에 수입했다고 여겨지는 김정일 정권하의 북한은 2003년에는 NPT탈퇴를 선언, 이듬해 핵실험을 강행함으로써 사실상 핵보유국임을 증명하였다. 충분한 방지책을 갖지 못한 국제적인 핵무기개발의 전이(轉移)와 폭주는 남아시아의 경우처럼 동아시아 안전보장의 미래에 먹구름을 드리우고 있다.

더욱이 서아시아(중동)에서도 1950년대 말부터 핵무기보유가 의심되었고, 이미 보유가 확실시되는 이스라엘을 경시할 수 없다. 계속되는 이스라엘의 팔레스타인 불법점령에 강하게 반발하고 규탄하는 페르시아만 주변의 대국 이란이, 현재 서아시아에서 핵을 둘러싼 국제적 긴장의 중심에 있다. NPT에서 인정하는 핵의 '평화이용' 권리에 기초하여 우라늄 농축활동의 실시·계속을 주장하는 이란에 대해, 핵무기개발의 전 단계라고 파악, 경계를 멈추지 않는 미국을 비롯한 국제사회의 수용방식에 결정적인 갭이 있다. 앞에서 서술한 인도-파키스탄이나 북한의 경우와는 성격이 다른 이란의 핵문제는 2006년부터 논의의 장이 유엔안전보장이사회로 옮겨왔는데, 이미 대(對)이란 제재결의도 여러 차례에 걸쳐 나와 긴장을 더하고 있다. 이에 대해 이란은 안보리 심의의 부당함을 주장하며 대결자세를 늦추지 않고 있고, 미국이나 이스라엘에 의한 대이란 군사공격 가능성도 있어 이후의 전개상황에서 눈을 뗄 수 없다.

이상의 사례는 핵의 군사전용과 그 가능성에 관련하여 아시아 핵확산의 위기상황을 여실히 보여준다. 더욱 주목할 것은 아시아 각국의 수많은 원자력발전소의 존재와 건설계획의 증가경향이다. 이는 악화일로의 환경문제와 짝이 되어 이산화탄소 배출을 억제하는 '깨끗하고' 값싼 에너지로서 원자력에너지가 주목되고 있기 때문이다. 예를 들면 일본에는 54기의 원자력발전소가 있다. 한국(20기), 중국

(11기), 대만(6기), 인도(15기), 파키스탄(2기) 등 아시아 전체에서 현재 가동 중인 원자력발전소는 106기를 헤아린다.* 또 인도네시아를 시작으로 현재 아시아 각국에서 건설 중이거나 계획 중인 원전도 이미 50기에 가깝다는 지적이 있다. 최근에는 중국이 2030년까지 100기가 넘는 원전보유계획이 있다고 보도되었다. 환경에 부하(負荷)가 적다는 이유와 석유·천연가스 가격폭등과도 맞물려 한층 더 원자력에너지에 대한 의존경향이 아시아를 중심으로 세계규모로 심화될 것은 쉽게 예상된다.

한편 지구온난화를 비롯한 기상이변이나 자연재해발생이 걱정되는 가운데 아무리 컴퓨터제어장치나 각종 안전장치가 원자력발전소에 구비되어 있다고 해도 인위적 조작실수나 사고에 따른 방사능 유출위험은 상존한다. 1957년 우랄 핵참사를 시작으로 1979년 미국 스리마일아일랜드(Three Mile Island), 1986년 체르노빌로 이어진 원전사고가 알려졌지만, 일본에서도 1978년 도쿄전력의 후쿠시마(福島) 제1 원자력발전소 3호기의 임계사고 이후, 이제까지 열 번이 넘는 사고가 발생했다. 그 가운데 다수의 사망자도 나왔다. 원전에서 일하는 직원뿐 아니라 주변의 주민도 방사능 오염에 노출될 위험에 맞닥뜨리며 살고 있다고 해도 과언이 아니다. 또 법률상 의무인 사고보고가 신속하고 상세하게 이행되지 않았던 사례까지 있어, 원전을 추진·옹호하는 측의 은폐습성을 생각하면 사태는 더

---

* (역주) 3.11동일본대지진으로 일본의 원전 54기는 모두 가동을 중지했다가 2012년 7월 1일자로 오이(大飯)발전소 한 곳의 가동이 재개되었다.

욱 심각하다.

　이상 간단하게 지적했듯이, 민생이용차원이든 핵무기개발 차원이든 방사능 대량저장으로 인해 아시아대륙은 동쪽 끝에서 서쪽 끝까지 핵=방사능오염 위협에 노출된 광대한 대륙으로 변모하고 있다. 하물며 핵의 민생이용을 위해 축적된 기술은, 정치적 의지라도 작동하면 쉽게 무기급의 고농축 우라늄 제조와 군사전용이 가능할 정도로 고도화되고 있다. 핵에너지의 민생이용과 군사적 이용은 말하자면 불즉불리(不卽不離)의 관계이기조차 하다.

　이렇게만 봐도 '핵확산 문제와 아시아'는 21세기 초엽인 지금도 급속하게 진행 중인, 극히 심각한 문제 가운데 하나임을 알 수 있다. 그렇지만 이에 관한 전문적인 서적은 너무도 적은 것이 현실이다. 확실히 이제까지도 아시아 일국의 현대사나 국제관계를 검토할 때 혹은 당면의 안전보장문제를 고찰할 때 해당국의 핵개발정책과 그 문제점은 거론되고 있다. 또 '핵확산' 사태에 경종을 울리는 관계 서적에서도 아시아 각국의 정책과 상황이 논의되고는 있으나, 아시아 각국의 내정, 복잡한 국제관계의 실상을 충분히 살피고 있다고는 할 수 없다. 그리고 전자 역시 역사와 현실의 한 단면으로 그려진 경향이 있고, 본서와 같이 다수의 아시아 국가를 도마 위에 올려 각각의 핵문제를 집중적으로 논한 것은 없었다.

　본서는 '히로시마'와 인연을 맺은 8명의 아시아 연구자들이 아시아의 핵확산 문제를 논한 수준 높은 입문서이다. 꼭 핵문제 전문연구자들은 아닐지라도 집필자들은 자신들의 전문 영역인 국가의 역사와 정치, 국제관계 동향에 관한 통찰을 바탕으로 각국이 안고 있는 핵문제의 특수성과 문제점을 검토하고 있다. 그런 의미에서 일본에서는 처음 시도하는 연구라고 말할 수 있다.

또한 핵전쟁 회피에 더하여 환경악화 방지라는 기존의 부족한 측면을 시야에 넣어, 부제로 한 '핵 억지론(核抑止論)'을 이중의 의미에서 파악하고 있다. 따라서 여기서는 우리를 언제 습격할지 모르는 핵의 평화적 이용 실태와 연관된 문제 역시 검토해야 할 대상으로 설정하고 있다. 바꿔 말하면, 본서를 관통하는 과제는 '핵 억지론'의 전제를 지금 다시 한 번 톺아보면서 아시아의 핵확산이 갖는 특성과 과제를 검토하는 것이다.

물론 아시아 전체를 망라하여 다루기는 어렵기에 여기서는 국제적으로 가장 주목되는 국가인 북한, 한국, 중국, 인도, 파키스탄, 이란, 이스라엘을 대상으로 하였고, 핵확산의 관점에서 의외로 빠뜨리기 쉬운 일본에 대해서도 한 장을 배정하였다. 또한 미국의 정책에 대해 위의 아시아 국가들을 직간접으로 논함으로써 미국과는 다른 관점에서 미국에 대해 카운터 밸런스의 역할을 하면서, 아시아 핵확산에 영향을 끼치는 제2의 핵보유국 러시아의 정책도 검토대상으로 삼았다.

우선 '핵확산과 일본-"혼네와 다테마에"의 피폭국-'이란 자극적인 제목의 1장에서는, 피폭국 일본이 당연히 핵폐기와 세계평화를 희구해야 함에도 불구하고 현실은 그와 동떨어졌음을 다양한 사례를 통해 고찰한다. 그 위에 일본의 잠재적 핵무장론을 핵확산에 '공헌'과 연관시키며 검토한다.

이어지는 제2장 '한국과 핵-"반입된 핵무기"와 핵기술이용의 현대사'에서는, 일본과 무관하지 않은 미군에 의한 한국으로의 핵무기 반입문제를 검토한 뒤, 1960년대부터 시작된 한국정부의 핵개발·'핵무장' 구상을 고찰한다. 그리고 북한문제를 포함하여 근년 원자력발전 증가실태도 분석한다.

제3장 '북한의 핵무기개발의 배경과 논리'에서는 냉전 후 북한을 둘러싼 '갈등' 심화에 주목하면서, 체제유지를 위해 국제적 영향력을 갖는 유일한 수단 확보라는 자위목적을 내걸면서 핵무기개발을 정당화해 온 것을, 북한의 주된 대외관계의 논리와 행동으로부터 역사적으로 해독하고자 한다.

제4장 '중국의 "핵" 세력균형과 국제협력'에서는 우선 구(舊)소련에서 행해진 최초의 원폭실험과 거의 동시에 건국된 중화인민공화국이 핵보유국이 되어 가는 과정과 그 후 군산(軍産) 양용의 '핵' 유지에 힘써온 역사를 국가 간 관계 및 중국내정의 변화와 연동시키면서 고찰한다. 그리고 긴장관계를 되풀이하는 신생 핵보유국 인도·파키스탄 양국과의 관계구축을 향한 중국의 동향을 상세하게 논한다.

제5장 '변모하는 인도의 핵무기개발과 정치적 의도'에서는 독립 이후 핵무기폐기를 제창해 온 인도가 1964년 중국의 핵실험을 계기로 대국주도의 '핵확산금지' 체제에 이의를 제기하고 스스로 핵무장하는 정치과정을 논한다. 당시 '핵군축'이라는 담론조차 인도의 정치적인 의도에서 이용된 것을 폭로한다.

인도와 끊임없이 긴장관계를 되풀이하는 파키스탄을 검토대상으로 한 제6장 '파키스탄의 핵무기개발 문제와 그 위상'에서는 파키스탄의 국내사정과 국제관계의 제약으로 해외의 기술이전에 크게 의존한 핵무기개발의 성격을 먼저 검토한다. 그리고 파키스탄 국내에서 완결되지 않은 핵무기개발의 역사가 핵관리와 기술유출 방지라는 핵실험 이후의 과제에도 크게 영향을 미치고 있는 측면을 고찰한다.

이어서 '이란 핵문제의 근저-국내외 정세 변화의 틈바구니-'라 제목한 제7장은, 우선 이란정권지도부가 핵개발을 추진하는 국내배경을 개관한다. 그리고 1979년 혁명이래 적대관계에 있는 미국정부의 대(對)이란정책, 국내의 치열한 당파대립을 핵문제와 직접 관련시켜 논하고 마지막으로 이란 핵문제의 특질과 해결을 위한 과제를 제시한다.

제8장 '이스라엘의 핵을 둘러싼 문제-핵보유가 중동정세에 끼친 영향'에서는 이스라엘이 엄연한 핵무기보유국임을 전제로 핵무기개발과정에서 발생한 폴라드 사건과 바누누 사건을 검토한다. 그리고 핵전쟁의 위험이 따라다니는 이스라엘의 핵보유가 공고한 대미동맹에 의해 유지되고 이것이 아랍세계의 핵확산 움직임과 연동됨을 논한다.

마지막 제9장 '러시아의 핵(원자력) 정책-과거와 현재-'에서는 먼저 사회적 비용(안전성)보다는 생산고 향상에 중점을 둔 소련의 원자력 개발의 역사를 거론하고, 그 결과 체르노빌 원전폭발사고가 발생했음을 검토한다. 그리고 신생국 러시아의 원자력개발정책이 환경보호에 대한 고려보다는 오히려 노골적인 영리추구 자세가 앞서는 현상을 고찰한다.

이상 각 장의 개요를 소개하였다. 물론 본서에서는 해당국의 핵개발 대치의 역사나 현재의 핵(무기) 보유상황, NPT와의 관계를 비롯한 대외자세와 정책 등 몇 가지 점에서 일괄하여 논하기 어렵다. 각국의 핵개발 문제에 대한 접근방식과 분석 단면도 각 지역의 핵 사정을 포함하여 다양하다. 따라서 독자의 관심에 따라 어느 장부터 읽어도 무방하다. 다만 긴장과 지역분쟁으로 채색된 국제관계, 그리고 국내사회경제사정도 고려한 입체적인 관점이 전체에 공통됨을 확인해 주시면 좋겠다.

　'반핵'은 당연하지만, 결코 도의적이거나 반대론으로 일관되어서는 안 되며, 복잡한 사정을 안고 있는 아시아의 핵확산 상황을 우선 직시할 필요가 있을 것이다. 그런 다음 국제규모의 핵폐기 달성 앞에 가로 놓인 국내외적 과제에 직면하는데, 본서의 논의가 조금이라도 도움이 되기를 바랄 뿐이다. 그리고 무엇보다 본서를 기획한 사람으로서, 진지하게 핵폐기를 위해 노력해온 분들과 지금부터 핵문제에 기본적인 인식을 쌓고 싶은 분들께 일독을 권하는 바이다.

요시무라 신타로 씀

목차

한국의 독자 여러분께 / 5
서문 / 9

제1장 핵확산과 일본 - '혼네와 다테마에'의 피폭국 ··· 21

    들어가는 말 ··· 21
    1. 핵무기와 원자력발전을 둘러싼 '혼네와 다테마에' ············ 22
    2. 군사적 이용과 '평화적 이용'의 갈림길 ·························· 27
    3. 고속증식로와 플루토늄 ·· 32
    4. '핵무장론'의 특징 ·· 43
    맺음말 ·· 47

제2장 한국과 핵 - '반입된 핵무기'와 핵기술이용의 현대사 ··· 49

    들어가는 말 ··· 49
    1. 주한미군의 '핵무기 반입' ··· 51
    2. 핵개발 움직임과 '핵무장론'의 실태 ······························· 58
    3. 원자력발전의 전개와 의존 ·· 63
    맺음말 ·· 68

제3장 북한의 핵무기개발 배경과 논리 ··· 70

    들어가는 말 ··· 70
    1. 핵무기개발의 역사적 원인(遠因) ·································· 74
    2. 북한에게 사회주의 붕괴란? ·· 81

3. 핵무기개발의 논리 ··· 85
　　맺음말 ·· 91

제4장 중국의 '핵' 세력균형과 국제협력　　··· 94

　　들어가는 말 ··· 94
　　1. 초강대국에 대한 대결자세의 변천-'자본주의' 대 '사회주의'의 한계 ··· 95
　　2. 포스트 냉전 ·· 102
　　3. 중국·인도, 중국·파키스탄 관계-냉전구조에서 탈각지향 ············ 107
　　맺음말 ·· 118

제5장 변모하는 인도의 핵무기개발과 정치적 의도　　··· 120

　　들어가는 말 ··· 120
　　1. 1974년 지하 핵실험의 배경 ··· 121
　　2. 인도의 핵과 남아시아 ·· 126
　　3. 대파키스탄 관계와 '자제적(自制的)' 핵정책의 전환 ··············· 131
　　4. 1998년 핵실험과 그 후 ··· 134
　　맺음말 ·· 137

제6장 파키스탄의 핵무기개발 문제와 그 위상　　··· 140

　　1. 핵개발 동기 -인도와의 대립 ·· 140
　　2. 우라늄 농축을 통한 핵무기개발로 ··· 141
　　3. 핵무기개발의 진전과 국제환경 ··· 147
　　4. 핵 억지론과 미사일개발 ·· 151
　　5. 파키스탄의 핵관리 능력 ·· 155
　　6. '핵'에 대한 국민의 반응 ·· 158
　　맺음말 -핵기술 유출의 우려 ·· 160

제7장 이란 핵문제의 근저 — 국내외 정세 변화의 틈바구니 ··· 163

들어가는 말 ·· 163
1. 핵개발을 추진하는 국내 배경 ························ 164
2. 미·이란 관계의 변용과 핵문제 ······················ 168
3. 치열한 당파대립과 핵문제의 관계 ··················· 174
4. 아후마디네자드 정부와 핵문제의 새로운 전개 ······ 179
맺음말 ··· 184

제8장 이스라엘의 핵을 둘러싼 문제 ··· 188
— 핵보유가 중동정세에 끼친 영향

들어가는 말 ·· 188
1. 이스라엘의 핵개발 ··································· 190
2. 이스라엘의 핵정책 ··································· 196
3. 이스라엘의 핵을 둘러싼 미국과 아랍세계 ·········· 203
맺음말 ··· 210

제9장 러시아의 핵(원자력) 정책 — 과거와 현재 ··· 213

들어가는 말 ·· 213
1. 원자력발전의 역사 ··································· 213
2. 체르노빌 원전사고 ··································· 217
3. 방사능 폐기물 처리 ·································· 221
4. 역설적인 원자력 비즈니스 ··························· 223
5. 이란 핵개발에 대한 러시아의 대응 ·················· 228
6. 국책으로서의 원자력 비즈니스 ······················ 231
맺음말 ··· 235

글쓴이의 말 / 236
옮긴이의 말 / 240

제1장

핵확산과 일본

'혼네와 다테마에'의 피폭국

누노카와 히로시(布川弘)

들어가는 말

대다수 일본인은 일본이 피폭국이었기 때문에 국제사회에 핵무기폐기를 강력하게 주장할 책무가 있다는 논지에 별다른 위화감을 갖지 않는다. 또 히로시마와 나가사키의 원폭투하는 세계에 잘 알려져 대부분 피폭국 일본을 알고 있다. 필자가 바르샤바에서 택시를 탔을 때 운전사가 히로시마를 알고 있는 사실에 놀랐던 기억이 난다. '페샤와르회'[1] 대표 나카무라 데쓰(中村哲)에 따르면 아프가니스탄의 산악지대 주민도 히로시마를 알고 있다고 한다.[2] 이런 사실

---

[1] (역주) 페샤와르회는 파키스탄에서 의료활동을 했던 나카무라 데쓰를 지원하기 위해 1983년 결성된 비정부기구로, 후쿠오카(福岡)에 본부를 두고 있다. 현재 파키스탄 서북 변경과 국경을 접한 아프가니스탄 동북부에서 활동하고 있다. 나카무라 데쓰, 아시아인권연대 옮김『의술은 국경을 넘어』산지니, 2006년.

[2] '생명수를 구하는 아프가니스탄에서'라는 제목으로 2008년 5월 26일 히로시마대학 총합과학부(廣島大學 總合科學部)에서 열린 강연 중.

과도 관련하여 일본이 패전 후 '평화국가'를 표방하며, 국민통합과 외교자세에서 '평화'에 중요한 위치를 부여해 온 것이 틀림없다.

그러나 일본을 정말로 '평화국가'라 할 수 있을까? 또 일본이 핵무기폐기 운동의 선두에 서 있는가? 이런 근본적인 문제에 대해 본고는 재차 의문을 던지고 싶다. '평화국가'라는 말은 '평화헌법'을 준수한다는 의미로부터 국내가 전장이 아니라는 의미까지 다양하게 품고 있다. 본 장에서는 일본이 진지하게 평화를 희구하는 국가인가, 라는 의미에서 고찰하겠다. 이것은 단순히 일본정부의 정책이나 태도뿐 아니라 국민의식과 사회구조와도 관련된 문제이며 그런 의미에서 극히 심각한 위험이 확대되었다. 그러한 위험한 상황을 이른바 '핵확산' 문제를 실마리로 밝혀 보고자 한다.

1. 핵무기와 원자력발전을 둘러싼 '혼네와 다테마에'[3]

1) 피폭감각

'진지하게 평화를 희구한다'는 말은 애매하긴 하지만 여기서는 '진지하게'에 무게를 두고 싶다. 종종 '혼네와 다테마에'의 분류라는 말이 쓰이지만 실은 '혼네와 다테마에'에는 공통적으로 '어찌 되든 상관없다'는 태도가 보인다.[4] 이는 결코 사람을 설득하고자 하는

---

[3] (역주) 사전적인 의미에서 혼네(本音)는 드러나지 않는 감정, 욕구 등의 속마음을, 다테마에(建前)는 겉으로 드러나는 행동이나 의견을 가리키며, 다수의 일본문화론에서는 일본인의 독특한 표현 양식으로 설명한다.

사상을 생산하지 않는다. 일본이 '평화국가'라는 담론에는 이 같은 태도가 멋지게 들어맞는다. 다시 말하면 '평화국가'나 '핵폐기'는 '혼네'처럼 쓰이기도 하고 '다테마에'로 쓰이기도 한다. 그러나 기본적으로는 '어찌 되든 상관없다'는 것이며 확고한 사상이 뒷받침하는 것도 아닌, 그 무엇보다 우선시되는 향락적인 가치관이 존재함은 부정할 수 없다.

예를 들어보자. 1999년 9월 이바라키(茨城) 현 도카이무라(東海村)의 JCO사 우라늄가공시설에서 임계사고(臨界事故)가 발생하여 일본 열도가 경악한 사건은 기억에 새롭다. 특히 놀라웠던 것은 방사성물질을 양동이로 운반했다는 사실이었다. 방사성물질 혹은 방사능에 대한 감각이 '피폭국'의 감각이라고는 도저히 할 수 없었기 때문이다. 과학자 다카키 진자부로(高木仁三郞)는 임계사고에서 발생한 '체렌코프 효과'로 불리는 푸른색 섬광을 시인 도게 산키치(峠三吉)의 시 '8월 6일'에 그려진 섬광과 중첩시켰다.5) 이야말로 방사능의 공포를 아는 피폭자의 감각이며, 그것을 공유한 다카키 나름의 예리함이라고 할 수 있다. 그리고 피폭국이라고 자기규정을 한다면 대다수 국민이 공유해야만 할 감각이다. 그런데 이러한 감각이 사회에서 점차 소멸되어 간다.

---

4) 가토 노리히로(加藤典洋) 『일본의 무사상(日本の無思想)』 平凡社, 1999년. 특히 서문과 「제1부 전후의 거짓말 – 다테마에와 혼네란 무엇인가(第1部 戰後の嘘-タテマエとホンネとは何か-)」를 참조.

5) 다카키 진자부로(高木仁三朗) 『원전사고는 왜 반복되는가(原發事故はなぜくりかえすのか)』 岩波書店, 2000년, 6~10쪽.

2) 교육현장에서 발생한 사건

피폭지 히로시마에는 이 같은 감각이 뿌리 깊을 것이라 생각하기 쉽지만 히로시마에서도 일부 비슷한 상황이 보인다.

히로시마대학의 한 연구그룹이 기준치를 초과하는 양의 방사성물질을 실험에 사용하거나 차폐하지 않은 채 방사성물질을 배송하는 위법행위를 반복하여 저질렀다.[6] 방사성동위원소(RI)인 요소131이 함유된 사료를 실험용 쥐에게 먹여 갑상선암에 걸리는 과정을 관찰하는 실험이었다. 교내에서 RI를 다루는 실험시설 RI-C동에서 방사선장해방지법이 규정한 건물면적 대비 일일 RI허용량을 초과, 최대 기준 6배의 요소131을 사용했는데, 작업일지에는 여러 날로 나누어 허용 범위 내 작업이라고 허위로 기록했다. 또 피폭 쥐의 혈액 성분을 조사하는 과정에서 차폐하지 않고 택배로 학외업자에게 송부한 사실도 밝혀졌다. 기자회견에서 당시 히로시마대학 총장은 "RI를 취급한다는 의식을 결여했다. 방사선 연구 분야에서 유일한 국립대학 연구소로서 모범이 되어야 하는데 진심으로 죄송하다"고 사죄했다. 이후 신문기사에서는 '원폭 피해자의 신뢰를 배신하다'라는 제목으로 피폭지 히로시마에서 발생한 중대 사건으로 보도하였다.

히로시마대학은 "자유롭고 평화로운 대학"을 건학정신으로 제창하고, 지향하는 5개 이념의 첫 번째로 "평화 희구의 정신"을 내걸고

---

[6] 이 사건에 관한 기술은 특별히 언급하지 않는 한 『주고쿠 신문(中國新聞)』 2006년 7월 9일자 바바 요타(馬場洋太) 기자의 기사에 의함.

있다. 2008년도 히로시마대학은 이러한 건학정신과 이념을 교양교육으로 자리매김하기 위한 평화교육 실시계획을 세웠다. 이를 둘러싼 논의는 '혼네와 다테마에'를 생각하는데 매우 흥미로운 소재를 제공한다. 필자는 '평화에 관한 교육실시위원회'의 위원장이라는 당사자로서 다양한 논의에 직접 관여하였다.

당시 논의의 예를 들면 소수이긴 하나 건학정신이 피부에 와 닿지 않는다는 솔직한 발언을 들었다. 또 다른 교원은 "애당초 이런 건학정신이 없었더라면 편했을 텐데"라고 발언하였고, 또 "건학정신을 지킬 필요가 있는가"라고 진지한 얼굴로 문제를 제기하는 교원도 있었다. 그러나 건학정신을 내리라는 발언은 없었다. 교육차원에서 눈에 띄지 않게 했으면 좋겠다는 것이 '혼네'일 것이다. 건학정신의 간판을 내리게 되면 그야말로 지역정서에 균열이 생길 것이다. 즉 후술할 고속증식로 몬주[7]의 개발을 적극적으로 지원하는 후쿠이(福井) 현이나 쓰루가(敦賀) 시와 마찬가지로 구체적 이익을 얻거나 그럴 가능성이 있는 한, '다테마에'로서 건학정신을 드높이 외치는 것이다.[8] 여기서도 '혼네와 다테마에'의 의미가 떠오른다. 요컨대 '어찌 되든 상관없다'는 것이리라.

대학의 연구자는 정치가가 표를 의식하는 것처럼 연구업적을 내는 것이 일상이다. 이것이야말로 최우선사항이며 건학정신 따위는

---

7) (역주) 후쿠이 현 쓰루가 시에 있는 일본원자력연구개발기구의 연구용 원자력발전소로, 고속증식로의 원형로이다. 쓰루가 반도 북단부 서안에 위치.
8) 물론 이와는 다른 취지의 발언도 많았지만 여기서는 특히 인상 깊었던 발언만을 언급한다.

드높이든 간판을 내리든 그야말로 '상관없다'고 여겨진다. 앞서 말한 방사선 사고는 이 같은 토양에서 발생한 것이다. 더욱이 평화에 관한 수업계획을 제시했을 때 여러 명의 교원들이 "원폭에 치우쳤다"는 비판을 하였다. 마치 원폭에 대해서는 이미 식상한 감마저 든다는 듯이. 그러나 필자는 그런 발언을 한 교원들이 '도대체 원폭에 대해 얼마나 알고 있는가? 피폭을 얼마나 알고 있는가?'하는 의문이 생겼다. 방사선피폭 연구자인 지인에게 자문하니 "피폭에 대해서는 모르는 부분이 많다"는 대답이 돌아왔다. '원폭에 치우쳐 있다'는 비판은 '어찌 되든 상관없다'는 의식에서 생긴 것이며 더욱이 피폭지와 관련되어 있기에 오만하기까지 하다 해도 과언이 아니다.

JOC의 간부와 마찬가지로 적어도 학문부에서 살아가는 연구자·교육자는 피폭에 대해 점점 더 감각을 잃어간다. 그러나 이런 현실에 눈감아서는 안 되며 현실을 직시함으로써 일본에서의 '핵확산' 문제를 생각해야 한다.

3) 피폭체험의 '풍화'

전쟁체험과 피폭체험의 '풍화'가 제기된 지 오래다. 이에 대해 피폭체험의 세대계승이 과제로 제시되고 고령화한 피폭자를 중심으로 피폭체험을 이야기하는 활동이 활발하게 전개되고 있다.

그러나 이런 '풍화'라는 파악방식에도 의문을 느낀다. 전술한 피폭사고는 체험의 '풍화' 때문에 발생한 것이 아니라 애초에 '혼네와 다테마에'를 구사해온 '풍토'에서 배양된 것으로 여겨진다. 피폭지 히로시마에서는 시가지에 조명을 설치하여 밝은 이미지를 만들려는 움직임이 활발한데 원폭의 어두운 이미지를 불식시키고자 하는 것이다. 그런 움직임의 강화는 이제까지 피폭체험을 말하지 않았던 피폭자들을 자극하여 오히려 피폭체험의 계승운동을 환기시켰다.9)

그런 기억을 둘러싼 정치는 피폭체험의 '풍화'를 배경으로 일어나는 것이 아니다. 원폭 이미지에서 벗어나려는 움직임은 평화기념도시를 건설하고자 했던 시기에도 있었다. 1949년 평화기념도시건설법 초안을 의뢰받은 데라미쓰 다다시(寺光忠)는 법률정신이 "원자폭탄이나 8월 6일에서 완전히 벗어나 있다"고 말한다.10) 히로시마가 희구하는 평화는 원폭에 의한 피폭 기억에서 괴리된 채 제시된 것이다. 이 구도가 시가지 조명을 지향하는 사람들의 의식 근저에 통하는 것이다.

2. 군사적 이용과 '평화적 이용'의 갈림길

1) 일본 독자적인 '평화적 이용' 인식

이른바 원자력의 '평화적 이용'과 핵무기와의 관련에 대해 일본에서는 독자적인 인식이 버젓이 통한다. 스즈키 마나미(鈴木眞奈美)는 다음과 같이 지적한다.

---

9) 요네야마 리사(米山リサ)『히로시마 – 기억의 폴리틱스(廣島 – 記憶のポリティクス)』岩波書店, 2005년.
10) 『히로시마 평화도시법(ヒロシマ平和都市法)』中國新聞社, 1949년, 17쪽.

오해를 피하기 위해서 미리 말해두지만, 원자력발전은 핵폭탄을 만드는 공정에서 부차적으로 이용하면서 시작되었다. 그 원료와 기술은 기본적으로 같은 것이다. 그런데 일본에서 '핵'이라는 명칭은 핵무기나 핵개발 등 군사적 이용이고 '원자력'은 원자력발전이나 원자력 개발과 같은 평화적 이용이라고 분류하는 경향이 있다. 양자가 별개라는 인상을 주기 쉽지만 이런 분류는 국제사회에서 일본만이 하고 있다.11)

이 지적은 매우 중요하다. 왜냐하면 오늘날의 심각한 핵확산 상황을 만들어 내는 데 일본의 역할이 지대함을 말하지 않을 수 없고, 그와 관련하여 원자핵 에너지의 군사이용과 평화적 이용이 전혀 별개라는 일본 특유의 인식이 일본의 핵확산상황을 밑바탕에서 지탱하기 때문이다. 이와는 대조적으로 핵전쟁방지국제의사회의(IPPNW)와 에너지환경연구소(EER)는 "군사용 원자로기술과 민생용 원자로기술에 근본적 차이는 없다"고 명확하게 제시하였다.12)

우라늄235와 플루토늄239라는 핵분열 반응을 일으키기 쉬운 물질에 중성자를 조사(照射)함으로써 핵분열 연쇄반응이 일어나고 거대한 에너지가 방출된다. 이것이 바로 원자핵 에너지이며 원자폭탄이나 원자력발전도 같은 원리다. 차이점이라면 전자가 급속한 핵분열 연쇄반응을 일으키고 에너지를 순간 방출하는 데 비해, 후자는

---

11) 스즈키 마나미(鈴木眞奈美)『핵대국화하는 일본-평화이용과 핵무장론(核大國化する日本-平和利用と核武裝論)』平凡社, 2006년, 12쪽.
12) 오바 사토미(大庭里美)『핵확산과 원전(核擴散と原發)』南方新社, 2005년, 32쪽.

제어봉이나 냉각수로 핵분열반응을 억제하여 에너지방출을 발전용으로 컨트롤하는 것이다. 핵문제에 충분한 지식이 없더라도 핵폭탄과 원자력발전소가 같은 원리로 작용한다는 것은 알 것이다. 게다가 정도는 다르다 해도 핵폭탄 제조나 원자력발전에는 순도 높은 우라늄235와 플루토늄239가 필요하며, 우라늄의 농축과 원자로에서 사용한 연료 재처리에 의해 플루토늄 추출이 불가결하다는 것을 머리로는 이해하고 있다. 단순화시키면 원자로를 가동시킬 수 있는 기술이 있으면 핵무기제조 역시 가능한 것이다.

2) '평화적 이용'의 역사

일본에서 원자력발전계획이 본격화된 것은 미국의 정책전환을 수용하고 나카소네 야스히로(中曽根康弘)가 중심이 되어 1954년 3월에 원자력 예산을 성립시킨 때부터이다. 그 후 전력업계·통산성(通産省)의 연합과 과학기술청 그룹이란 두 세력이 중심이 되어 '이원체제적 서브 가번먼트 모델'을 구축하면서 정부주도로 진행되기에 이르렀다.13) 이때 주목할 만한 논리가 등장했다. 이 논리는 히로시마·나가사키·비키니를 체험한 일본이었기에 평화적 이용을 추진할 수 있다는, 초대 원자력위원장 쇼리키 마쓰타로(正力松太郎)의 발언에서 찾을 수 있다.14) 이러한 취지의 발언은 다른 데서도 보인

---

13) 요시오카 히토시(吉岡齊)『원자력의 사회사 - 일본적 전개(原子力の社會史 - その日本的展開)』朝日選書, 1999년, 20쪽.
14) 스즈키, 앞의 책, 190쪽.

다. 예를 들면 원자력 개발에서 비주류로 내몰린 학자·연구자 가운데 물리학자 다케타니 미쓰오(武谷三男)는 "일본인은 평화적인 원자력 연구 수행의 가장 큰 권리를 가지며 세계 각국은 다양한 지원을 할 의무가 있다"고 말했다.15) 히로시마·나가사키·비키니에서의 피폭에 대한 보상으로 일본의 원자력 개발을 세계가 지원해야 한다는 논리이다.

당시에는 여전히 대다수 사람이 원폭피해실태를 모르고 있었는지는 모르겠으나, 원폭투하에 의한 피해가 평화의식과 연결되면서 원자력 개발과 아무런 모순되지 않는다고 여겨지는 점은 매우 흥미롭다. 원자력 개발은 무시하기 어려운 다수의 일본인에게 희망이었으며 그것은 평화의 희구와 전혀 모순되지 않는 것으로 여겨진 것이다.

그렇기 때문에 현실적인 피폭자 원호정책에 가장 열심히 관여하던 사람들이 원자력의 평화적 이용에 유연성 있게 대응했다. 무라야마(村山) 내각의 노동대신을 역임하고, 피폭자 원호법 실현을 이끈 하마모토 만소(浜本萬三)는 원자력기본법 기초가 마련될 때 학술회의가 발표한 원자력의 평화적 이용 4원칙을 중시하고, 안전·민주·공개를 원칙으로 삼음으로써 원자력정책을 수용하였다.16) 물론 안전하고 민주적으로 공개할 것을 원칙으로 한다는 입장은 지금도

---

15) 요시오카, 앞의 책, 69쪽.
16) 히로시마대학 문서관 편(廣島大學文書館編)『꽃은 생각하는 사람에게 핀다―하마모토 만소 회고록(花は想う人の側に咲く―浜本萬三回顧錄―)』現代史料出版, 2009년, 147쪽.

중요하지만 군비에 이용하지 않는 평화적 이용이 가능하다고 확신했던 점에 주목하고 싶다. 개혁세력조차도 동의했던 이런 사고방식이 원자력 정책의 추진력이 되었음은 무시할 수 없다.

그 후 이러한 사고방식은 일본사회에 정착하였다. 핵무장은 당치도 않다고 생각하는 사람들도 원자력발전을 허용하는 구도가 당연한 것으로 여기게 되었다. 물론 경제성장이 최우선의 가치인 현실도 무시할 수 없고, 해외에 자원을 의존하지 않는 것이 많은 사람의 간절한 소망이라는 사정도 있다.

그러나 1970년대에 들어 원자력발전입지계획은 예외 없이 큰 반발에 부딪혀 계획이 좌절되는 경우가 잇따랐다.[17] 그리고 1979년 미국의 스리마일아일랜드 원전사고, 1986년 체르노빌 원전사고 등 심각한 사고가 발생하여 세계적으로 원자력 개발에 제동이 걸리게 된다. 반면 일본에서는 그런 움직임과는 정반대로 원자력 개발이 착실하게 진행되었다. 평화적 이용에 대한 확신과 함께 개발을 정당화한 것은 이른바 지구온난화문제였다. 이 점을 여실히 드러내는 발언이 있었다. 2006년에 롯카쇼무라(六ヶ所村)의 핵연료재처리시설에서 액티브시험(시험가동; 후술)이 시작된 즈음, 롯카쇼무라의 핵연료 사이클 시설 건설에 적극적이었던 아오모리(青森) 현의 미무라(三村) 지사는 원자력위원회의 신계획책정회의에 초청되어 다음과 같이 발언하였다.

---

17) 요시오카, 앞의 책, 144쪽.

원자력을 포함한 에너지 분야는 식량의 안전보장, 방위와 함께 명확한 국가전략하에 국책으로서 정부가 책임지고 추진하는 정책이다. 원자력발전은 일본 총 발전전력량의 약 3분의 1을 차지하는 기간전원(基幹電源)이다. 에너지자원이 부족한 일본은 장래 에너지 안전보장이나 환경문제의 관점에서 핵연료 사이클 추진을 기본정책으로 하고 있다.[18]

이 발언에는 자원 확보의 필요성과 환경안전이라는 관점이 명확하게 드러난다. 최근 전기사업연합회는 이산화탄소를 배출하지 않는 클린 에너지로 원자력발전을 적극적으로 자리매김하는 광고를 계속해서 내보내고 있다. 평화적 이용에 대한 확신에 더해 환경문제를 해결하기 위한 클린 에너지라는 현대적 옷으로 갈아입고 원자력발전은 계속 진행되고 있는 것이 현실이다.

3. 고속증식로와 플루토늄

1) '꿈의 에너지'의 공포

고속증식로는 연료로 사용한 플루토늄을 회수할 수 있는 '꿈의 에너지'로 불린다. 그러나 플루토늄은 관리가 매우 어려운 물질이다. 고속증식로 몬주의 연료로 쓰이는 플루토늄은 원자력발전소의

---

[18] 쓰카하라 아키히로(塚原晶大) 『핵연료 사이클 20년의 진실 – 롯카쇼무라 재처리공장 시동(核燃料サイクル20年の眞實-六ヶ所村再處理工場始動へ)』 電氣新聞 ブックス, 2006년, 9~10쪽.

사용후핵연료를 재처리함으로써 얻어진다. 때문에 아오모리(青森)현 시모키타(下北) 반도의 롯카쇼무라에 핵연료재처리시설이 건설되어 있는데, 기대대로 가동되지 않아 영국이나 프랑스에 재처리를 의뢰, 배로 수송하고 있다. 롯카쇼무라의 핵연료재처리공장은 사용후핵연료를 용해한 초산용액(硝酸溶液)과 우라늄, 플루토늄, 핵분열 생성물이 흐르는 배관의 길이가 약 1300km에 달하고, 기계와 배관의 접합부분 등 점검사항이 만 가지에 이른다.[19] 이 재처리공장에서는 2006년 3월 말부터 사용후핵연료를 이용한 재처리시험(액티브시험)을 시작했는데, 같은 해 5월과 6월 분석 작업원의 피폭사건이 발생했다.

재처리시설의 문제는 일본이 재처리를 의존하는 영국에서도 이미 발생했던 것이었다. 아일랜드 해에 접한 영국의 세라필드(Sellafield)의 재처리공장에서는 해수의 방사능오염이 심각해져서 부근의 토양이 플루토늄이나 아메리시움 농도가 체르노빌 원전 주변 출입금지구역 보다 100배가 더 높고, 인근 거주 어린이들의 백혈병 발생률이 전국 평균의 10배에 이른다.[20] 해저와 토양에는 플루토늄이 쌓이고 있는데, 절반으로 줄어드는데 플루토늄239는 2만 4천 년, 플루토늄242는 37만 6천 년이나 걸린다. 심각해지는 환경문제로 인류의 생존이 불확실한 미래를 훨씬 더 뛰어넘어, 유해물질 플루토늄

---

19) 고바야시 게이지(小林圭二)·니시오 바쿠(西尾漠)『플루토늄 원전의 공포-플루서멀의 위험한 거짓말(プルトニウム發電の恐怖-プルサーマルの危險なうそ)』創史社, 2006년, 165~166쪽.
20) 스즈키, 앞의 책, 202~208쪽.

은 토양과 해저에 계속 침전된다. 일본의 롯카쇼무라에도 이러한 위험성이 없다고 할 수 없으며 작업원의 피폭사고도 끊이지 않고 있다.

게다가 고속증식로의 경우 나트륨을 냉각제로 사용하는 기술상에 큰 문제점이 있다. 나트륨은 물과 반응하여 폭발하기 쉬운 성질이 있는데, 나트륨이 유출될 경우 폭발사고로 이어지기 쉽다. 폭발사고가 발생하면 노심(爐心)에 있는 방사성물질이 교토(京都)·오사카(大阪)·고베(神戶) 지방까지 오염시킨다. 체르노빌의 공포가 눈앞에서 재현되는 것이다.

1995년 몬주 사고의 원인은 나트륨 온도를 재는 온도계 소관(小管)부분의 초보적 설계 실수라고 한다.[21] 당시 소관은 단부구조(段付構造)로 배관에 접해 있고 접합부분이 둥글지 않고 단이 붙어있는 형태였다. 거기에 응력(應力)이 걸려 반복해서 진동이 일어나 부러지고 말았다. 이 접합부분의 기술적 연구의 부족을 'R을 잡지 않았다'고 부른다고 한다. 공정에서 있을 수 없으며 마치코바(시내에 있는 작은 공장)에서도 상식이라고 한다. 이 온도계의 소관부분은 이시카와지마(石川島) 하리마중공(播磨重工)이 설계를 맡았는데 제작은 한 마치코바에 발주했다. 마치코바의 직공이 설계도를 보고 'R을 잡지 않아도 되는가' 하고 물었는데, 설계자측은 '원자력은 일반적인 것이 아니니 필요없다'고 답했다. 이는 제조업의 상층부에서 기

---

[21] 몬주 사고 원인에 대해서는 특별히 밝히지 않는 한 다카키의 앞의 책 112~113쪽의 설명에 의함.

본적인 공업기술상식을 잃어가고 있음을 웅변하는 것이 아닐까.

대학에서 일하는 입장에서 보면 고등교육 방식에 대해 의구심이 드는데 정말 중대한 위기가 잠재해있다. 앞서 말한 대로 롯카쇼무라 재처리공장의 배관 총연장이 약 1300km임을 생각하면, 기술적인 상식마저 잃어버리는 것은 치명적인 문제로 연결된다. 플루토늄의 위험성에 대해 기존의 연구성과를 참고로 비전문가지만 몇 가지 사례를 들었는데 이것은 정말 일부에 지나지 않는다. 또 비전문가이면서 이런 사례와는 또 다른 위험성에 대해 생각하는데, 핵분열이든 핵융합이든 물질의 기본구조를 바꾸는 에너지를 제어할 수 있는 물질이 과연 존재하는지 의문이 든다. 그런 의미에서 애당초 지구에 존재하지 않았던 플루토늄이라는 물질을 만들어 낸 사실 자체가 근본적인 오류였다.

2) 핵폭탄과의 관계

1970년대 말까지 영국과 미국에서 원자력발전사업이 정체에 빠지게 되고 그런 경향은 1980년대 말까지 세계적으로 확산되었다.[22] 더 이상 원자력의 시대가 아닌 것이다. 그러나 일본에서는 매년 원자력발전소가 건설되어 그 수가 착실히 증가했다. 게다가 정부는 2005년도부터 6년간 20기(평균 3.3기)의 어마어마한 증설을 계획했다. 그 까닭은 이산화탄소의 배출규제에 맞추기 위해서이며 앞서

---

22) 요시오카, 앞의 책, 280쪽.

말한 지구 온난화문제를 정당화의 명분으로 삼고 있다.23)

원전이 증가하면 사용후핵연료도 증가한다. 그리고 일본은 재처리의 난점을 제대로 이해하지 못한 채 자기부담으로 핵에너지 즉 '플루토늄 연료사이클' 확립을 지향했기 때문에,24) 고속증식로 가동은 시현되지 않고 재처리에 따른 방대한 플루토늄이 축적된다. 2004년 시점에 재처리로 추출된 플루토늄의 재고량은 약 40톤, 사용후핵연료에 들어가 있는 플루토늄은 약 110톤으로 합계 약 150톤에 이른다.25) 북한의 플루토늄 추정 보유량은 2006년 6월 현재 50kg(0.05톤)이다.

일본이 보유한, 재처리로 만들어진 플루토늄 약 40톤은 조제(粗製)된 핵폭탄 5000발을 만들 수 있다.26) 현재 전 세계에는 3만 발 이상의 핵탄두가 있다고 하는데 1위가 미국으로 약 1만 발, 2위가 러시아로 약 8천 발, 그리고 중국은 3위로 약 400발27)을 보유하고 있다. 따라서 재처리과정에서 만들어진 플루토늄 보유량만으로도 일본은 세계 3위의 핵보유국이 될 잠재력을 이미 갖추고 있는 셈이다. 물론 플루토늄 보유만으로는 폭탄을 제조할 수 없지만, 일본은 이미 인공위성 발사기술이 있고, 대륙간탄도탄(ICBM)의 제조도 가능하다. 이렇게 보면 고속증식로는 방대한 플루토늄 보유의 이유가

---

23) 위와 같음, 283쪽.
24) 스즈키, 앞의 책, 198쪽.
25) 스즈키, 앞의 책, 219쪽.
26) 스즈키, 앞의 책, 34쪽.
27) 오바, 앞의 책, 37쪽.

될 수 없다. 재처리에서 만들어진 플루토늄을 사용한 혼합연료(MOX연료)를 원자력발전에 사용함으로써 플루토늄을 감축하자는 움직임도 있다. 이른바 플루서멀이다.[28] 그러나 플루토늄을 원자로에서 연소시키는 것은 우라늄 연소에 비해 위험이 훨씬 높아진다.[29]

이러한 방대한 플루토늄 보유를 중국이나 북한은 어떻게 생각할까? '평화적 이용'을 위한다는 일본적인 정당화가 과연 통용될까? NGO의 국제회의에서는 외국의 활동가들이 '일본이 핵무장할 가능성이 얼마나 되는가'라고 자주 묻는다고 한다.[30] 일본은 사실 국제적으로는 이미 잠재적 핵보유국으로 간주된다. 이러한 상황을 감안하면 중국같은 경우 더욱 목소리를 높여 일본을 비난해도 될 텐데 의외로 그런 말이 들리지 않는다. 아마도 일본과 마찬가지로 중국이 '평화적 이용'의 깃발을 앞세워 핵분열물질을 축적하고 핵무기개발을 추진하기 위함일 것이다. 일본의 논리는 핵무기개발에 강한 의욕을 보이는 국가들에게 정당화의 구실을 주고 있음이 틀림없다. 그런 의미에서 일본의 '평화적 이용'이라는 입장은 핵확산에 지대한 공헌을 하는 것이다.

---

28) (역주) 플루토늄을 우라늄과 혼합한 MOX연료를 기존의 열중성자로에서 연료의 일부로 사용하는 것을 가리킨다.
29) 고바야시 게이지 「플루서멀은 왜 문제인가(プルサーマルは何が問題か)」, 고바야시・니시오 편, 앞의 책.
30) 가와사키 아키라(川崎哲) 『핵확산—군축바람이 불 것인가(核擴散—軍縮の風は起せるか—)』 岩波書店, 2003년, 186쪽.

3) 고속증식로를 수용하는 사회의 토양

이렇듯 다양하고 심각한 위기를 동반하는 플루토늄보유정책의 중심인 고속증식로 가동을 위한 움직임에는 사회적 배경이 있다. 일본원자력개발기구의 고속증식로 몬주가 들어선 후쿠이 현 쓰루가 시에서는 최근 들어 고속증식로의 실용화 움직임이 활발하다. 실제 2008년 11월 8일, 후쿠이 현의 에너지 연구개발거점화추진회의가 개최되어 고속증식로 몬주를 중심으로 한 국제개발거점을 쓰루가 시내에 두는 것이 결정되었다.[31]

---

31) 『마이니치 신문(每日新聞)』, 2008년 11월 9일자. 이하 국제개발거점에 관한 기사는 특별히 밝히지 않는 한 이 기사에 의함.

[도표 1-1] 일본의 원자력발전소 및 핵관련 시설

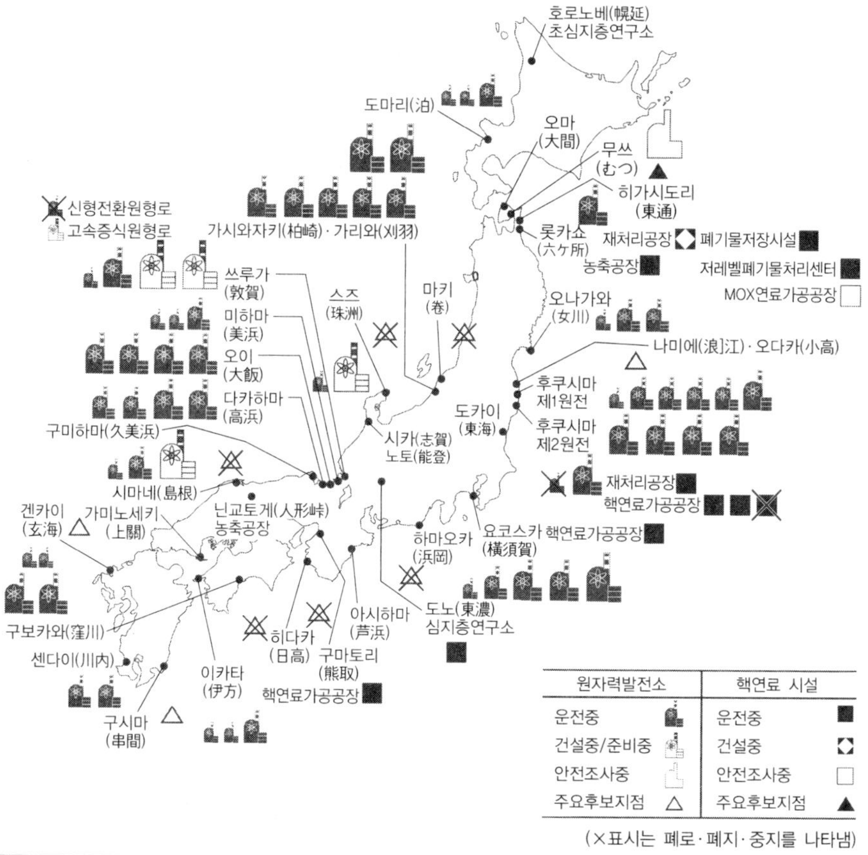

[출전] 2005년 12월 말 시점 원자력자료정보실작성

　　일본원자력개발기구에 따르면 거점 내에는 'FBR(고속증식로) 플랜트 기술센터'를 두고 2012년도까지 24인을 증원하여 70인 체제로 연구에 돌입한다고 한다. 또 냉각제로 사용하는 나트륨을 가시화하여 관리하기 쉽도록 '플랜트 실환경연구시설'을 2012년도까지 설치

하고, 미국·프랑스·일본 공동연구로 고속증식로의 새 연료를 개발하는 연구시설을 2015년도까지 정비할 예정이다. 더욱이 쓰루가 시 시가지에는 레이저기술과 몬주의 데이터분석 등 세 개의 연구시설로 구성된 '플랜트 기술산업공동개발센터'를 2012년도까지 건설한다. 사업주체인 일본원자력개발기구의 오카자키 도시오(岡崎俊雄) 이사장은 "실증로(實證爐), 실용로(實用爐)에서 쓰루가가 국제적인 일대거점이 되도록 노력하겠다"고 고속증식로 개발에 적극적인 담화를 발표하였고, 후쿠이 현의 니시카와 가즈미(西川一誠)지사는 "계획에 뛰어든 지 5년인데, 눈에 보이는 성과를 내지 않으면 주민을 설득시킬 수 없다"며 계획 추진 결의를 새롭게 다졌다.

이 계획의 규모를 보면 '플랜트 실환경연구시설'은 2000m², '플랜트 기술산업공동개발센터'는 3000m²의 광대한 면적이다. 인원의 증원도 기존의 다양한 연구시설을 축소, 합리화해 가는 경향과 비교하면 '성대한 향연'이라 할 만하다.

당사자인 후쿠이 현이 고속증식로개발에 이처럼 적극적인 데는 명확한 이유가 있다. 2008년 12월 8일 후쿠이 현 의회의 후생상임위원회(위원장 고이즈미 요시야스(小泉剛康))에서 2009년 2월 운전개시를 위한 고속증식로 몬주를, 호쿠리쿠 신칸센(北陸新幹線)32) 정비 카드로 이용하기 위한 의견이 제기되었다.33) 자민당 현정회 야

---

32) (역주) 호쿠리쿠 신칸센(고속열차)은 조·신·에쓰(上信越-군마(群馬)현, 나가노(長野)현, 니가타(新潟)현과 호쿠리쿠(北陸)지방(도야마(富山)현, 이시카와(石川)현, 후쿠이(福井)현)을 경유하여 도쿄와 오사카를 연결하는 신칸센이다. 1997년 도쿄 역에서 나가노 역까지 부분 개통.
33) 『마이니치 신문』, 2008년 12월 9일자. 호쿠리쿠 신칸센에 관한 기술은 특별히

마기시 다케오(山岸猛夫) 위원은 "현 의회에서는 2003년 신칸센 문제에 진전이 없을 경우 필요한 원자력 행정을 추진하지 않을 것을 결의했다. 가나자와(金澤)와 쓰루가 구간의 일괄적 인가는 양보할 수 없다. 정부에 강한 결의를 표명하는 것이 중요하다"고 주장했다. 즉 고속증식로 몬주를 인질로 삼아 국가에 신칸센 정비를 요구하는 것은 후쿠이 현 의회의 기정방침이었다. 또 위원회는 야마모토 후미오(山本文雄) 위원(자민당 현정회)이 "몬주에 접근하기 위한 고속교통체계가 필요하다"고 말해 몬주를 내세워 신칸센 정비를 정당화시키고 있다.

앞서 말한 대로 일본만이 고속증식로 계획을 고집하면서 포기하지 못하는 이유는 명확하다. 해당 지역에서는 고속증식로라는 위험 시설이 지역의 이익을 가져오는 재료가 되어 버렸다. 즉 후쿠이 현은 신칸센 부설인가가 최우선사항으로 수단을 가리지 않는다는 자세를 명확히 하고 있으며, 고속증식로 추진계획은 그런 자세에 힘입어 추진되고 있다. 신칸센이 '혼네'이고 고속증식로가 '다테마에'라고 해도 좋을 것 같다. 요컨대 후쿠이 현 의회로서는 양자 모두 '어찌 되든 상관없다'는 것이다. 표를 얻게 된다면 무엇이든 괜찮다는 의식이 여기에서도 드러나는 것이다. 또 생활에 도움이 된다면 '어찌 되든 상관없다'는 대다수 수익자의 모습도 드리워져 있음을 간과해서는 안 된다. 이것이 피폭국 일본의 현실이다.

2007년 말 정부와 여당은 호쿠리쿠 신칸센 정비에 대해 '2007년

밝히지 않는 한 이 기사에 의함.

도에 결론 내린다'고 합의했지만 재원문제로 2008년도로 유보하였다. 자민당 정비신칸센 건설촉진 프로젝트팀의 마치무라 노부타카(町村信孝) 전 관방장관은 2008년 11월 말 재원문제가 해결되지 않더라도 정치결착으로 착공검토방침을 세우고 있다. 해당 지역뿐 아니라 중앙 정치 역시 현실사회에 규정되는 것이다.

그런데 고속증식로 계획은 어떻게 되었는가. 2008년 12월 16일 고속증식로 몬주에 신연료가 반입되었다.[34] 몬주는 우라늄과 플루토늄의 혼합산화물연료(MOX)를 사용하는데 같은 해 8월에 운전개시를 4개월 동안 연기했기 때문에 연료가 열화(劣化)하여 재기동이 되지 않았다. 신연료 반입은 1996년 나트륨유출사고 이후 세 번째로 운전이 세 차례 연기된 것을 알 수 있다. 그리고 일본원자력개발기구는 2009년 2월 운전개시를 준비했지만 1월 8일에 포기하였고 12월 이후로 연기방침을 정했다.[35] 운전개시를 포기한 이유는 원자로와 부대설비의 안전성 조사를 위한 플랜트 확인시험 실시 중 2008년 9월 옥외배기배관에 부식된 구멍 2개와 녹슨 곳이 발견되어 확인시험을 중단하고 배관보수공사의 인가와 실시에 시간이 걸렸기 때문이다.[36] 1995년 사고 이후 고속증식로 운전개시를 꾀하고는 있지만 전망이 보이지 않는 상황이 10년 이상 이어지고 있는 것이다. 몬주를 중심으로 하는 국제개발거점구축을 위해 기염을 토하

---

34) 『마이니치 신문』 2008년 12월 17일자.
35) 『마이니치 신문』 2009년 1월 8일자.
36) 『산케이 신문(産經新聞)』 2009년 1월 9일자를 보면, 닥트 개수공사 기간은 2009년 5월까지로 잡고 있다.

고 있는 후쿠이 현이나 쓰루가 시의 동향과 운전개시가 불투명한 상황의 격차를 어떻게 이해해야 할까.

앞에서 말한 대로 일본정부는 고속증식로개발에 이상하리만치 집착하고 있다. 후쿠이 현이나 쓰루가 시도 신칸센 정비가 실현될 때까지는 몬주가 살아있어 줘야 하는 사정을 안고, 잠들어 있는 몬주를 지켜보고 있다. 이런 상황은 비참하다 못해 이제는 우스꽝스럽기까지 하다.

4. '핵무장론'의 특징

1) 일본 '핵무장론'의 구조

외무성은 2008년 12월 주목할 만한 외교문서를 공개하였다. 1965년 1월 사토 에이사쿠(佐藤榮作) 총리가 최초 방미 시에 로버트 맥나마라(Robert Strange McNamara) 국방장관과 회담, 중국과 유사 상황 발발 시에는 "미국이 곧바로 핵보복을 해줄 것을 기대한다"며 핵공격을 요청했음이 밝혀졌다.[37] 이것은 핵 선제공격을 요구하는 발언이다. 동시에 사토 총리는 "해상이라면 곧바로 발동할 수 있지 않겠는가"라며 미군이 일본으로 핵 반입하는 것에 긍정하는 태도를 보였다. 이 회담 전날 존슨 대통령과의 회담에서 사토 수상이 미국의 '핵우산'에 의한 안전보장을 요구했던 사실도 드러났으며, 이번

---

[37] 2008년 12월 22일자로 외무성이 공개.

문서공개로 일본정부가 핵무기에 대하여 어떠한 자세로 대응했었는지 본질적인 측면이 폭로되었다.

이 발언은 1964년 10월 중국의 원폭실험 성공에 대한 충격에서 나온 것이다. 핵보유국 중국의 존재는 '핵우산'론을 정당화하는 중요한 이유가 되었으며, 그 구도는 지금까지 계속되고 있다. 동시에 그것은 북한의 핵문제에까지 적용될 가능성도 있다.

이 '핵우산' 정책은 또 다른 중요 정책과 짝을 이루고 있다. 1969년 외무성은 『일본의 외교정책대강』을 발표했는데, "NPT 참가여부와 관계없이 정책적으로 당면 핵무기는 보유하지 않는다. 그러나 핵무기제조의 경제적·기술적 가능성은 항상 보지(保持)함과 동시에 이에 대한 철주(掣肘)를 받지 않도록 배려한다"고 하였다.[38] "당면 핵무기는 보유하지 않는다"는 뜻은 아마도 미국의 '핵우산'이 존재하고 발동하는 한 보유하지 않겠다는 뜻으로 읽힌다. 거꾸로 해석하면 미국의 '핵우산'이 발동하지 않거나 소멸한 경우에는 핵무장할 필요가 있으며, 그를 위해서 "핵무기제조의 경제적·기술적 가능성은 항상 보지(保持)"하지 않으면 안 되는 것이다. 일본정부의 안전보장정책에서 '핵우산'론과 잠재적 '핵무장'론은 짝이라고 해도 좋다. 일본정부의 이러한 사고방식은 지금까지 바뀌지 않았다. 정부의 공식입장은 '핵무장'을 주장하지 않는 것이다.

---

38) 스즈키, 앞의 책, 192쪽.

2) 일본정부의 핵 억지론(核抑止論)

외무성의 『일본의 외교정책대강』에는 "이에 대한 철주(掣肘)를 받지 않도록 배려한다"고 되어 있다. 일본의 '핵무장'을 경계하고 이를 철주하려는 것은 미국과 다름이 없다. 미국은 자국 중심적으로 기존의 핵무기보유국의 권리를 유지하면서 타국의 핵무기보유를 저지하기 위해 핵확산방지조약(NPT)을 제안하였는데, 1968년에 미·영·소가 조인하였고 1970년 일본도 서명하였다. 그러나 국회의 승인은 1977년까지 유보되었다. 왜냐하면 중국을 억지하기 위한 핵무장강화에 매달리는 정치세력도 있고,[39] 정부 역시 미국에 의한 '철주'를 두려워했기 때문이다. 그러나 NPT에 가맹하면 핵을 평화적으로 이용할 수 있는 권리가 보장되기 때문에[40] NPT체제 안에서 핵분열물질을 집요하게 비축해 가는 방향을 선택, 핵무장의 기초를 공고히 하려고 했다. 이런 사실이 일본정부가 기술적인 약점을 돌아보지 않고 고속증식로개발과 플루토늄 열사용의 정착에 구애받는 커다란 이유이다.

그러나 1974년에 인도가 핵실험에 성공하자 미국은 핵확산을 강하게 경계하게 되고 일본의 핵연료재처리에 대해서도 압력을 행사하기 시작했다. 이에 대해 일본정부는 기본적으로는 미국의 주도권 하에 정비되어 온 핵확산방지체제에 협조적인 자세를 취하면서 원자력의 민사이용(民事利用)에 대해서는 매우 적극적인 자세를 유지

---

39) 위와 같음.
40) 위와 같음, 141쪽.

하여41) '미일 재처리전쟁'으로 불릴 정도로 외교마찰을 불러일으켰다. 그런 배경에는 부단히 핵무장의 잠재력을 키워가고 싶은 관계자의 의도가 있었다고 생각한다.42)

앞서 말했듯이 잠재적 '핵무장'론과 '핵우산'론은 한 벌로 쌍방이 동시에 강화되는 경향이 보인다. 1999년 6월 2일 중의원 외무위원회에서 북한에 대한 억지력에 대한 질문에 정부위원은 "미국은 다양한 수단을 사용하여 일본을 방위할 것을 다짐하였다"며, "그 수단이 무엇인지는 특정하지" 않았지만 "일본을 향한 공격에 대해서는 억지력이 유지된다"는 견해를 밝혔다.43) 또한 같은 해 11월 19일 동위원회에서 미국에 의한 선제불사용정책(先制不使用政策)의 가능성에 대한 질문에 가와노 요헤이(河野洋平) 외상은 "선제공격을 하지 않는다는 미국의 말로 안전보장이 가능한가"라며 의문을 표명하고 있다. 이런 정부의 답변으로 일본정부가 선제사용을 포함하여 미국에 의한 핵공격이 일본의 안전보장상 필요하다고 생각하고 있음을 알 수 있다. 게다가 2003년 8월에 한·미·일 3국의 국장급회의에서 야부나카 미토지(藪中三十二) 외무성 아시아대양주국장은 케리 미 국무차관보에게 북한에 대해 핵불사용의 확약을 하지 않도록 요청하였다. 즉 미국의 핵공격을 기대하는 속내가 있다. 적어도 일본은 핵무기를 억지력으로 간주하고 있으며 도저히 핵무기폐절에 대한

---

41) 요시오카, 앞의 책, 166쪽.
42) 위와 같음, 168쪽.
43) 가와사키, 앞의 책, 187~189쪽. 이하 미국의 핵 억지력에 관한 기대에 대해서는 특별한 언급이 없는 한 여기에서 인용.

의지가 있다고는 생각할 수 없다.

1998년 6월 브라질·이집트·아일랜드·멕시코·뉴질랜드·슬로베니아·남아프리카공화국·스웨덴 8개국 외상들이 '핵무기 없는 세계로-새로운 어젠다의 필요성'이란 제목의 성명을 발표하고, 핵무기 보유국과 핵무기개발이 가능한 핵능력국에 대해 보유 핵무기 및 핵능력의 신속하고 완전한 폐기를 명확하게 서약할 것을 강하게 촉구했다.44) 이들은 스스로 '뉴어젠더연합(New Agenda Coalition)'이라 칭했다. 일본은 뉴어젠더연합의 결의에 계속 기권했다.45) 그 배경에는 이 결의에 강하게 반발한 미국에 대한 배려도 있었겠지만 미국의 '핵우산'에 대한 강렬한 기대가 있었다고 생각된다. 일본정부의 외교자세는 핵무기 폐절을 바라는 피폭국으로서의 입장에서 멀리 떨어져 있다. 이런 자세는 북한을 비롯한 국가들의 핵무기 보유 충동을 재촉하는 것이다. 플루토늄 축적문제를 포함하여 생각하면 일본정부는 핵확산 조장에 큰 역할을 하고 있다는 결론을 내릴 수밖에 없다.

맺음말

이상 불충분하지만 일본이 핵확산에 어떠한 공헌을 하고 있는가를 고찰했다. 감히 결론을 내리자면 피폭국으로 자기규정을 하면서

---

44) 위와 같음, 131쪽.
45) 위와 같음, 183쪽.

도 핵분열 에너지를 직시하고, 거기에서 현대를 고찰하려는 사상을 세우려 하지 않았음이 오늘날 일본의 최대 문제이다. 모든 것이 '혼네와 다테마에' 논의에서 처리되고 결과적으로 향락적인 관점에서 판단을 내리는 구조가 좋은 것으로 여겨져 왔던 것이다.

막스 베버[46]는 우리들에게 다음과 같은 말을 남겼다.

> 이 문화발전의 최후의 단계에 나타나는 '마지막 인간(letzte Menschen)'에게는 다음과 같은 말이 진리가 아닐까. "정신이 없는 전문가, 가슴이 없는 향락인. 이 공허한 인간들은 인간성이 전례 없는 단계에 도달했다고 자만하고 있을 것이다"[47]

이 예언은 그야말로 멋지게 적중했다. 핵무기나 원자핵 에너지에 대해 무신경해진 우리들은 '마지막 인간'으로서 자격이 충분하다. 일본이 처한 '핵확산' 문제야말로 멸망의 길로 내달리면서 가장 훌륭한 인간성을 지녔다고 자만하고 있는 인간들에게 향연을 베푸는 기술이라는 것 외에는 달리 말할 수가 없다.

---

46) (역주) 막스 베버는 종교윤리와 사회경제적 과정의 관련성에 관한 탁월한 업적을 남긴 사회학자로, 위 인용문은 『프로테스탄티즘의 윤리와 자본주의 정신』에 실려 있으며, 국내에서는 1988년 박성수역 문예출판사에서 간행된 후, 2006년 풀빛에서 김상희 번역으로 재차 간행되었다.

47) 막스 베버, 오쓰카 히사오(マックス・ヴェーバー・大塚久雄) 역 『프로테스탄티즘의 윤리와 자본주의 정신(プロテスタンティズムの倫理と資本主義の精神)』岩波書店, 1989년, 366쪽.

제2장

한국과 핵

'반입된 핵무기'와 핵기술이용의 현대사

후쿠이 유즈루(福井讓)

들어가는 말

　'동아시아의 핵문제'를 접하면 우리들은 우선 조선민주주의인민공화국(이하 북한으로 약칭)의 핵개발 의혹을 둘러싼 일련의 문제를 떠올리지 않을까. 주지하는 대로 일본의 식민지지배 해방이 곧바로 한반도의 독립을 가져다준 것은 아니었다. 태평양전쟁의 종전 이후 미국과 소련이 주둔하게 된 한반도에는 현재에 이르기까지 남과 북이 분단국가로서 존재한다. 동서 냉전의 종결로 미소 양국의 대립은 과거의 이야기가 되었지만 분쟁이 첨예했던 한반도는 지금도 대립 중이다. 그렇기 때문에 냉전시대의 상징인 핵은 지금도 현실의 문제로서 엄연히 살아있다.

　1993년 3월 북한의 NPT탈퇴선언과 사용후핵연료봉 인출로 이어진 '제1차 북핵위기'로 한반도의 핵이 세계적으로 주목을 받았다. 북한의 핵의혹에 대응하기 위해 '한반도에너지개발기구(KEDO)'가 설치되고 한·미·일 3국을 중심으로 원자력 개발을 위한 기술지원이 진행되었다. 그러나 2002년 사태는 일변한다. 같은 해 가을 이 문제를 다루는 중심이 된 6자회담이 일시적으로 좌절되고(2002년 10월), 북한의 NPT탈퇴(2003년 1월)와 핵보유선언(2005년 2월)이 이어졌다.

그런데 '한반도 핵문제'는 과연 북한만의 문제일까. 핵개발을 고집하는 북한의 움직임만이 주목되는데, 비슷한 문제가 한국에는 없는 것일까. 혹은 더 기본적인 문제로 한반도의 핵에너지 실태는 어떠한가.

물론 북한의 핵개발에 대한 한국정부의 대응을 '핵을 둘러싼 대북정책'이라 한다면, 그것은 한국의 '핵정책'의 하나로 간주할 수 있을 것이다. 그러나 한국현대사를 펼쳐보면 한국에서도 핵을 둘러싼 다양한 움직임이 있었음을 알 수 있다. 즉 주한미군에 의한 핵무기보유, 독자적인 핵개발·핵무장 구상, 그리고 근년 한국 내 역할이 증대되는 원자력발전이다. 이것들은 개별적인 문제로 보이지만, '핵확산'의 시선으로 보면 모두 밀접하게 관련되어 있음에 유의해야 한다.

그런데 이 세 가지는 일본의 '비핵 3원칙'[1]에 조명하여 파악할

---

1) (역주) 핵문제에 대한 자민당의 기본태도로 1967년 12월 11일 중의원(衆議院) 예산위원회에서 처음 제기되었다. 사회당에서 오가사와라 제도(小笠原諸島) 반환과 관련하여 핵무기 반입문제를 정부에 제기하자 사토 에이사쿠(佐藤榮作) 총리가 "본인은 핵무기의 3원칙, 즉 핵무기를 제조하지 않고, 핵무기를 보유하지 않으며, 핵무기의 반입을 허용하지 않는다"고 발언하여, 이것을 '비핵 3원칙'이라고 부르게 되었다.

수 있다. 다시 말하면 주한미군의 핵무기는 '반입불허', 한국의 핵무장론은 '비보유'라는 도식이다. 핵무기제조 가능성을 생각하면 원전은 핵에너지의 평화적 이용을 목적으로 하면서도 일변하여 '비개발'과 관련된다. 본 장에서는 '아시아와 핵확산'이라는 문제의식에서 한국과 '핵'에 관한 세 가지 문제를 고찰한다.

1. 주한미군의 '핵무기 반입'

1) 미군의 한국주둔

한국과 핵의 관계를 생각할 때 무시할 수 없는 것이 전후 일관되게 주둔해 온 주한미군의 존재이다. 한국전쟁에서 유엔군을 지휘한 더글러스 맥아더 연합군총사령관이 핵무기 사용을 주장하자 트루먼 대통령(재임 1945~1953)이 그를 해임한 것은 잘 알려진 바이다. 실제 전투에서 핵무기가 사용되지는 않았지만, 이를 계기로 더 이상 한국 역시 미국의 핵과 무관한 존재로 남을 수 없게 되었다.

현재 한국에 미군이 주둔하게 된 것은 일본의 식민지지배에서 해방된 다음 달인 1945년 9월의 일이다. 당시 38도선을 경계로 한반도 북부에는 소련군이, 남부에는 미군이 상륙하여 양군의 관할통치가 시작되었다. 남부에는 서울에 미군정청(재조선미육군사령부군정청, USAMGIK)이 설치되어 1948년 8월 대한민국 정부수립 시까지 미군정하에 놓였다. 1953년 7월에 한국전쟁이 휴전을 맞이하게 되자 한미 양국은 계속해서 미군의 주둔을 허용하는 '한미상호방위조약'을 체결하였다. 이에 따라 미군은 서울 중심부와 가까운 용산에 육군 제8군, 한국 중부인 오산에 제7 공군을 배치하고, 한국 영해에 제7 함대를 파견함으로써 한국 전역을 육해공 3군의 작전행동구역 아래 놓았다.

2) 주한미군의 핵반입

그런데 주한미군이 이 시기를 전후하여 한국에 핵무기를 배치하였던 사실이 최근 밝혀졌다.2) 이에 따르면 미군이 한국에 핵무기를 반입한 것은 1958년 1월의 일로3) 용산, 오산 외에 수원, 춘천, 대전, 군산, 대구 등 주요 도시 근교에 소재한 총 16개 미군기지 외에, 서울 북부 도봉산에 핵무기용 탄약고를 두었다. 이렇게 반입한 핵무기는 총 11종으로 종별미상인 지대지미사일과 8인치 박격포, 지대공미사일 MIN-14 등이다. 그 규모는 단편적이지만 군산에는 1977년에 453기가, 1985년에는 150기가 설치되었다고 한다.4) 더욱이 미군은 단지 핵무기만 반입한 것이 아니다. 서울 북부의 동두천 외 총 14개의 미군기지에 '핵무기사고대책반'이 설치되었다. 경우에 따라 한국군의 야포훈련에 이 핵무기가 이용되었다는 의심도 제기되고 있다.5) 이렇듯 조직적 체제하에 핵무기를 관리하고 운용

---

2) 『중앙일보』 2005년 9월 6일자, 10월 9일자.
3) 『조선일보』 2005년 7월 27일자.
4) 최성 통합민주당 국회의원 홈페이지(2008년 9월 17일 접속).
5) 『중앙일보』 2005년 10월 9일자.

해 왔던 것이다.

그렇다면 이러한 핵무기는 지금 한국에서 어떠한 존재일까. 지금까지 수없이 밝혀진 주한미군의 핵에 대해 미국은 긍정도, 부정도 하지 않는다. 일명 NCND(Neither Confirm Nor Deny) 정책이다.[6] 그 때문에 존속 시기는 물론 철수한 경우에도 미국 측이 그 사실을 언급한 일은 없었다. 그러나 대북관계에 정통한 최성(당시 열린우리당 소속) 국회의원의 조사에 따르면, 한국에 배치되었던 핵무기는 1991년 11월 미 대통령의 승인을 받아 유럽배치분과 함께 미국 본토로 철수시켰다고 한다.[7]

이와 거의 동시에 당시 노태우 대통령은 '한반도 비핵화와 평화조약에 관한 선언'을 발표했다.[8] '원자력의 평화적 이용', 'NPT 및 IAEA 안전조치협정의무의 성실이행' 등을 포함한 이 선언은 핵무기의 제조에서 보유, 저장, 배치, 사용을 모두 금지하는 '비핵 5원칙'을 명확히 한 것이 특징이다. 같은 해 12월에는 한국 어디에도 핵무기가 존재하지 않음을 공언한 '핵부재 선언'을 하였고, 한국정부는 12월 말에는 북한과 함께 '한반도비핵화공동선언'에 합의했다(1992년 2월 발효).

최근 이 선언들이 미국 측의 요청에 따른 것이었음이 드러나고

---

6) 우메바야시 히로미치(梅林宏道)「일본의 비핵화·법제화의 문제(日本の非核化·法制化の問題)」公共政策學會編『日本公共政策學會年報』2000년, 2쪽.
7)『중앙일보』2005년 10월 9일자.
8) 전성훈『한반도의 비핵화실현과 남북한·일본 3국 비핵지대 창설』통일연구원, 1999년, 10~11쪽.

있다. 즉 미국 대신 한국이 북한을 끌어들여 핵을 향한 움직임을 봉쇄하려는 것이었다. 동시에 핵개발을 둘러싼 한국 내 움직임에 대한 견제이기도 했다(후술).9)

[도표 2-1] 주요 주한미군기지와 원자력발전소

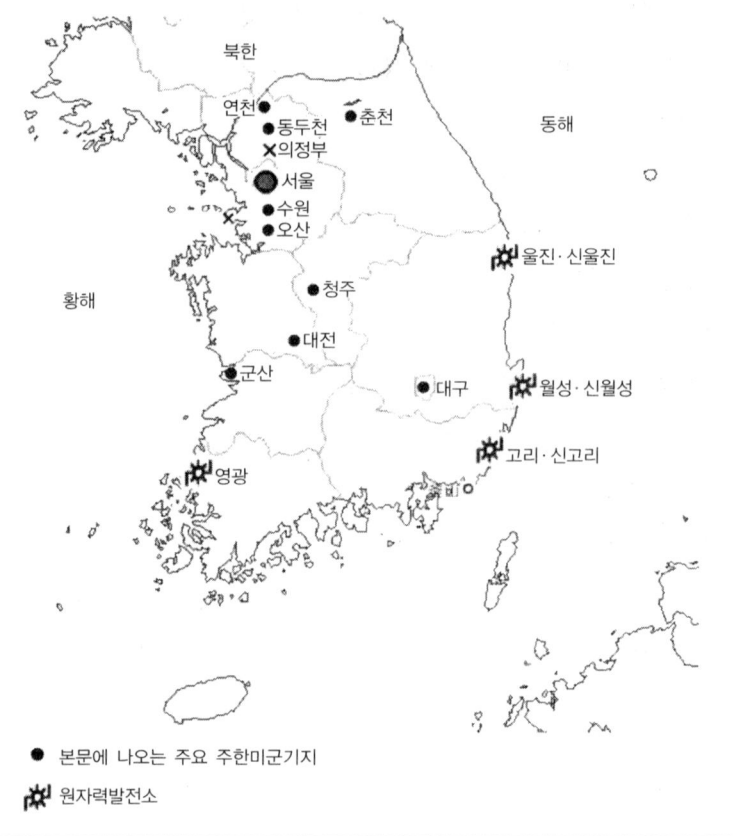

● 본문에 나오는 주요 주한미군기지
卌 원자력발전소

---

9) 『동아일보』 2004년 9월 16일자.

3) 열화우라늄탄

주한미군과 핵에 관하여 무시할 수 없는 것이 바로 열화우라늄탄의 존재이다. 서울에서 남서쪽으로 약 40km, 광대한 평야가 황해까지 펼쳐지는 화성시는 인구 45만으로 2001년 3월에 세워진 신도시이다. 이전에는 화성군이라 불렸던 이 지역은 근년의 매립과 간척으로 해안지대에 공업단지가 속속 들어서고 있지만, 광대한 논밭이 이어진 전형적인 한국의 농촌지역이다. 이 화성시의 최남단, 아산만과 접한 곳에 매향리가 있다.

미군이 해상사격훈련을 위해 매향리에 쿠니(Kooni) 사격장을 설치한 것은 한국전쟁이 한창이던 1951년 8월의 일이다. 1968년에는 육상공격훈련용의 훈련장도 증설되었고, 주변일대의 농지를 접수하여 확장되고 있다. 때문에 인근 지역에서는 항공기, 투하되는 폭탄의 소음 외에도 오폭과 불발탄에 의한 사상자가 발생하고 있으며 연습장 폐쇄 주장과 손해배상청구가 간간이 제기되고 있다.[10]

이러한 상황에서 2000년 5월 사고가 발생하였다. 미군 A-10지상공격기가 훈련 중 고장을 일으켜, 기체 중량을 경감시키기 위해 탑재하고 있던 MK52폭탄(500파운드) 6발을 투하하였다. 이로 인해 훈련장 주변의 주민 6명이 부상당하고, 부근 농가 약 700호의 창문이 깨지는 피해가 발생하였다.[11] 문제는 여기서 그치지 않았다. 사고 직후 미군 관계자가 매향리에서 열화우라늄탄이 훈련에 사용되었

---

10) 『한겨레신문』 2000년 5월 12일자.
11) 『한겨레신문』 2000년 5월 9일자.

음을 밝힌 것이다.12) 이전에도 번번이 주민에게 피해가 되는 사고를 일으켜 온 훈련장에서 방사능 오염 가능성이 있는 무기가 일상훈련에 사용되었다는 사실은 전국적으로 주한미군의 열화우라늄탄 보유상황에 대한 관심과 비판으로 이어졌다. 시민단체, NGO 등이 다방면에서 조사와 보고를 진행하는 과정에서 무엇보다 무기의 규모가 관심을 끌었다. 2003년 8월에 미공군 관계자의 증언으로 오산기지에 무려 47만 4576발, 수원기지에 136만 181발, 청주기지에 93만 3669발이 저장되어 있음이 밝혀졌다. 이 가운데 오산에서는 분실로 확인된 양만 하더라도 2만 4696발, 서류상 오차로 밝혀진 것만 2만 353발에 이르고 있다. 대량으로 보유하고 있지만 그 관리가 지극히 허술하다는 사실이 세상에 드러난 것이다.13)

그런데 한국에서 열화우라늄탄에 관한 문제는 이전에도 있었다. 주한미군에 대전차포 등 2종에 한하여 열화우라늄탄이 존재하고 있었다는 사실이 이미 알려졌었다. 그런데 1997년 2월 대전차포 1발이 관리상 실수로 폭파되어 그 과정에서 처리장 주변의 토양오염에 대한 걱정이 높아지는 가운데 3개월이나 지난 뒤에야 이 사실이 공표된 사건이 있었다.14) 매향리 사고를 계기로 주한미군의 열화우라늄탄 보유상황과 불투명한 관리가 새롭게 주목, 비판받게 되었다.

---

12) 한계옥(韓桂玉)「주한미군이란 무엇인가(在韓米軍とは何か)」大阪經濟法科大學 アジア硏究所編『東アジア硏究』第31호, 2001년 2월, 16~17쪽.
13) 이시우(イ・シウ)「한국의 미군기지의 열화우라늄탄 300만 발(韓國の米軍基地に劣化ウラン彈300万發)」〈No Nukes Asia Forum Japan〉홈페이지(2008년 9월 13일 접속)
14)『조선일보』2000년 5월 18일자.

이러한 문제의 배경에는 한미관계와 주한미군과의 관계가 깊게 관련되어 있다. 한국전쟁 직후의 '주한미군의 관할권에 관한 한미협정'(1950년 7월)과 '주한미군지위협정'(1966년 7월)에 따라 주한미군은 치외법권적 존재가 되었다. 그 때문에 위와 같은 열화우라늄탄의 사용은 물론, 투하에 의한 오염, 피해, 혹은 미군기지로부터의 유해물질과 폐유방출에 의한 주변 환경오염 등의 문제가 해결되지 않고 반복되어 온 것이다.15) 2002년 6월에 의정부에서 발생한 여중생 압사사고에서도 보이듯이 주한미군에 의한 사건, 사고는 곧바로 '반미감정'으로 표면화되고, 때로는 대중운동으로 분출된다. 그러나 한편으로 전후 일관되게 한국은 미국과의 동맹관계를 유지, 강화해 왔고 주한미군의 존재에 전면적으로 의존함으로써 한국의 방위와 북한에 대한 우위를 달성하려고 했다.16) 열화우라늄탄의 문제는 복잡한 한미관계를 상징하는 것이다.

---

15) 매향리에 대해 2003년 3월 대법원은 정부가 인근 주민 14명에게 1인당 1천만 원씩 손해배상을 하도록 판결하였다. 한국정부도 미군 측과 협정한 뒤에 배상금을 지불할 예정임이 전해졌다(『조선일보』 2004년 4월 6일). 매향리 오염문제에 대해서는 한계옥, 앞의 논문, 17쪽.
16) 기미야 다다시(木宮正史)「한국 외교의 다이내미즘(韓國外交のダイナミズム)」신카와 도시미쓰(新川敏光)・오니시 유타카(大西裕) 편 『日本・韓國』ミネルヴァ書房, 2008년 9월, 249쪽.

2. 핵개발 움직임과 '핵무장론'의 실태

1) 한국의 핵개발 움직임

　핵개발을 고집스럽게 주장해온 북한의 존재가 '한국과 핵'을 애매하게 하는 역할을 해왔다. 북한이 강경하게 핵을 고집하기 때문에 한국의 핵개발 문제가 잘 드러나지 않게 되는 것이다. 그러나 한국의 독자적인 '핵'을 향한 목소리가 전혀 없지는 않았다. 박정희 대통령(재임 1963년 10월~1979년 10월) 시대 핵개발 움직임이 있었다.

　1961년 5월 16일 쿠데타로 정권을 잡은 박정희는 그때까지 최빈국 수준이었던 한국경제를 일으켜 세우는데 진력하였다. 특히 외자도입에 의한 경제발전을 지향한 그는 대미관계강화를 목적으로 베트남 파병을 결정(1964년 10월)하고, 또 일본과의 국교정상화를 실현(1965년 6월)시켰다. 1960년대 중반을 지날 무렵 공업생산량은 비약적으로 급증하여 1973년에는 1961년 대비 8배, 수출액은 1964년도의 30배 가까이 상승하였다.[17]

　이른바 '한강의 기적'으로 불리는 이 시기, 1975년 9월에 한국정부는 프랑스로부터 핵재처리시설을 도입하는 계획을 세웠다.[18] 그리고 그 관리와 운용을 위한 기술력과 인재를 확보하기 위해서 핵관련 분야 연구를 목적으로 미국에 체류 중인 한국인 연구자에게도 손을 내밀었다. 그러나 이 계획은 국제적으로 한국의 핵보유 의혹을 야기하였다. 한국 측의 이러한 움직임에 불신을 갖던 미국은 핵확산

---

17) 다케다 사치오(武田幸男) 편 『朝鮮史』 山川出版社, 1985년, 376쪽.
18) 『조선일보』 2006년·10월 14일자.

방지 관점에서 압력을 행사하고 최종적으로 이 계획을 무산시켰다.19) 재처리시설이 주변국으로의 핵확산과 밀접하게 관련되기에 한반도와 같은 정치적으로 민감한 지역으로의 도입을 우려하였기 때문이다.20)

이 시점에서 박정희를 비롯한 한국정부가 핵무기의 직접보유 의지가 있었는지는 확실하지 않다.21) 같은 시기 주한미군은 이미 한국 내에 핵무기를 배치하고 있었기에 한국이 별도로 핵무기를 보유할 필요성까지는 못 느꼈는지도 모른다. 다만 한국정부는 이보다 앞서 핵의 평화적 이용이라는 형태로 원자력발전소에서의 사용을 목적으로 한 원자로 도입계획을 표명했다. 1960년대에 캐나다에서 설계, 개발, 발명된 가압수형중수로(Canada Deuterium Uranium, CANDU)를 캐나다 원자력공사(Atomic Energy Of Canada Limited)로부터 도입할 계획이 1973년 4월에 공표되었던 것이다. 미국은 이에 착목하였다. 앞에서 말한 재처리시설 도입 단념을 교환조건으로 하여 중수로의 유입을 허용하는 태도를 보인 것이다(원자로에 대해서는 후술).22)

이 배경에는 당시 한미관계에 대한 미국과 한국의 온도 차가 깊

---

19) 『조선일보』 2006년 10월 4일자.
20) 『중앙일보』 2008년 1월 15일자.
21) 박정희가 이 시기 핵무기제조에 관심을 가지고 있었고, 개발을 위한 연구비 지급은 있었지만 구체적인 성과로 나타나지 않았다는 것은 당시 연구자들의 증언으로 분명해졌다. 「ADD 무기개발 3총사의 핵/미사일 개발비화 "박정희 정권의 핵 개발은 헛소문 …… 설계도면만 그리다 말았다"」 『新東亞』 567호, 2006년 12월, 276~287쪽.
22) 『중앙일보』 2008년 1월 15일자.

게 관련되어 있다. 1970년대에 들어 닉슨 방중(1972년 2월), 베트남 전쟁 완전철수(1973년 3월) 등 이전까지 반공정책 일변도였던 미국이 아시아 정책에서 분명한 변화를 보였다. 이처럼 한미관계를 둘러싼 국제정세가 유동적으로 흘러가는 가운데 주한미군의 부분철수가 점차 현실화되었다.23) 한국은 종래와 같은 대미일변도의 방위정책에 강한 위기감을 갖고 경제와 방위의 조속한 자립화를 꾀하게 되었다.24)

2) 한국의 '핵무장론'

다만 이것은 어디까지나 핵개발능력의 확보라는 차원이었다. 이에 비해 근년에는 좀 더 직접적인 핵무기 보유의 당위를 주장하는 '한국 핵무장론'도 들린다.

제5차 6자회담의 제2세션(2006년 12월)이 개시되기 직전, 북한은 동해에서 미사일 실험(2006년 7월)을 하고 10월 '핵실험성공선언'을 발표하였다. 제4차 6자회담의 제1세션에서 1년이 지난 시점에서 북미 양국은 6자회담 재개를 위해 베이징에서 양국 간 협의를 실시했다. 여기서 북한은 갑자기 주한미군의 핵무기 배치를 지적하고 북한의 핵무장 해제와 주한미군의 핵무기 철수를 동시에 주장하였다.25)

---

23) 무라타 고지(村田晃嗣)『대통령의 좌절 카터 정권의 주한미군철수정책(大統領の挫折 カーター政權の在韓米軍撤退政策)』有斐閣, 제3장「철수정책의 시동(撤退政策の始動)」88~148쪽.
24) 이소자키 노리오(磯崎典世)「체제이행의 정치(體制移行の政治)」, 앞의 책『日本·韓國』, 180쪽. 기미야 다다시, 앞의 글, 256쪽.

북한은 전년 7월의 제4차 6자회담에서도 주한미군의 핵무기를 언급했었다. 그때 북한은 당시 주한미군이 약 1000기의 핵무기를 배치하고 있다고 문제를 제기하였다.[26] 흥미로운 사실은 이때 북한이 '평등한 핵사찰'을 주장, 사찰실시를 받아들이는 조건으로 주한미군 및 한국군에 대해서도 핵사찰을 요구한 것이다.

북한이 다시금 한국 내 핵무기를 문제시한 것은 한국 언론이 지적하듯이 핵실험을 정당화하기 위한 전술이었는지도 모른다. 어찌 됐든 무슨 일이 있을 때마다 좌절되는 북한의 핵문제는 실질적으로 북미 양국 간의 차원으로 수렴되어 한국이 직접 당사자로서 개입할 여지는 실질적으로 줄어든 것이 사실이다. 이렇게 효과적인 타개책을 내놓지 못한 현상에 한국 내에서는 스스로 핵무장을 해야 한다는 견해가 의외로 적지 않다. 예를 들면 『중앙일보』가 실시한 2005년 여론조사에서 약 1000명 가운데 67%가 한국의 핵무장을 지지하고 있으며, 이는 2004년도의 조사(51%)보다 증가한 것이라고 한다.[27]

더욱이 공공연히 핵무장 가능성을 시사하는 정치가도 있다. 김대중 대통령의 국민의 정부와 노무현 대통령의 참여정부 시기에 야당이었던 한나라당의 총재를 지낸 이회창(현 자유선진당 소속)이 대표적인 인물이다.[28] 그가 주장하는 '핵무장 검토론'은 주변 국가의 핵

---

25) 『조선일보』 2006년 12월 9일자. 최근에도 유사한 주장이 들린다. 〈Daily NK〉 2008년 7월 24일자.
26) 『조선일보』 2005년 7월 27일자. 『국방일보』 2005년 7월 29일자.
27) 『중앙일보』 2005년 10월 15일자. 다만 두 번의 조사 모두 대상자의 정확한 숫자와 내역, 조사방법, 조사지가 명시되어 있지 않기에 이 결과를 근거로 하기에는 불충분하다.

무장 가능성에 더해 근년의 반미감정 악화와 주한미군 규모축소에 따른 대미관계의 상대적 약화상황에서 한국의 안전보장을 위한 핵개발의 필요성을 주장하는 것이다.29) 원래 한국의 핵무장에 반대해 온 그가 이러한 주장을 하게 된 것은 김대중, 노무현 두 정권의 대북유화정책이 현재 북한 핵문제를 악화시켰다는 주장에 근거한다. 때문에 장기적 관점에서 한국의 핵무기 보유를 한 가지 가능성으로 둘 수 있다는 것이다.30)

그런데 그가 주장하는 '주변 국가의 핵 군비 경쟁'에는 일본도 포함되어 있다. 그 자신은 핵무장한 일본에 대해 위기감을 갖고 있지 않았다 할지라도 일반시민은 의외로 일본 핵무장론을 우려하고 있음을 알 수 있다.31) 여기에는 일본의 핵에너지 이용 기술력에 대한 평가를 기초로 하여 야스쿠니 참배문제, 교과서 검정문제 등 근래의 일본의 역사인식을 둘러싼 양국 간 대립과 상호불신이 깊게 관련되어 있다. 역사를 둘러싼 논쟁이 한국 내에서는 일본사회의 '우경화'로 비치고, 예를 들면 방위청의 방위성 승격이나 방위비 확대와 맞물려 일본의 군사 대국화로 이어지는 구조에서 풀이되고 있다. 이것

---

28) 그 외에도 최근 여당인 한나라당 국회의원 김성동이 한국의 핵무기개발이 북한의 핵 포기에 효과적이라고 주장하고 있다. 『동아일보』 2008년 11월 4일자.
29) 『한국일보』 2006년 10월 20일자.
30) 『한국일보』 2006년 10월 19일자.
31) 한 예로 북한의 핵개발에 관한 이시하라 신타로(石原愼太郎) 도쿄도지사의 발언을 소개(『국방일보』, 2006년 8월 8일자), 일본의 핵에너지 이용기술력과 핵무기개발을 지적(『국방일보』, 2006년 9월 12일자), 북한의 핵개발이 일본 군비확장을 자극한다는 기사(『국방일보』, 2007년 6월 20일자), 교육기본법개정과 우경화, 핵무장 가능성을 지적한 논설(『한겨레 21』 제632호, 2006년 10월 26일) 등.

을 종래의 '침략의 역사'와 중첩시켜 파악할 때, 일본인에게는 비현실적이지만 한국인의 눈에는 '일본의 핵무장'은 현실감을 띠게 되는 것이다. 그 결과 북한, 일본에 대한 안정보장 대항책으로서 한국도 핵무장해야 하는 필요가 있다고 인식하는 것이다.

물론 핵무장에 대한 거부반응도 존재한다. 한국이 가야 할 유일한 길은 한반도의 비핵화를 전제로 한 평화통일이며, 그 때문에 북한의 핵보유는 포기시켜야 하고 한국 측도 핵무기를 보유해서는 안 된다는 지적도 있다.[32] 그러나 북한과 직접대치라는 구도에서 동시에 일본의 군사대국화에 대해서도 한국사회는 민감할 수밖에 없다는 점을, 일본사회는 알아야 될 것이다.

3. 원자력발전의 전개와 의존

마지막으로 원자력발전에 대해 살펴보자. 한국이 핵의 평화적 이용에 착수한 것은 비교적 이른 시기로 1955년에 미국과 원자력 협력협정을 체결한 데서 비롯한다.[33] 1956년 3월 당시 문교부(현 교육과학기술부)에 원자력 연구·개발·이용을 담당하는 원자력과가 설치되었다. 1958년 2월의 원자력법 성립 후, 정부의 담당 부서로 1959년 2월에 원자력원이, 같은 해 3월에는 연구개발 전문기관으로서

---

32) 『국방일보』 2006년 10월 25일.
33) 이하 원자력발전소 건설까지의 경위는 한국전력공사 홈페이지의 '원전개발사업 원자력발전소의 건설' 참조.

원자력연구소가 발족한다. 그 가운데 원자력발전이 구체화하는 것은 1962년 12월, 원자력원이 '원자력발전대책위원회'를 설치한데 따른다. 이 단계에서는 1970년대 초기까지 원자력발전소 건설을 목표로 하였으며, 1964년 말부터 1965년 6월에 걸쳐 원전건설 후보지 조사에 착수했다. 원자력원을 비롯하여 한국전력, 석탄공사의 협력으로 국내 22개소가 선정되어 먼저 경기도 고양군 행주외리, 경상남도 동래군 기장면 공수리 및 양산군 장안읍 월내리(모두 당시 지명) 등 세 곳이 선정되었다.

1966년 12월 원자력원과 한국전력 외 관계부처, 기업에 의한 원자력발전소조사위원회가 설치되었다. 동 위원회에서 원전도입에 관한 조사·검토 이후 1968년 말까지, 건설원전의 규모, 원자로의 형식(가압경수로)이 책정되었고, 이와 병행하여 같은 해 4월에는 건설지가 세 번째 후보지에 가까운 장안읍 고리가 선정되었다. 5월부터 건설예정지 주변 주민에게 설명회가 개최되고, 토지매입 및 보상 문제 해결을 꾀하게 되었다. 그리고 원전 1호기가 된 고리발전소는 1971년 3월에 기공되어 87개월 간의 공사를 거쳐 1978년 4월에 준공하였다. 고리발전소의 완성으로 한국은 세계에서 21번째로 원전 보유국이 되었다.

1978년 4월 고리 제1호기의 완성 이후 현재까지의 원전 현황을 정리한 것이 다음 도표 [2-2]이다.

제2장 한국과 핵 65

[도표 2-2] 한국의 원자력발전소 일람

원자력 발전소명	원자로명	출력 (만kW)	원자로형	원자로건설주	완성	소재지
울진	1호	95.0	가압경수로	Framatome(프)	1988년 9월	경상북도 울진군 북면 부구리
	2호	95.0			1989년 9월	
	3호	100.0	가압경수로 한국표준형	두산중공업	1998년 8월	
	4호	100.0			1999년 12월	
	5호	100.0			2004년 6월	
	6호	100.0			2005년 6월	
신울진	1호		건설준비 중			
	2호					
월성	1호	67.9	캐나다형 가압중수로	캐나다 원자력공사	1983년 4월	경상북도 경주시 양남면 나아리
	2호	70.0			1997년 7월	
	3호	70.0			1998년 7월	
	4호	70.0			1999년 10월	
신월성	1호	100.0	개선형 한국표준형 가압경수로	두산중공업	2011년 10월	경상북도 경주시 양북면 봉길리
고리	1호	58.7	가압경수로	Westinghouse (미)	1978년 7월	부산광역시 기장군 장안읍 고리
	2호	65.0			1983년 7월	
	3호	95.0			1985년 9월	
	4호	95.0			1986년 4월	
신고리	1호	100.0	개선형 한국표준형 가압경수로	두산중공업	2010년 12월	부산광역시 기장군 장안읍 효암리 울산광역시 울주군 서생면 신암리
	2호	100.0			2011년 12월	
	3호	140.0	신형경수로 가압경수로		2013년 9월 예정	
	4호	140.0			2014년 예정	
영광	1호	95.0	가압경수로	Westinghouse (미)	1986년 8월	전라남도 영광군 홍농읍 계마리
	2호	95.0			1987년 6월	
	3호	100.0		한국중공업· Combustion Engineering(미)	1995년 3월	
	4호	100.0			1996년 1월	
	5호	100.0	한국표준형 가압경수로	두산중공업	2002년 5월	
	6호	100.0			2002년 12월	
	2호	100.0			2012년 10월 예정	

[출전] 본 표의 작성은 『주고쿠 신문(中國新聞)』 2004년 1월 25일, 『매일경제』 2008년 8월 7일, 한국수력원자력발전소 영광원자력본부 HP＜http://www.khnp.co.kr/youngkwg/index.jsp＞, 울진원자력본부 ＜http://www.khnp.co.kr/uj/ulchin/head3_1.html＞, 한국원자력문화재단「원자력지식발전소」＜http://www.knef.or.kr/know＞, 신월성원자력 1·2호기건설현장 HP ＜http://www.swn12const.com/V1/＞, 한국원자력산업회의＜http://www.kaif.or.kr/know/01.asp?mode=view&pidx=39000&schk=&skey=&nP=＞, 두산중공업＜http://www.doosanheavy.com/2/sub2_01.asp＞, 나가사키 다케오(永崎隆雄)「韓國の原子力」＜http://www.fnca.mext.go.jp/cgi-img/asia-img/head/korea.pdf＞을 이용하였다. 또 원자력안전정보공개센터＜http://nsic.kins.re.kr/＞에서는 전체 원전의 운전현황을 온라인에서 수시로 확인가능하다(상기 모두 2009년 1월 25일 접속).

[주기] 표 가운데 색깔이 들어간 것은 수입원자로를 나타내며, 영광 3·4호의 색깔이 다른 것에 비해 옅은 것은 이 원자로가 한국기업과 해외기업의 공동건설에 의함을 나타낸다.

　도입원자로 규모와 출력에 관한 정부의 계획, 원자로의 국산화에 이르는 경위는 지면 관계상 생략하겠지만, 이 표를 보면 우선 1990년대에 들어 급격하게 원전이 증설된 것을 알 수 있다. 물론 여기에는 근년에 증가하고 있는 국내전력소비량과 그에 대응한 공급전력량 확보가 밀접하게 연관되어 있다. 예를 들면 1997년부터 2007년까지 추이를 보면, 최대전력수요(최대전력발생일치)는 3583만kW에서 6229만kW로 늘었고, 그에 맞춰 발전설비용량도 4053만kW에서 6720만kW로 증가하고 있다.[34] 전체 발전량에서 원자력발전이 차지하는 비율은 1997년 25.1%(1032만kW)였으며, 일시적으로 30% 가까이 상승(2002년 29.2%, 1572만kW)하였지만, 2007년도에는 26%(1772만kW)로 낮아졌다.[35] 다만 발전량 자체가 증가하고 있기 때문

---

34) '전력공급동향' 한국통계청 홈페이지 참조(2009년 1월 25일 접속).
35) '주요 발전원별 설비용량' 위와 같음.

에 원자력발전의 비중이 전체적으로 높아지고 있는 것은 분명하다.

두 번째로, 원자로의 국산화가 급격히 진전된 것이다. 고리 1호기 건설시점에서는 한국은 원자로를 제조할 만한 충분한 기술력을 갖고 있지 않았다. 때문에 이미 같은 분야에서 경험이 있는 웨스팅하우스(WH)사가 제조한 원자로를 도입하고 그 후에도 한동안 국외 제조 원자로를 도입하는 형태로 증설해 갔다. 그러나 1990년대 들어 한국의 핵기술이 진전됨에 따라 순차적으로 원자로 건설을 국산으로 바꾸어 갔다. 1990년대 후반 이후에는 모두 자기술로 원전건설에 박차를 가했다고 할 수 있다. 일본과 마찬가지로 에너지자원의 대부분을 수입에 의존하는 한국으로서 전력공급의 안정적인 확보는 중요한 문제이다. 현재 가동 중인 원전 20기는 일본의 54기와 비교하여 보면 매우 적은 규모이나, 원전이 점하는 비율이 11.7%(2006년도 기준)인 일본의 상황을 감안하면,36) 한국의 원전 의존도가 더욱 높다는 사실을 알 수 있다. 더욱이 한국은 2030년까지 합계 10기의 원전건설을 계획하고 있으며, 그 중 6기는 현재 건설 중이다.37) 원전사업 착수 당시 내건 '원주유종(原主油從)'38)으로 전환을 꾀하는 한국은 이후 더욱 원전에 대한 의존도를 높여갈 것이다.

---

36) 通商産業省編『2007년도 에너지에 관한 연차보고서(平成19年度 エネルギーに關する年次報告書)』, 126쪽.
37) 『매일경제』 2008년 8월 8일자.
38) 한국전력공사 홈페이지 '원전개발사업 원자력발전소의 건설'.

맺음말

 2008년 5월 NPT 제2차 준비위원회 핵확산방지분과회의에 출석한 한국대표는 북한의 핵개발 문제해결을 위한 최선책이 한반도 전체의 비핵화라는 한국정부의 입장을 밝혔다.[39] 이는 핵확산 문제와 동아시아 안정에 대한 한국정부의 입장을 밝힌 것으로 볼 수 있다. 실제로는 북미 간의 직접교섭만이 비정기적으로 이어지는 상황 속에서 스스로 역할을 다할 수 없는 한국 측의, 한반도 비핵화를 통한 평화통일의 길을 찾으려는 입장에서 나온 것이다.

 그러나 한국이 비핵화를 표명해도 남겨진 과제는 여전히 많다. 원래 원자력발전 자체가 핵확산과 표리일체의 존재라는 것을 주의해야 한다. 원전의존도가 높아지면서 한국은 이르면 2016년에 현재의 저장시설은 포화상태가 되어 새로운 저장시설 설치문제에 직면하게 된다.[40] 더욱이 한국은 과거 IAEA에 신고하지 않고 우라늄 전환·농축·플루토늄 추출실험까지 실시한 경위가 있다.[41] 한국정

---

[39] 『조선일보』 2008년 5월 5일자.
[40] 『매일경제』 2008년 8월 8일자.
[41] 한국이 2000년 1월부터 2월까지 국제원자력기구(IAEA)에 신고하지 않은 채로 이 같은 실험을 한 것이 2004년 9월 밝혀졌다. 이때 사용된 우라늄은 0.2g의 미량이었지만, 핵무기 전용이 가능한 고농축도였기에 IAEA가 문제 삼아 조사관을 파견하고 안보리에 보고서 제출을 요구하였다. 『아사히 신문』 2004년 9월 3일자, 『동아일보』 2004년 9월 14일자. 더욱이 이 과정에서 한국이 1970년대 말 이후 신고하지 않고 여러 차례 실험을 한 것이 판명되었다. 특히 1982년 4~5월에는 플루토늄 추출실험을 하였고, 1998년, 2003년 2차에 걸쳐 IAEA가 의혹을 제기한 것을 한국정부는 이 직후 공표하였다. 『아사히 신문』 2004년 9월 10일자. 이를 계기로 핵무기개발금지를 골자로 하는 '원자력통제법'이 2005년 2월 과학기술부에 의해 책정된다. 『조선일보』 2005년 2월 18일자.

부는 방사성 폐기물의 관리를 포함하여 향후 평화적인 핵이용에 대해 자국민뿐 아니라 국제사회에서도 이해를 구하려는 노력이 필요할 것이다. 핵무기개발만이 핵확산을 의미하는 것이 아닌 현 상황에서 평화적 이용과 핵확산방지를 어떻게 양립시킬지가 한국에 요구되는 과제이다.42)

---

42) 이러한 원자력발전을 둘러싼 의혹과 한국 측의 대안에 대해서는 전성훈, 앞의 글, 80~82쪽.

제3장

북한의 핵무기개발 배경과 논리

후쿠하라 유지(福原裕二)

들어가는 말

 냉전 후 조선민주주의인민공화국(이하 북한)의 핵무기개발과 이를 둘러싼 국제관계 발전에 대해 흥미로운 지적이 있다. 즉 국제적인 고립에 의한 체제보장의 방도로 핵 옵션을 추구하고, 그 결과 북한의 핵문제가 첨예화하는 국면을 맞게 되어 다국 간의 틀에 의한 처리가 제도화되는 유형이다.[1] 1990년대와 2000년 이후 각각 10년 동안 그러한 유형에 큰 오류는 없었다고 생각된다.

 확실히 1990년대 전반 '제1차 핵위기'라 불리는 북한 핵문제의 진행은 냉전종결의 영향이 한반도에 미치는 가운데 전개된 대한민국(이하 한국)과 소련의 국교정상화(1990년 9월),[2] 북한과 소련 간 무역에서

---

1) 소에야 요시히데(添谷芳秀)「한반도를 둘러싼 국제정치(朝鮮半島をめぐる國際政治)」우노 시게아키(宇野重昭)・벳시 유키오(別枝行夫)・후쿠하라 유지(福原裕二) 편『일본・중국에서 본 한반도 문제(日本・中國からみた朝鮮半島問題)』國際書院, 2007년, 114쪽.

하드 커런시(Hard Currency, 경화) 결재(1990년 11월),[3] 남북한 유엔 동시가입(1991년 9월),[4] 한국과 중국의 국교정상화(1992년 8월),[5] 북일 국교정상화교섭 좌절(1992년 11월)[6] 등의 사태가 배경이 되었다. 고립을 깊게 만든 북한의 핵확산방지조약(NPT) 탈퇴선언(1993년 3월)을 계기로 하여, 이어진 북한의 국제원자력기구(IAEA) 탈퇴표명(1994년 6월)으로 위기는 정점에 달했다. 이에 대처하기 위해 북미협약과 '합의문'[7] 조인을 거쳐 다국 간에 의한 한반도 에너지개발기구

---

[2] 한국과 소련의 국교정상화는 "소련이 북한에서 '손을 떼는 방법'이 북한으로 하여금 핵개발로 기울게 하는 계기를 만들었다"고 지적된다. 김성호(金成浩)「한소국교체결과 북한-소련의 대한반도 정책(韓ソ國交締結と北朝鮮-ソ連の對朝鮮半島政策)」日本國際政治學會編『國際政治』제135호, 2004년 3월, 96~113쪽.

[3] 이 결재의 이행으로 북한과 소련 간 무역에서 수출입총계는, 1990년 26억 2000만 달러에서 1991년 3억 6600만 달러로 격감했다. (財) 라디오프레스편집부(ラヂオプレス編集部) 편『북한의 현상(北朝鮮の現狀) 1995』(財) ラヂオプレス, 1995년, 198쪽.

[4] 제2절에서 서술하듯이, 남북한의 유엔동시가입은 북한이 바라지 않은 현실이었다.

[5] "한중국교정상화는 북중관계에서 가장 근간이 되었던 안전보장관계를 파탄시키는 것이었다고 해도 과언이 아니다"는 지적이 있다. 히라이와 슌지(平岩俊司)『북중관계의 역사적 변천과 구조-'순치관계'의 사적 전개와 변용(北朝鮮·中國關係の歷史的變遷とその構造-「唇齒の關係」の史的展開と變容)』2001년도 게이오(慶應)대학 박사논문(미간행), 220쪽.

[6] 제3절에서 서술하는 대로, 북일국교정상화교섭의 좌절은 북한이 대미교섭의 중요성을 통감하게 하였다. 또 북일국교정상화교섭에 대한 자세한 내용은 후쿠하라 유지「북한의 대일외교의 특질-대결적인 일본인식 형성과 그 보편성(北朝鮮の對日外交の特質-『對決的日本認識の形成とその普遍性』)」『아시아사회문화연구(アジア社會文化研究)』제3호, 2002년 3월, 17~46쪽 참조.

[7] 정식명칭은 '미국합중국과 조선민주주의인민공화국간의 합의문'이다. 이 '합의문'의 내용에 대한 평가에 대해서는, 이즈미 하지메(伊豆見元)「북한이 말하는 '평화와 안전' 보장(北朝鮮にとっての『平和と安全』の保障)」오코노기 마사오(小此木政夫) 편『김정일 시대의 북한(金正日時代の北朝鮮)』日本國際問題研究所, 1999년,

(KEDO)가 설정되어 일단 결착되는 형태로 진행되었다.

또 2000년대의 '제2차 핵위기' 역시 미국 부시 대통령의 일반교서연설에서 북한을 '악의 축'이라 비난(2002년 1월)한 것이나, 부시 대통령이 방한 중에 북한의 대량살상무기개발에 대한 우려표명(2002년 2월) 등을 배경으로, 북한이 고농축 우라늄 핵개발계획을 인정했다고 간주한 미국의 보도(2002년 10월)가 있었다. 이를 계기로 북한의 핵개발 재개선언과 IAEA사찰관의 추방(같은 해 12월), NPT탈퇴선언(2003년 1월) 등의 핵 옵션을 거쳐 2006년 지하 핵실험으로 긴장은 극대화되었다. 그 과정에서 성사된 6자회담의 합의문[8]에 기초하여 겨우 결착이 보이는 형태로 옮아갔다.

이렇게 유형화된 사이클의 존재는 북한의 불성실한 합의이행이나 불철저한 다국 간 틀에 의한 문제처리를 의미하는 것에 머물지 않는다. 그에 더해 NPT 탈퇴선언에 따른 국제적인 차원, 국가의 체제위기가 핵무기개발의 동기와 관련된다는 점에서 국지적인 차원, 더욱이 이 문제를 방치하면 한반도 군사균형이 무너짐과 동시에 동북아시아에서의 핵확산이 연쇄 반응한다는 의미에서 지역적인 차원 등 세 가지 차원의 문제가 복합된 '삼위일체'적인 구조이다.[9]

132~137쪽.
[8] 다음 문헌에 제5차 6자회담(2007.2.13)과 제6차 6자회담(2007.10.3)의 합의문이 게재되어 있다. 서승(徐勝) 감수·강종헌(康宗憲) 편『북한이 핵을 포기하는 날-한반도의 평화와 동북아시아 안전보장을 향하여(北朝鮮が核を放棄する日-朝鮮半島の平和と東北アジアの安全保障に向けて)』晃洋書房, 2008년, 253~256쪽.
[9] 구라타 히데야(倉田秀也)「한반도 분쟁의 구조-민족주의와 다국간 관계의 변용(朝鮮半島の紛爭構造-民族主義と多國間關係の變容)」하나이 히토시(花井等)·오카베 다쓰오(岡部達味) 편저『現代國際關係論』東洋經濟新報社, 2005년, 217쪽.

두 번째로 유엔안전보장이사회(이하 안보리)를 대체하는 형태로 북미협의가 진행된 제1차 핵위기나 안보리기능을 지역적으로 대체하는 협의로서 6자회담이 진행된 제2차 핵위기의 교섭과정10)을 보면 알 수 있듯이, 동북아시아에서는 냉전기의 양국 간 틀을 대신하여 다국 간의 안전보장의 틀을 모색 중이라는 것도 매우 중요한 사실이다. 세 번째로, 북한의 핵무기개발에 대해 일본에서는 핵무기사용의 위협이 각별하게 언급되지만, 미국에서는 NPT 체제 견지라는 관점에서, 또 한국에서는 한반도 전쟁위기 방지라는 관점에서 논의되고 있다. 이 점에서 관계국의 의도나 입장의 상이함도 지적해야 할 것이다. 이상과 같은 복잡한 배경과 구도가 북한의 핵무기개발을 둘러싼 국제관계의 유형화에 강한 영향을 끼치고 있는 것이다.

따라서 북한의 핵무기개발을 둘러싸고, 1990년대 전반의 '문제발생' 이후 북미관계를 중심으로 한 교섭과정과 북한의 핵개발 역사와 핵무기개발이 가져오는 국제적 영향과 반응, 또 한·미·일을 비롯한 관계 각국의 대북정책에 관한 많은 연구11)가 축적되었다. 그러

---

10) 제2차 핵위기의 진행과정에 대해서는 후나바시 요이치(船橋洋一) 『한반도 제2차 핵위기(ザ・ペニンシュラ・クエスチョン―朝鮮半島第二次核危機)』 東洋經濟新報社, 2005년, 217쪽 참조.
11) 예를 들면 주에서 언급한 일본어 문헌 외에도, 돈 오버도퍼(Don Oberdorfer)의 『두 개의 코리아―국제정치 속의 한반도(二つのコリア―國際政治の中の朝鮮半島)』(菱木一美譯, 共同通信社, 1998년), 케네스 키노네스(C. Kenneth Quinones)의 『북한 미국외무성담당관의 교섭비록(北朝鮮 米國外務省擔當官の交涉秘錄)』 이즈미 하지메(伊豆見元) 감수, 야마오카 구니히코(山岡邦彦)·야마구치 미즈히코(山口瑞彦) 역, 中央公論新社, 2000년, 스노하라 쓰요시(春原剛)『북미대립―핵위기 10년(米北對立―核危機の十年)』日本經濟新聞社, 2004년, 등이 있다.
(역주) 돈 오버도퍼의 저서는 국내에서 이종길 역 『두 개의 한국』(길산, 2003년)으

나 아직 검토해야 할 문제가 남아있다. 바로 국제환경을 포함하여 북한이 핵무기개발을 하게 된 배경과 논리에 대한 것이다.

본 장에서는 전체적으로 북한의 주요한 대외관계의 논리와 행보를 고찰하고 그를 통해 여기에 숨겨진 핵무기개발의 배경과 논리를 밝히고자 한다.

1. 핵무기개발의 역사적 원인(遠因)

근년 북한정치사를 고찰한 일련의 연구가 밝히고 있듯이 북한은 소련에 의해 건국되었다고 해도 과언이 아니다.[12] 그것은 북한이 국가의 기본적 틀뿐 아니라 정권의 정통성마저도 소련에 의존했다고 바꿔 말할 수 있을 것이다. 예를 들면 건국 1년여를 지난 1949년 11월에 김일성 수상은 '······ 소련정부는 수십 년간 일제의 압박에서 우리 민족을 해방시키고, 일제의 손에서 빼앗은 철도, 광산, 은행, 공장, 기업 등을 우리 인민에게 원래대로 양보하였고 북조선에 주둔한 3년 동안 모든 민주주의 개혁과 경제·문화 건설사업을 도왔으며, 해방자로서 자기 사명을 끝낸 후 곧바로 자국 군대를 철수했다'는 취지로 조선건국에 소련이 행한 역할을 평가하였다.[13] 건국 후

로 간행되었다.

[12] 예를 들면, Andrei Lankov, *From Stalin to Kim Il Sung: The Formation of North Korea 1945-1960*, Rutugers University press, New Brunswick, 2002. Charles K. Armstrong, *The North Korean Revolution 1945-1950*, Cornell University Press, Ithaca London, 2003.

[13] 조선민주주의인민공화국 내각수상 김일성 「조선민주주의인민공화국 창립 일년」

얼마 안 되어 북한에서는 스탈린을 '조선민족의 은인'으로 상찬하였다.14) 그 때문에 1953년 스탈린 사망 후 소련 공산당 지도부의 노선수정은 곧 소련의 신경제노선을 지지하는 그룹과 그에 부정적인 지도자 김일성과의 알력, 양자의 권력투쟁을 야기하는 등 북한정치에 막대한 영향을 끼쳤다. 이러한 상황에서 김일성은 자신의 권력재구축을 위해 정권의 정통성을 소련에서 떼어내어 자신의 업적으로 돌릴 필요가 대두되었다. 나중에 체제 이데올로기로 발전한 '주체' 선언에 의한 국내권력기반의 구축이 그 하나였다.15) 거기에는 "사업에 있어서 혁명적 진리, 마르크스-레닌주의의 진리" 체득이 중요시되었던 까닭에 "소련식이 좋다, 중국식이 좋다"가 아니라 "우리들식을 만든다"는 것만이 강조되었다.16)

그러나 이데올로기적인 '탈 소련화'로 국내 권력투쟁의 봉합에는 성공했지만, 자국이 남조선 혁명이라는 동북아시아 질서에 제약을

『조선민주주의인민공화국 최고인민회의 제4차 회의 회의록』, 조선민주주의인민공화국 최고인민회의 상임위원회, 1949년 11월 30일.
14) 『북조선 도시군 인민위원회대회 회의록』, 북조선인민위원회선전부, 1947년, 20쪽.
15) 이 점에 대해서는 오코노기 마사오(小此木政夫) 「북한의 대소련 자주성의 맹아 1953~1955: 교조주의 비판과 '주체' 개념(北朝鮮における對ソ自主性の萌芽1953~1955-敎條主義批判と『主體』概念)」『아시아경제(アジア經濟)』제13권 제7호 (アジア經濟研究所, 1972년 7월) 38~54쪽, 동 「북한 공산주의의 탄생 - 그 원형을 둘러싸고(北朝鮮共産主義の誕生-その原型をめぐって)」 마쓰모토 사브로(松本三朗)·가와모토 구니에(川本邦衛) 편저 『베트남과 북한 - 기로에 선 두 나라(ベトナムと北朝鮮-岐路に立つ二つの國)』(大修館書店, 1995년) 34~75쪽에 상세.
16) 김일성 「사상사업에서 교조주의와 형식주의를 퇴치하고, 주체를 확립하기 위하여 - 당 선언선동 간부들 앞에서 행한 연설」(1955년 12월 28일) 김일성 『우리 혁명에서의 주체에 대하여』 조선로동당출판사, 1970년, 39~40쪽.

받지 않을 수 없는 과제를 안고 있는 한, 그 혁명성취를 위해서는 중국과 소련의 군사적 억지력과 지원이 불가결하였다. 따라서 북한은 '주체' 선언에 따라 체제와 혁명노선을 중·소 양국이 인정하게 하고 그 위에 협력관계를 구축해야 하는 필요성에 직면하였다. 그러나 그 후의 사태는 북한에 다행스런 것이었다. 스탈린을 비판하였던 후르시초프(Nikita Sergeyevich Khrushchev)를 대신하여, 소련공산당을 이끌고 1965년 2월 방북한 코시긴(Aleksei Nikolaevich kosygin)이 '북소공동성명'을 통해 '주체' 선언에 기초한 김일성 체제를 공식으로 승인한 것이다.17) 이에 앞서 중국도 1963년 6월 '류샤오치(劉少奇)·최용건 공동성명'을 발표하여 실질적으로 북한의 혁명·국제노선을 지지하였다.18) 1960년대 전반 중·소 양국에게 지원에 대한 언질을 받은 것은 북한의 중요한 외교성과라고 할 수 있다.

그 성과에 입각하여 북소공동성명이 발표된 지 약 2개월 후 김일성이 창시한 '주체'를 비롯하여 '주체사상', 즉 '주체를 확립하는 것은 혁명과 건설 모든 문제를 독자적으로, 자국의 실상에 맞도록, 그리고 자력으로 해결해 간다는 원칙의 견지를 의미'하는 것으로서 정식화된다. "이것은 타인에 대한 의존심을 버리고 자력갱생 정신을 발휘하여 자기문제를 어디까지나 자신이 책임을 가지고 해결해 가는 자주적인 입장"이며, 특히 "사상에서의 주체", "정치에서의 자주", "경제에서의 자립", "국방에서의 자위" 확립이 진정한 국가독립

---

17) 히라이와 슌지(平岩俊司) 『북한의 자주노선 형성(北朝鮮の自主路線の形成)』 1988년도 게이오대학 석사논문(미간행), 116~120쪽.
18) 위와 같음.

의 유지에 불가결하다고 간주되었다. 이야말로 북한이 일관되게 추구해 온 입장이라고 표명한다.[19]

이러한 일련의 북한의 '주체'적인 외교활동의 성과는 북한의 조선로동당기관지 『로동신문』의 사설에서 "공산당 및 로동당의 상호관계는 완전한 평등, 자주, 상호존중, 내정불간섭, 동지적 협조를 원칙으로 한다. 공산당과 로동당 간 어떠한 특권적 당도 있을 수 없다. 거대당이나 약소당은 있어도 윗당과 아랫당, 지도당과 피지도당은 있을 수 없다"고 언급하기에 이른다.[20] 더욱이 약 2개월 후에 발표된 김일성의 보고 "현 정세와 우리당의 과업"에서는 베트남을 예로 들며 구체적이고 명료한 형태로 독자의 혁명노선을 걸어야 하는 정당성을 표명하였다.[21] 더하여 이 보고에서는 "전 사회주의 국가와 평화 애호 인민들은 미제의 베트남 침략에 대하여 베트남 인민 정의의 해방전쟁을 다방면에서 지원해야"한다며, 한반도에서 "미 제국주의의 식민지 노예화 정책"과 "미 제국주의의 침략과 전쟁정책"에 맞서 투쟁하고 있는 자국에 대한 지원도 간접적으로 구하고 있다.

이러한 김일성 보고로 정식화된 북한의 '자주독립외교' 노선의 요점을 다음 세 가지로 지적할 수 있다. 1. 사회주의 국가 간에는 내정불간섭, 상호존중, 호혜평등을 원칙으로, 각국이 독자의 혁명노선을 진행하는 데 협력한다. 2. 제국주의적 식민지 체제를 일소하기 위해 민족해방운동과 국제공산주의·노동운동을 지지하고 지원한

---

[19] 김일성, 앞의 책, 『우리 혁명에서의 주체에 대하여』 343~344쪽.
[20] 『로동신문』 1966년 8월 12일자.
[21] 『로동신문』 1966년 10월 6일자.

다. 3. 제국주의에 맞서 철저한 투쟁을 계속한다.[22]

이미 이 단계부터 장래 북한이 핵문제상 한 발도 양보하지 않는 강경자세로 일관하는 원칙을 찾을 수 있다. 예를 들면 "핵무기의 전면적 금지 및 파괴와 같은, 세계 각국 인민의 이익에 직접 관계하는 문제를 근본적으로 해결하기 위하여, 세계의 모든 평화 애호 역량이 한층 강고하게 단결하여 긴밀하게 투쟁해야 한다"고 주장하고,[23] 부분적 핵실험 정지조약을 미·영과 맺게 된 것과, 또 핵무기라는 글로벌한 문제를 대국 간에만 결정한다는 '대국주의'적 태도를 비난한 것은 앞서 말한 노선의 시초라고 파악할 수 있다.[24]

이상의 과정에서 확인해 둘 것은 북한의 '주체'는 중·소에 대한 의존과 표리일체를 이루고 있다는 점이다. 즉, '주체'는 당초 소련에 대한 정치적 의존으로부터 탈각이라는 권력적인 필요성에서 제기된 것이다. 그 후 1960년대에 동북아시아에 출현한 한·미·일과의 대치상황의 심화, 동측 진영의 현실에 입각하여, '주체'는 사상, 정치·경제, 군사에 걸치는 국가적인 자립지향을 내포하는 것으로서 전개되었다. 그렇다고는 하지만 '주체'의 체계화는 애초에 중·소와의 군사관계를 축으로 한 공고한 연결고리가 성립하였기 때문에 가능했다. 그런 의미에서 '주체'의 내실은 중·소에 의존하면서도 독립국으로서 정치적, 대외적 행동의 자주확보였던 것이다. 요컨대 냉

---

22) 히라이와 슌지(平岩俊司)「북한 외교의 '유연성'과 한계-미중접근과 자주독립외교노선(北朝鮮外交の『柔軟性』とその限界-米中接近と自主獨立外交路線)」『尙美學園短期大學硏究紀要』제7호, 1993년, 73쪽.
23)『조선중앙연감 1964년판』조선로동당출판사, 1964년, 7쪽.
24) 히라이와 슌지, 박사논문, 94쪽.

전기 북한과 중·소의 관계는 반석처럼 굳건한 것이 아니고, 중·소의 의향과 상관없이 북한 독자의 국제인식과 대외행동의 자유가 조정(措定)된 것이라는 점에 유념해야 한다.

한편, 중·소 관계재편의 움직임과 동시 진행된 한일회담 타결로 눈을 돌리면, 그것은 북한에 냉전기 동안 계속된 자국의 군사적 봉쇄체제의 연장선상에서 파악된다. 국교정상화 이듬해, 김일성은 "모든 사회주의국가가 유럽에서 미제와 서부독일 군국주의에 반대하여 투쟁한 것과 마찬가지로, 아시아에서도 당연히 미제와 일본 군국주의에 반대하여 투쟁해야" 한다고 주장한다. 그 위에 김일성은 미·일 '양 제국주의'가 "아시아 침략에 대한 이해관계"를 공유하고 있기 때문에 한일 국교정상화 후 일본에 대하여 부정적 자세를 명확하게 했다.[25] 여기서 중요한 것은 미국에 종속된 일본을 제국주의 범주에서 파악하고 명확하게 투쟁목표를 조정하고 있을 뿐 아니라, 앞에서 서술한 '자주독립외교' 노선을 대일외교로 연계시키고 있다는 점이다. 이렇게 하여 북한은 한일 국교수립을 한·미·일에 의한 봉쇄체제의 완성이란 틀에서 파악하게 된다.

다만 김일성은 "사회주의 국가들은 미국과 경제관계를 발전시킨다 해도"라고 유보조건을 달아 일본과 일정한 공존을 인정하는 듯한 여지를 남겼다. 이 의도는 어디까지나 일본의 향후 정권까지 포함해서 '환상'과 '기대'를 갖지 않음, 즉 일본정부를 상대로 여기지 않는다고 한정하되, 경제관계유지의 필요성은 부인하지 않는 것이다.

---

[25] 『로동신문』 1966년 10월 6일자.

북한이 일본을 미국과는 미묘한 차이가 있는 관계로 설정한 이유는, 지정학적 의미에서 일본이 보다 가시적인 적대국이 된 현실 이상으로 북일무역의 중요성을 인식하고 있었기 때문일 것이다.

실제로 북일무역은 1960년대 전반까지 민간주도로 여러 가지 제약이 풀리면서 확대되었고, 중·소에 대한 자주화 표명으로 이전과 같은 원조를 유지하기 어렵게 된 데에 대한 보완의 의미도 담겨있다.[26] 이러한 경제적 현실의 두 측면에서 현재에 이르는 북한의 일본에 대한 경제적 의존의 출발점을 확인할 수 있다.

이상, 냉전기 북한은 대중·소 관계에서나, 대미·일 관계에서나 '자주'라는 이상과 자국을 둘러싼 동북아시아의 군사적 긴장 및 의존이라는 현실이 뒤섞여 형성된 굴절, 착종한 관계구조를 감수하게 된다. 이러한 북한의 굴절된 관계인식은 냉전 후에도 이어졌고, 핵무기개발의 직접적인 배경, 핵무기개발 정당화의 논리에 연동하

---

26) 북일무역은 1950년대 중반에 다양한 법적규제로 인해 간접무역의 형태로 개시되었다. 그 후 1961년 4월에 직접무역이 인정되었고, 다음 해 11월에는 강제 바터(barter)지역에서도 해제되어 사실상 자유무역이 가능하게 되었다. 또 1962년 11월 정기무역선 취항, 1964년 6월 직접결재 실현, 1965년 이후에는 장기 연체지불 및 일본수출입은행의 융자가 실현되어 북일무역 확대가 기대되었다. 자세한 내용은 일본무역회가 펴낸 『북일무역 입문 1970년(日朝貿易の手引き1970年)』(日本貿易會, 1970)의 제3장 「북일무역의 경과(日朝貿易の經過)」 참조. 또 북일무역은 북한의 계획경제와의 연동을 보이는 데까지 발전하는데 이에 대해서는 후쿠하라 유지 『전후 북한의 대일 '자주독립외교'에 관한 연구(戰後北朝鮮の對日「自主獨立外交」に關する研究)』 2003년 히로시마(廣島)대학 박사학위논문(미간행)의 118~121쪽 참고. 한국의 연구에 따르면 북한의 제1차 5개년 계획기(1957~61)의 공산주의국가들의 원조는 총예산수입의 15%정도였다. 이는 앞서 3개년 계획기(1954~56년)의 약 40%에 비해 대폭 감소된 것이다. 『북한총람(45-68)』 공산권문제연구소, 1968년, 375~376쪽.

게 되었다.

2. 북한에게 사회주의 붕괴란?

북한의 굴절되고 착종한 동북아시아 관계구도는 냉전종식과정에서 변용되어 간다. 한국의 경제발전에 따른 남북경제격차의 확대, 중국과 소련의 서울올림픽 참가로 남북한의 실질적인 외교적, 경제적 대칭성이 뚜렷해지는 과정에서 먼저 남북관계의 구조가 변화하였고 이어 동북아시아 관계가 변화하였다. 중국의 톈안먼(天安門) 사건(1989년 6월), 폴란드의 비공산정권 탄생(1989년 9월), 독일 베를린 장벽 붕괴(1989년 11월), 몰타회담에서의 미·소 냉전종식선언(1989년 12월) 등 사회주의 국가의 변동과 붕괴, 그에 따른 냉전종결 움직임은 좋든 싫든 북한으로 하여금 사회주의를 포기한 국가들과 한국과의 관계심화의 가능성을 인식하게 하였다. 이런 상황에 대응하기 위해 북한이 시도한 것은 국제사회에서 자국과 한국의 입장을 균등화시키는 목적을 가진 유엔 동시가입문제였다.

1990년 5월 24일 최고인민회의 제9기 제1차 회의에서 김일성은 통일이 실현되기 이전이라도 남북이 하나의 의석으로 가입하는 것이라면 가능하다는 견해를 피력했다.[27] 북한과 한국이 국제사회에서 병존하는 '두 개의 조선'을 부정함과 동시에 한국의 유엔 단독가입만은 막고 싶었던 북한으로서는 이 이상의 방도는 없었던 것이다. 따라

---

27) 『로동신문』 1990년 5월 25일자.

서 같은 해 10월에 열린 제2차 남북고위급회담에서는 북한 측이 처음으로 한반도에 '두 개의 정부'의 존재를 언급하고, 그 위에서 하나의 민족, 하나의 국가, 두 개의 제도, 두 개의 정부에 기초한 연방제에 의한 통일을 제안한다. 이 제안의 배경에는 같은 해 9월 30일 한·소국교정상화가 실현된 사실을 들 수 있다.[28] 북한으로서는 기존의 논리를 수정해서라도 통일문제를 지역차원으로 끌어내릴 필요성이 있었다. 왜냐하면 한국의 국제적 입지는 분명하게 상승하고 있고 경제격차도 상응하여, 자국주도 통일은커녕 한국에 흡수 통일될 가능성이 높아졌기 때문이다. 그러나 이러한 북한의 고육책도 거듭되는 사태로 한층 더 타협하지 않을 수 없게 되었다.

한·소 국교정상화에 더해 1990년 10월에는 한국과 중국이 상호무역대표부를 설치한다. 이것은 한국이 유엔에 단독가입을 신청할 경우 국교정상화를 한 소련은 물론 한국과의 무역대표부 설치를 실현시키고 톈안먼 사건 대응으로 국제적 고립에서 벗어난 중국이 그에 반대할 가능성이 극히 희박해졌다. 이렇게 하여 1991년 5월 27일에 북한은 한국 측이 주장하는 유엔 동시가입에 동의하지 않을 수 없게 되었고 같은 해 9월 17일 남북한의 유엔동시가입이 실현되었다.

이런 과정에서 분명해진 것은 냉전종식이 동북아시아에서 한·미·일과 북·중·소의 대립이라는 단순한 관계 틀을 무너뜨리도록 작

---

[28] 소식통에 의하면 한·소국교정상화발표에 우선하여 9월 초 북한 측에 이러한 취지가 전달되었다고 한다. 『요미우리 신문』 1990년 9월 28일자. 김성호는 소련 붕괴 후 새롭게 공개된 자료를 이용하여 한·소국교정상화과정과 그것을 재촉한 요인을 분석하였다. 김성호, 앞의 글 참조.

용하였다는 것이다. 이는 앞 절에서 언급한 북한의 굴절, 착종한 관계인식과 관련지어 말하자면, 한·미·일에 의한 북한봉쇄체제의 완성이라는 형태의 군사적 갈등은 온존한 채, 중·소와의 군사적, 경제적 축대에 기반하는 의존이 희박해 지는 상황에 이르게 된 것이라고 할 수 있다. 따라서 북한은 "일찍이 우리나라의 대외무역에서 압도적인 비중을 차지하던 사회주의 시장이 최근 붕괴하였다. 구소련과 동구권 국가들은 자본주의로 복귀한 뒤 미국에 끌려 다니게 되었고 우리나라와의 무역이 거의 중단되었다"고 자국이 처한 현실을 솔직하게 인정할 수밖에 없었다.29) 북한은 "제국주의자들이 추구하는 목적은 …… 비참한 상황에 빠져들고 있는 구소련과 동구권 국가들처럼" 북한을 궁핍하게 하는데 있지만, "제국주의자들의 이러한 목적은 결코 실현되지 않는다"30)고 주장하였다. 동시에, "제국주의자들은 구소련과 동구권 국가에서 사회주의가 붕괴되자 우리나라의 사회주의를 무너뜨리고자 점점 더 악랄한 책동을 하고 있다." 그러나 "우리나라의 사회주의를 무너뜨릴 수는 없다. 우리나라의 사회주의는 구소련이나 동구권 국가에서 붕괴한 사회주의와는 다르다"고 강변할 수밖에 없었다.31) 부연하자면 북한은 냉전종결과

---

29) 김일성 「당면 사회주의 건설방향에 대하여-조선로동당중앙위원회 제6기 제21차 총회의 결어」(1993년 12월 8일) 김일성 『김일성 저작집 44』 조선로동당출판사, 1996년, 278쪽.
30) 김일성 「현 시기 정무원에 제기된 중심과제에 대하여-조선민주주의인민공화국 중앙인민위원회, 정무원연합회의 연설」(1992년 12월 14일), 김일성, 위의 책, 1쪽.
31) 김일성 「사회주의의 계승, 완성을 위한 항일혁명투사, 혁명가의 유아(遺兒)들에게 행한 연설」(1992년 3월 13일, 1993년 1월 20일, 3월 3일), 위의 책, 107쪽.

한국과의 체제경쟁 좌절을 배경으로 한·미·일과의 대결구도라는 군사적 긴장관계는 바뀌지 않은 채, 냉전을 전제로 구축된 중·소와의 군사동맹과 소련의 원조무역이라는 의존의 내실이 해소되는 상황에 빠지게 된 것이다.

그러나 이런 상황에서 북한이 모색한 것은 중·소와의 관계재편과 한·미·일과의 관계개선보다는 오히려 독자의 '사회주의' 노선추구였다. 김일성은 "혁명의 세대가 바뀌는 시기에 혁명과 건설에 대한 영도가 올바르게 계승되지 않는다면 사회주의 위업은 우여곡절 끝에 실패를 면치 못하게 된다. 구소련의 실례는 그것을 잘 보여준다"며, 북한의 붕괴를 회피하기 위한 후속작업 완성을 서둘렀다.[32] 병행하여 김정일은 "많은 나라에서 사회주의가 좌절된 것은 …… 사회주의를 변절시킨 기회주의의 파탄"이라고 주장하면서,[33] 북한이 걷는 길만이 진실한 사회주의라는 인식을 대외에 피력했다. 더욱이 김정일은 "각국에서 사회주의가 붕괴한 것은 당이 변절하고 당이 군대를 장악하지 못하게 된 것과 중요하게 관련된다"고 파악하고, "필시 우리 쪽에 군량미가 없는 것을 알면 미제국주의자들은 곧바로 쳐들어 올 것이다"며, 북한이 처한 상황을 솔직하게 말하였다.[34]

---

32) 위의 책, 109쪽. 실제 이 발언을 전후로 하여 김정일은 공화국방위원회 제1 부위원장(1990년 5월), 조선인민군 최고사령관(1991년 4월)에 선출되었고, 조선민주주의인민공화국 원수(元帥)의 칭호(1992년 4월)가 수여되었다.
33) 김정일「사회주의는 과학이다-조선로동당중앙위원회기관지『로동신문』에 발표한 논문」(1994년 11월 1일) 김정일『김정일 선집 13』, 조선로동당출판사, 1998년, 456쪽. 초출은『로동신문』1994년 11월 4일자.
34)「1996년 12월 김일성종합대학 50주년 기념 김정일 연설문」(『월간 조선』1997년 4월호 수록)『北朝鮮政策動向』ラヂオプレス, 1997년 5월 31일, 14쪽.

즉 북한은 사회주의의 붕괴를 우선 혁명계승의 실패, 두 번째로 사회주의 및 당의 변절, 세 번째 군대장악 실패로 파악하였다. 이러한 북한의 사회주의 붕괴원인 파악과 현실에서 북한을 둘러싼 국제환경인식이 다음 절에서 말하는 김정일 체제하에서 수행되는 '강성대국' 건설과 '선군정치' 노선으로 맺어지게 된다.

3. 핵무기개발의 논리

[도표 3-1] 북한의 핵관련 시설

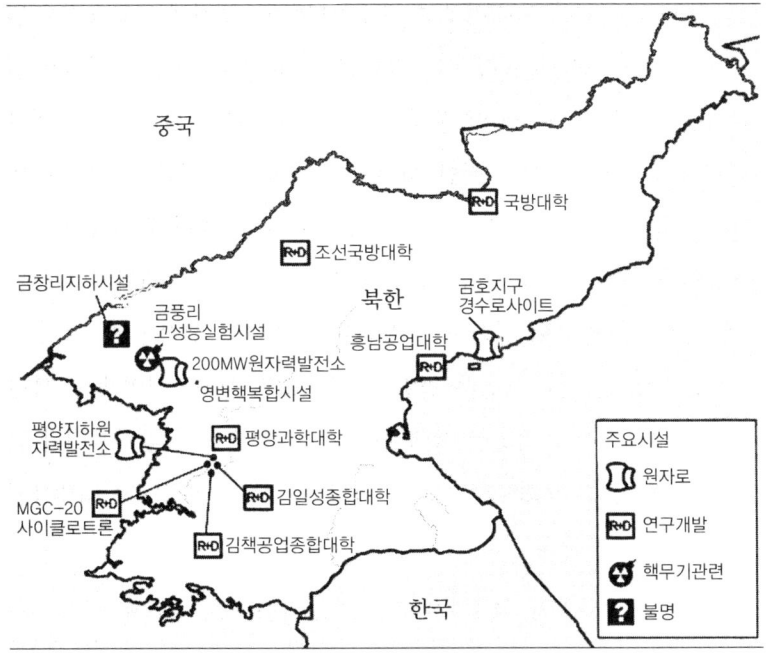

[출전] Center for Nonproliferation Studies Monterey Institute of International Studies

앞 절에서 냉전종결을 계기로 변화한 동북아시아 관계인식에서 북한이 한·미·일과의 관계개선보다 독자적인 '사회주의' 노선 추구를 해 온 과정을 고찰하였다. 다만 냉전 종언과정에서 한국이 중·소와 관계를 모색하고 성립해 간 것과 마찬가지로 북한이 미·일과 관계구축을 추진하는, 이른바 크로스 승인의 길을 추구하지 않았던 것은 아니다. 예를 들면 1991년 초에 시작된 북·일 국교정상화교섭은 그 중요한 일환이다. 또 약 반년 후 일본과의 국교정상화교섭이 최종적으로 결렬되는 1992년 4월 12일에 김일성은 『워싱턴 타임즈』지와의 인터뷰에서 대미국교수립 의욕을 표명했다.35) 이 발언은 그 후 북한이 일관해온 대미교섭, 혹은 대미관계개선에 외교효력을 발휘하는 효시로서 중요하다. 그 목적은 국교정상화교섭이 막다른 골목에 이르게 되자 일본의 경제적 담보확보 실패가 예상되는 상황에서, 남조선혁명노선은 일단 제쳐놓고 미국과 교섭함으로써 한·미·일과의 평화공존을 꾀한 것으로 생각된다. 그러나 김일성의 이러한 의욕도 북미교섭을 미국정부가 일축함으로써 현재까지 이어지는 벼랑 끝 외교로 변화하는 기점이 되었다고 생각한다.

1993년 3월 12일 북한은 일방적으로 NPT 탈퇴를 선언했다. 북한에 따르면 미국을 비롯한 적대세력 및 IAEA가 북한의 자주권과 안전을 위협하고, 사회주의 제도를 압살하고 있는 상황에서 NPT상의

---

35) 김일성은 "평양에 미국대사관 설치는 언제쯤일지"라는 질문에 대해 "나는 가능한 한 빨리 귀국의 대사관이 설치되는 것을 바라지만, 그것은 북미 쌍방 간의 결정에 달려있다. …… 가능한 한 조속한 설치를 바란다"고 답하였다. 김일성 『외국기자들이 제기한 질문에 대한 대답 5』 조선로동당출판사, 1995년, 153~154쪽.

의무를 더 이상 이행할 수 없게 되었다고 이유를 밝혔다.36) 앞에서 서술했듯이 북한으로서는 한·미·일에 대한 군사적인 긴장상태가 온존한 채, 북한에 대한 중·소 후원의 무산, 이를 보완할 수 없는 탓에 핵개발을 하는 것이며, 그조차도 무력화하려는 것은 압살일 뿐이라는 논리임을 추측할 수 있다. 이에 대해 유엔안보리는 NPT에 대한 서약의 재확인과 탈퇴선언 철회, 핵사찰 의무이행을 요구하는 결의를 채택하였다. 이 결의요청으로 미국이 북한과 직접 협의하게 되었다.37) 이로써 우연히도 북한은 기대하던 대미직접교섭을 하게 되었다.

1993년 6월에 시작된 북미협의는 7월에 이미 좌초되어 유엔안보리의 제재조치 가능성이 높아졌다. 그러나 다음 해 6월에 미국 카터 전 대통령의 방북으로 일촉즉발의 사태는 피할 수 있게 되었다. 그 후 북미협의로 1994년 10월 21일 '합의틀'이 성립했다. 한국과 일본은 이를 받아들여 북한의 안정이 동북아시아 평화구축에 필수라는 관점에서 '합의틀'에 제시된 국제 컨소시엄(KEDO)의 역할분담과 북한의 식량사정에 대한 우려에서 식량지원을 중심으로 북한과 연관이 있게 되었다.

한편, 북한은 카터의 방북 직후 '위대한 수령' 김일성의 죽음을 맞이하게 되었고, 그것은 김정일 체제의 출범을 의미하는 것이었

---

36) 『로동신문』 1993년 3월 13일.
37) 이즈미 하지메(伊豆見元) 「미국의 한반도정책-북한의 NPT 탈퇴선언 후의 정책을 중심으로(米國の朝鮮半島政策-北朝鮮のNPT脫退宣言後の政策を中心に)」 오코노기 마사오(小此木政男) 편 『포스트 냉전의 한반도(ポスト冷戰の朝鮮半島)』 日本國際問題硏究所, 1994년, 185쪽.

다. 김정일은 '유훈(遺訓)통치'를 내걸고 김일성의 권위를 전면에 내세움으로써 후계자로서의 존재감을 보여주었다. 그 하나가 김일성 서거 직후에 행해진 "사회주의 경제건설에서 새로운 혁명적 전환을 일으키는 것에 대해"로 제목을 붙인, 이른바 '7.6유훈'을 경제정책으로 수행해 갈 것을 표명한 것이다. 그러나 '농업제일주의·경공업제일주의·무역제일주의'를 내건 '7.6유훈'은 경제구조의 비효율, 식량문제, 시장감소 극복을 위한 방책을 언급하면서 구체성은 결여된 관념적인 내용으로 일관되었다.[38] 김정일로서는 자신이 의거한 '유훈'의 실효성 측면보다는 그것이 지니는 권위가 보다 중요했을 것으로 생각된다.

그 후 김정일은 1994년 11월 1일에 "사회주의는 과학이다"라는 제목의 장문 연설을 발표하고 북한이 가야 할 노선을 분명히 하였다. 즉 중국형의 경제개혁과 대외원조 및 협력을 부정하고 "우리식 사회주의"를 견지할 것이 요지이다.[39] 이런 강경한 자세는 북한이 사회주의국 붕괴를 어떻게 인식하고 있는지를 상기하면 이해하기 쉽다. 대외관계에서 북한이 쌓아올린 노선과 주장이 실효성을 잃어가는 어려운 환경에서 국내에서만이라도 '주체'를 고수하는 길을 선택한 것이다. 실제 이 논설에서 김정일은 계속해서 통일문제가 과제라고 하면서도 김일성이 제시한 '조국통일유훈'을 반복할 뿐 포스트

---

38) 「사회주의 경제건설에서 새로운 혁명적 전환을 일으키는 것에 대해 - 경제부문 책임간부협의회의 결론」(1994년 7월 6일) 김일성 『김일성 저작집 44』 조선로동당 출판사, 1996년, 474~497쪽.
39) 김정일 「사회주의는 과학이다」, 앞의 책, 456~497쪽.

김일성에 부합하는 독자적인 남조선혁명노선을 제시하지 못하였다. 이런 점에서 북한이 이미 조국통일 이상으로 체제유지에 국력을 쏟아 붓는 방향으로 전환하였다고 생각해도 좋다. 요컨대 여기에서 '주체'란 정치적, 대외적인 행동의 자유라는 의미에서 이를 가능하게 만들지는 못한 채로 군사적 긴장만이 드러나는 가운데, 김정일 체제 옹호라는 논리로 내용이 바뀌어 간 것이다. 때문에 이 논리를 정당화해야 할 북한이 그 후에 체제유지를 고무하는 장대한 논설을 재빨리 발표한 것은 당연한 수순이었다.40) 이에 호응하여 김정일 탄생 55주년 축하행사 보고에서 김기남 당비서는 "우리 당의 적기사상은 위대한 영도자 김정일 동지에 대한 절대적인 숭배심이며 투철한 수령결사옹호정신이다"고 지적하면서, 당·군·인민의 "위대한 혼연일체"를 인민에게 요구했다.41) 이러한 움직임은 이후 주장하는 군 중시 체제만들기의 맹아임과 동시에 체제유지를 국가 지상명제로 전환했음을 확인시켜주는 것이다. 다시 말하자면 냉전의 종결에서 수년이 경과한 단계에서도 미·일과의 대치상황이 극복되지 않은 채로 중·소와의 군사적, 경제적 축대가 상실되었다고 인식하고, 더욱이 사회주의 붕괴의 일단을 당의 군대장악 실패에서 찾는 북한에 자국이 존치하기 위해서는 군 중시의 체제만들기 이상의 선택지도 없었다.

---

40) 「조선로동당은 위대한 수령 김일성동지의 당이다」 『로동신문』 1995년 10월 5일자, 「위대한 당의 깃발아래 주체혁명위업을 최후까지 완성해가자」 『로동신문』 1995년 10월 10일자.
41) 『로동신문』 1997년 2월 16일자.

이렇게 하여 김정일 체제하에서 '강성대국' 건설과 '선군정치' 노선이 추구되었다. 북한간행물의 말을 빌리자면, "사회주의는 자본주의와의 싸움을 통해서 생기는 것이고, 또 반동파의 반혁명적 정세에 부딪히면서도 사회주의를 건설하지 않으면 안 된다. 그렇기 때문에 군사력 우선은 피할 수 없다. …… 선군정치방식의 출현은 사회주의 조선에 대한 제국주의세력의 도전과 떼어놓고 생각할 수 없"는 것이다.42) 북한은 '강성대국'을 "국력이 강하고 모든 것이 활성화되어 인민들이 세계에 부러움 없이 생활하는 강대한 나라"라고 설명한다. 구체적으로는 "어떠한 제국주의 대적도 타도할 수 있는 군사력을 가진 국가, 전 인민이 혁명 수뇌부를 충심으로 일심단결된 사회주의국가, 자립적 토대와 현대적인 과학기술에 의거한 경제가 활기차고 발전된, 인민대중이 물질문화생활을 마음껏 향유하는 나라이다."43) 이러한 국가 구상에 입각하여 '선군정치'는 김정일이 "독창적으로 창시"하고 "우리당의 총대(銃隊)중시, 군대중시노선의 구현. 혁명과 건설을 우리의 힘으로 하여, 우리나라 현실에 맞춘 우리식으로 완성할 수 있으며, 그 어떠한 정세 속에서도 혁명과 건설의 승리를 완수할 수 있는 만능의 보검이다"라고 해설하고 있다.44) 요컨대 '강성대국' 건설은 김정일 시대의 독자적인 사회주의 노선을 국가의 틀에서 관념화한 것이고, 그 전략으로서 선군정치노선은 체제붕괴

---

42) 『金正日先軍政治』 外國文出版社, 2002년, 2~3쪽.
43) 과학백과사전출판사 백과사전편찬국 『조선대백과사전(간략본)』 과학백과사전출판사, 2004년, 31쪽.
44) 위의 책, 540쪽.

에 대한 위기감을 배경으로 군사력에 대한 집착을 정당화하는 논리라고 할 수 있다. 여기에서 군사력에 대한 집착의 귀결로서 핵무기개발의 논리와 의도가 명시되는 것이다.

맺음말

김일성은 제1차 핵위기의 진행과정에서 대미직접교섭의 중요성을 수차례 토로했다. 예를 들면 외국과의 무역관계를 둘러싸고 "자본주의 국가들은 곧바로 무역을 대대적으로 행하는 것이 곤란한 것 같다. 자본주의 국가들이 우리나라와 무역을 하면 미국의 압력을 받게 된다. 때문에 자본주의 국가들은 미국의 안색을 살피고 우리나라와의 무역에 적극적이 될 수 없다"45)고 발언했다. 또 조국통일문제에 대해서는 "조선의 통일문제는 미국인들의 행동여하에 크게 연관된다. 남조선은 미국의 완전한 식민지이며, 남조선의 집권자는 미국인이 말하는 대로 움직이는 수하에 불과하다"는 주장도 했다.46) 냉전 후 북한이 처한 험난한 환경을 상기할 때 그 돌파구로서 대미직접교섭의 중요성을 재인식한 것이 틀림없다. 그 후 김정일 체제로 이행하고 체제유지가 국가의 지상명제로서 명확하게 등장한 후에는 조선정전협정의 평화협정으로의 이행과 북한 불가침, 체

---

45) 김일성 「당면사회주의건설의 방향에 대하여」, 앞의 책, 279쪽.
46) 김일성 「조선민족은 누구라도 조국통일에 모든 것을 복종시킬 수 있다-재미교포 여류기자와의 대담」(1994년 4월 21일) 김일성 『김일성 저작집 44』 조선로동당출판사, 1996년, 403쪽.

제보장을 인정하는 내용의 협정체결을 미국에 요구하게 되었다. 본론의 서두에서 서술한 핵을 둘러싼 북한문제의 사이클은 이러한 북한의 의도를 축으로 전개되었다고 할 것이다.

이상, 고찰해 온 내용을 요약하면 다음과 같다. 북한의 핵무기개발 배경에는 냉전 전후 동북아시아 국제관계에 대한 북한의 인식변화가 숨어 있다. 즉 냉전기에는 '주체' 및 거기서 파생된 '자주독립외교'라는 이상추구와, 북한을 둘러싼 군사적 긴장 및 대중·소관계, 대일관계 의존이라는 현실이 뒤섞여 굴절, 착종한 관계구조, 인식을 형성하게 되었다. 그러나 냉전 종결과정에서는 사회주의 붕괴에 대한 독자적 해석과 대미·일관계 개선의 좌절을 계기로, 한·미·일과의 대치상황이 해소되지 않은 채 중·소와의 군사적, 경제적 축대가 상실되어 가는, 증폭된 긴장관계의 인식으로 변화한 과정이다. 이러한 인식하에서 북한은 특이한 '사회주의 체제'의 견지, 즉 체제유지를 국가의 지상과제로 하는 '강성대국' 건설과 '선군정치' 노선으로 나아가게 되었다. 그에 따른 군사력에 대한 집착의 귀결이 핵무기개발이며, 동북아시아에서의 군사균형의 개선을 내용으로 하는 긴장구조의 해소와 체제유지를 위한 국제적 영향력을 지닌 수단의 확보, 즉 대미직접교섭의 수단 확보에 핵무기개발 의도가 있다.

그렇다면 북한의 핵무기개발은 지역패권을 구하거나 국제질서에 대한 도전이라는 측면보다는 북한의 논리처럼 자위의 수단으로 간주할 수 있다. 그러나 그렇기 때문에 북한이 체제를 유지할 수 있었던 것이며, 안전하다고 인식되는 지역체계가 출현하지 않으면 핵무기는 폐기되지 않을 것이다. 국제사회는 핵의 포기와 체제유지라는 일국의 안전을 흥정해야 하는 새로운 핵문제에 직면하게 되었다.

제4장

중국의 '핵' 세력균형과 국제협력

이이즈카 히사코(飯塚央子)

들어가는 말

주지하는 대로 중국은 유엔안보리 상임이사국이며, 최근에는 괄목할 만한 경제성장을 이루고 있는 아시아의 핵보유 대국으로 알려져 있다. 그러나 원폭실험을 성공시킨 1964년 당시는 '중화인민공화국' 건국 후 겨우 15년을 경과한 시점이었고, 여전히 유엔에 가입하지 않은, 국제사회에서는 국가로 인지되지 않았던 공산주의 국가의 일원에 지나지 않았다.

제2차 세계대전 후 국제체제는 미·소 양국의 '핵'으로 세계가 양분된 냉전구조 속에서 판도가 변화하고 유엔 구성원도 달라졌다. 중국은 냉전구조 속에서 당초 소련에 경도되는 자세를 보였지만, 그 후 소련과 대립이 깊어지고 1971년에는 미국과 가까워져 같은 해 유엔가입도 하게 되었다. 그리고 1989년 냉전종결을 거쳐 1991년에 소련 붕괴 후에도 실태야 어찌 되었든 중국은 사회주의 국가로서 '일당독재' 체제를 유지하면서 핵개발도 계속하고 있다.

여기서는 중국이 미·소 초강대국을 견제, 이용하면서 핵개발을 추진해 온 궤적을 돌아보면서, 제3세계 국가로 자리매김하고 핵개발을 계속해 온 중국이 대외적으로 어떻게 핵보유국임을 시인하면서 이를 추진해 왔는지 고찰한다. 그리고 현재 '신흥국'으로서 국제적으로 인식되는 중국이 국방 및 경제 양 측면에서 필요해진 핵개발을 어떻게 진전시키고 있는지 논하겠다. 더하여 이 글에서는 1998년 이후 새롭게 핵보유국이 된 이웃국가 인도, 파키스탄과 중국의 관계에 대해서도 핵의 시점에서 재검토하고자 한다.

1. 초강대국에 대한 대결자세의 변천
   – '자본주의' 대 '사회주의'의 한계

1) '향소 일변도'에서 '중·소대립'으로

1949년 10월 중화인민공화국 건국 후 얼마 지나지 않은 1949년 12월부터 1950년 2월까지 두 달간 마오쩌둥(毛澤東)은 모스크바에 체재하면서 중·소우호동맹 상호원조조약을 체결하고 소련과 협력관계를 끌어냈다. 미소의 군확(軍擴)경쟁의 기점이라 할 만한 소련의 초기 원폭실험성공은 중국건국 직전인 1949년 8월 말의 일이며, 그런 의미에서 중국은 '핵'이 양분하는 세계와 발걸음을 같이 했다고 할 수 있다.

그러나 중국 건국 초 미국 내에 중국을 소련 주도 사회주의 국가의 일원으로 간주하는 공통된 인식이 있던 것은 아니었다. 소련도 그때까지 중국으로서 인정하던 것은 장지에스(蔣介石)가 이끄는 중화민국이었으며, 공산당, 사회주의 국가라고 구분할 수 없는 국가 간 관계가 존재하고 있었다.

이러한 상황을 결정한 것은 1950년 6월에 발발한 한국전쟁이었다. 미국은 유엔군으로서 북한을 공격하였고 같은 해 10월 중국의 참전으로 동북아시아 냉전구조의 대립은 확고해졌다. 이때 미국은 원폭사용을 검토하였고 중국은 미국의 '핵'이라는 현실적 위협에 직면하게 되어 1955년 1월 원폭개발에 착수할 것을 최종결정하였다. 중국의 핵개발은 '미제국주의'의 위협을 허용하지 않겠다는 대의명분 아래 본격적으로 시작된 것이다.

그러나 1953년에 소련의 스탈린 서거 후 최고 지도자로 후르시초프가 취임하고 1956년에 스탈린 비판이 일어나자 중·소 간 균열이 보이기 시작했다. 중국의 핵개발은 후르시초프 정권기에 결정되었는데 실제 1957년 소련 핵기술의 중국 이전을 약속하는 '중·소국방신기술협정'이 체결되었다. 그러나 양국 간 대립이 깊어지는 1959년에 소련은 일방적으로 이 협정을 파기하고, 1960년에는 소련 과학자가 중국에서 귀환하는 사태에 이르렀다. 소련의 원조중단은 오히려 중국 내 핵개발 관계자들의 애국심과 원폭실험성공에 대한 의욕을 고취시키는 결과를 낳았다.

핵전쟁을 두려워하지 않는 마오의 중국과 비교하면 핵전쟁 회피를 중시하던 후르시초프에게 당시 미국 대통령 케네디는 교섭가능한 상대로 비쳐졌다.[1] 다른 한편 핵개발에 만전을 기하는 중국으로서는 1962년 쿠바위기를 거치고 미·소 양국이 '평화공존노선'을 밟기 시작한 것은 바라는 상황이 아니었다.

더욱이 쿠바위기와 같은 시기에 발생한 1962년 중국·인도 국경 군사충돌에서 소련이 인도를 지지하고, 이어 1963년에 미국과 영국이 부분적 핵실험금지조약에 조인한 것은 핵개발 진행 중인 중국을 불리한 상황에 몰아넣었다.[2] 이런 가운데 중국은 초강대국인 미소에 대항하는 형태로 아시아, 아프리카의 제3세계 국가들의 지지를 얻기 위해 움직였다.

그러나 1963년 케네디 암살, 이어 1964년 중국 최초의 원폭실험 성공과 같은 날 발표된 후르시초프 실각으로 '평화공존' 노선은 좌절되었고, 미·소의 군확경쟁이 재개되었다. 그렇지만 후르시초프 하야 후에도 중·소관계는 개선되지 않고 그 후 브레즈네프(Leonid Il'ich Brezhnev) 정권에게도 마오 지도하의 중국은 교섭가능한 상대가 되지 않았다.[3] 1969년 3월 쩐바오다오(珍寶島, 소련명 다만스키섬(Damansky Island))에서 중·소 무력충돌이 발생하고 핵사용까지 고려되는 상황에서 중·소관계는 최악의 사태에 이르렀다.

이러한 상황을 일변시킨 것은 1971년 7월에 공표된 미·중접근이었

---

1) 세르게이 후르시초프·윌리엄 토브만(セルゲイ・フルシチョフ、ウィリアム・トーブマン) 후쿠시마 마사미쓰(福島正光) 역 『아버지 후르시초프 해임과 죽음(父フルシチョフ解任と死)』草思社, 1991년, 78~79쪽.
2) 마이클 베시로즈(マイケル・ベシュロス) 지쿠시 데쓰야(筑紫哲也) 역 『위기의 시간 1960~1963년(危機の年 1960~1963)』飛鳥新社, 1993년, 367~376쪽.
3) 가오원첸(高文謙) 가미무라 고지(上村幸治) 역 『周恩來秘錄(上卷)』文藝春秋, 2007년, 125~126쪽.

다. 이것은 1969년 대통령이 된 닉슨이 파키스탄과 루마니아 경유로 중국과의 관계개선에 착수하여 결실을 맺게 한 것이다.[4] 더욱이 같은 해 10월 중국은 유엔대표권을 획득하고 중화민국을 대신하여 안보리 이사회의 5대국 일원으로서 국제사회에 정식으로 진입하였다.

진흙탕이 된 베트남 전쟁에서의 철수가 최우선 사항이었던 닉슨에게 중국의 존재는 소련과 핵미사일을 둘러싼 교섭카드가 될 수 있었다. 1972년 미·소 간 SALTI 조인, ABM 조약체결은 모스크바가 미·중의 대소련전략에 대한 염려에서 출발하여 이후에 보이는 미·중관계의 개선이라는 사태로 가속화된 결과이다.

다른 한편 중국으로서도 대미관계개선은 최대의 적인 소련을 견제하게 되는 것이고, 또 제한적이긴 하지만 1972년 이후 미·중 학술교류로 미국의 기술도입이라는 실리를 얻는 결과가 되었다. 강력한 지도자로 군림한 마오 시대 중국은 핵개발에 있어서 '평화이용'을 강조하고 있었지만 그 목적은 국방력강화였다. 핵의 평화이용 정책에 착수하는 것은 1976년 마오 사후의 일이다.

2) 개혁개방에서 냉전구조 붕괴까지(1979~1989)

중국에서는 역사의 전환점으로 간주되는 1978년 12월 제11기 중앙위원회 3차 전체회의의 결의를 거쳐 경제건설을 최우선 과제로

---

4) 리처드 닉슨(リチャード·ニクソン) 마쓰오 후미오(松尾文夫)·사이타 이치로(齋田一路) 역 『닉슨 회고록 제1부(ニクソン回顧錄 第一部)』 小學館, 1978년, 308~310쪽.

한 '개혁개방노선'의 개시로부터, 마오 시대 국방일변도였던 핵개발에도 변화가 생기기 시작했다. 중국이 새로운 노선을 내걸은 1979년부터 1989년 12월 미·소의 몰타회담까지 11년간을 돌이켜보면, 이 기간은 중국이 선진국의 기술이전을 적극적으로 추진하고 중국의 핵의 근대화, 기술력 강화를 주요 과제로 삼은 시기였다. 다만 냉전종결 당시 중국은 1989년 6월에 발생한 톈안먼 사건으로 국제적으로 고립된 상황에 직면하고 개혁개방노선을 지속하기 어려워진 시기이기도 했다.

중국이 개혁개방노선을 타기 시작한 시점에서는 중·소 간 대결자세에 큰 변화는 없었다. 국제적으로는 소련이 유럽에서 중거리핵전력(INF) 배치증강을 꾀하고, 1979년 말 소련의 아프가니스탄 침공으로 미·소 간 '신 냉전'이라 불리는 새로운 긴장이 발생했다. 특히 미국에서는 1981년부터 레이건(Ronald Wilson Reagan) 정권이 출범하면서 소련에 대항하여 전략 핵전력 강화에 중점을 두고, 스타워즈 계획으로 대표되듯이 세계에서 미국의 우위성을 지향하는 정책이 강력하게 추진되었다.

한편 중·소관계를 보면, 1982년 3월 브레즈네프가 중·소 화해를 주장하며 양국 간 관계개선의 싹이 보이게 되었다. 같은 해 중국공산당 제12회 당 대회에서 미·소 어느 쪽에도 치우치지 않는 '독립자주노선'을 내걸었으나 1984년의 미·중 원자력협정 가조인을 봐도 분명하듯이,5) 이 시기 중국은 미·일 관계강화로 '핵'을 포함한 과학

---

5) 다카기 세이이치로(高木誠一郎)「미중관계의 기본구조(米中關係の基本構造)」오

기술력 향상에 주안점을 두고 신 냉전이라는 국제정세하에서 선진국의 협력, 지원이라는 실제적 이익획득이 가능한 국가 간 관계를 구축하고 있었다. 바꿔 말하면 미·소 냉전하에 있었기 때문에 그것을 절묘하게 이용하면서 중국은 핵개발에 유리한 기술을 서방에서 획득할 수 있었다.

또한 경제발전을 지향하는 가운데 핵개발을 꿈꾸는 중국은 국제 협조노선도 채용하여 1984년 국제원자력기구(IAEA)에 정식으로 가입하였다. IAEA는 원자력의 평화적 이용추진을 위하여 1957년에 유엔기관으로 창설되었는데 당초는 핵확산방지기구로 설치된 것이 아니었다. 그러나 1968년 이후에 핵확산방지조약(NPT)과 관련되어 비핵보유국의 참가로 IAEA는 '핵'의 국제 레짐을 지지하는 역할을 맡게 되었다. 그렇기 때문에 중국에 대한 IAEA의 사찰실시는 처음부터 한계는 있었지만, 중국의 가입은 핵확산방지라는 국제 레짐에 처음으로 참가하였다는 의의를 지적할 수 있다.[6]

중국이 IAEA에 가입한 시점에 중국 내에 민생용 원자력시설은 없었고 핵무기개발과 관련된 시설만이 존재하였다. IAEA 가입 이후에는 중국을 통한 핵확산에 대한 우려가 제기되었으나 중국정부는 1984년에 핵을 군사목적으로 전용하지 않는다는 세이프가드(safeguard) 합의와 사찰체제에 대한 교섭을 시작하여 1988년 합의

카베 다쓰미(岡部達味) 편 『중국을 둘러싼 국제환경(中國をめぐる國際環境)』 岩波書店, 2001년, 138~140쪽.

[6] Wendy Frieman, *China, Arms Control and Nonproliferation*, Routledge Curzon, London, 2004, pp. 7~10.

문서에 조인했다. 중국이 이 시점에서 이미 NPT체제 지지 의사가 있던 것도 확실하다.7) 오히려 이러한 국제기관에 참여를 좌절시킨 것은 1989년 톈안먼 사건이었다고 할 수 있다.

학생을 향한 무력탄압이라는 비극적 결과로 끝난 톈안먼 사건 직전에는 페레스트로이카를 내건 고르바초프가 방중하여 역사적인 중·소화해가 달성되었으며, 국제정세는 중국에도 바람직한 환경이 될 듯하였다. 그러나 정치개혁을 추진하는 고르바초프가 각광을 받고 있던 것과는 대조적으로, '민주' '인권'을 탄압하는 사회주의 국가 중국의 국제사회에서의 위신은 톈안먼 사건으로 실추되었다. 현실적인 측면에서 보자면 이 사건으로 미·중 간 과학기술협력도 일시 좌절되어, 미국정부가 중국과의 교류와 협력정지를 선언하지는 않았지만 실제로는 심각한 영향을 받게 된 것을 부정할 수 없다.8)

핵을 둘러싼 국제정세에 대해서는 1987년 미·소 수뇌회담에서 INF전면폐지조약 조인으로 군축교섭이 진전되었지만, 이와 동시에 소련의 아프간 철수 등 중·소 간 현안사항이 제거된 결과, 양국의 관계개선이 촉진되었다. 또 1986년에는 소련에서 체르노빌 원폭사건이 발생하여 핵의 위협이 무기뿐이 아니라는 것을 세계에 알렸다. 그 후 냉전종결에 이르는 미·소의 군축교섭이 일보 진전된 것은 핵의 위험성을 인식한 국제 여론의 고양과 무관하지 않다.

---

7) 위의 책, 11쪽.
8) 趙剛 『科技外交的理論與實踐』時事出版社, 2007년, 274쪽.

2. 포스트 냉전

1) 1990년대

톈안먼 사건에서 소련 붕괴(1991년)까지 2년여 동안은, 여전히 개혁개방노선 유지에 주저하던 중국이 어떻게 국제협조를 추진해 갈지에 대해 모색하던 시기였다. 그 당시 중국에 가장 중요한 과제는 사회주의 국가로서 자국을 존속시키는 것이었다.

1992년 초두 소련 붕괴에서 채 한 달이 지나지 않아 덩샤오핑이 지시한 이른바 '남순강화(南巡講和)'로 중국은 재차 개혁개방노선으로 방향을 틀었다. 중국은 1992년 NPT에 가입하고, 동시기에 가입한 프랑스와 함께 1995년 NPT 무기한연장결정으로 구축된 NPT체제 전환점을 창출했다고 파악할 수 있다.[9]

NPT는 1968년에 서명이 시작되어 1970년에 발효된, 핵관련 최초의 국제조약이다. 1964년 중국의 핵보유를 계기로 핵확산에 대한 위기감을 느낀 미·영·소 3국이 주도하여 성립시킨 경위가 있다. NPT는 현재도 인도, 파키스탄 등이 주장하듯이 핵보유국이 확인되고, 5대 핵보유국의 우위성이 비난받는 측면도 있으며, 사실상의 핵보유국 이스라엘에 대해서도 유효성을 갖지 않는다. 그럼에도 현재 NPT체제가 국제적인 규범이 되었다는 것에는 이론의 여지가 없다. 1992년 시점에서 중국에 대한 국제적인 불신감에 변화는 없었지만, NPT체제의 유지를 위해서 핵보유국 중국의 NPT가입은 국제

---

[9] Wendy Frieman, *op. cit*, p.13.

사회로서는 불가결한 것이었다.

　한편, 냉전 종결 후에는 핵을 둘러싼 질적인 군확경쟁이 높아질 것으로 인식한 중국은 신세대의 '핵'에 대한 갱신을 지향하고, 동시에 인도, 파키스탄의 군확경쟁에 대해서도 우려를 표명했다.10) 또 냉전 후 국제질서에서 미국이 '일극중심주의(一極中心主義)'로 기우는 상황에서 세계가 다극화를 지향할 것이라는 인식을 한 중국은 하이테크 기술을 활용한 국지전쟁을 우려하여 중국에 대한 핵사용에 대비한 핵개발을 추진하려고 했다.11)

　다만 중국은 마오쩌둥 시대부터 일관하여 필요 최소한도의 핵무기개발과 선제불사용을 국시로 해 왔다. 포괄적 핵실험금지조약(CTBT) 비준에 대해서도 중국은 조약내용보다는 미국이 여전히 비준하지 않은 점을 비난하며 미국과 보조를 맞추어 비준하겠다는 자세를 견지했다.

　이처럼 중국은 협동보조의 자세를 취하면서 국제적 틀에 들어가고 원자력의 '평화이용'을 추진한다는 방침에 따라 러시아, 미국과도 협력관계를 구축했다. 1992년 말에는 중국은 러시아와 과학기술협력협정을 체결했고, 1996년에는 전략적 파트너쉽에 합의했다. 다른 한편 톈안먼 사건으로 발생한 대중국 제재의 해제에 따라 미국의 투자와 기술이전이 증대되고 클린턴 정권하 1994년 10월에는 미·중 간 미사일확산 문제에 관한 공동성명이 발표되었다. 1997년에는

---

10) 張萬年主編 『當代世界軍事與國防』 中央黨校出版社, 2000년, 13쪽.
11) 위의 책, 166쪽.

장쩌민(姜澤民)이 방미하여 미·중원자력협정(1985년)이래 진전이 없었던 원자력의 평화이용에 관한 기술협정에도 합의를 이루었다.

그러나 미국 내부에서 이러한 중국의 대두에 위기감을 가진 '중국위협론'이 부상했다. 그 한 예가 중국이 미국의 핵기술을 훔쳤다고 비난한 1999년의 콕스(Cox) 보고서이다. 이 보고서가 공표되자 미국상원은 CTBT의 비준을 부결하고, 동시기에 NATO군이 주유고슬라비아 중국대사관을 오폭하는 사건이 발생했다. 이를 계기로 중국 국내에서는 반미 내셔널리즘이 고양되었다. 이처럼 중국 내에서도 대미불신감이 여전하다는 것은 간과해서는 안 된다.

중국이 원자력에너지 도입을 적극적으로 추진하게 된 배경에는 경제발전 지속에 따른 심각한 에너지 부족이 있었다. 1993년에 중국은 석유수입국으로 바뀌었으며, 석유대체에너지로서 원자력에 의존해야 하는 상황이었다. 이 때문에 중국은 해외로부터 기술이전에 의한 원자력설비 확충을 꾀하고 군사와 산업 양쪽에서 이용할 수 있는 핵기술 개발에 착수하게 된 것이다.

2) '9.11' 이후

2001년 미국 동시다발테러, 즉 '9.11' 사건과 그 후의 '테러와의 전쟁'에 관한 일련의 사태는 그때까지 축적된 대중국 불신감을 훌쩍 뛰어넘는 충격적인 사건이었기에, 미·중관계에도 커다란 영향을 미쳤다. 특히 2002년 1월 부시 대통령이 이란, 이라크와 함께 '악의 축'으로 명명하여 비난한 북한이 2003년 1월에 NPT탈퇴를 선언한 것은 동아시아 안전보장에서 좋든 싫든 중국의 존재감을 높였다. 같은 해 9월에 개시된 6자회담에서 한국, 미국, 러시아, 일본 간 조정자로서 중국이 중요한 역할을 맡았기 때문이다. 그리고 북한의 핵개발을 저지하는 자세를 보인 중국은 기존에 주장해 온 것처럼 유엔의 구도 안에서 NPT체제 옹호를 분명히 밝혔다.

다만 지적해 두어야 할 것은, 중국의 기본자세가 핵에 대해 중국의 선진성을 높이면서도 미국과 러시아를 능가하는 핵체제를 지향하고 있지 않다는 점이다. 후진타오(胡錦濤)정권에 들어서도 '선제 불사용', '최소한 억제'라는 마오 이래의 방침에는 변화가 없다. 중국은 미·러와 마찬가지로 핵의 다탄두화, 소형화를 꾀하고 있지만, 탄두수로 보면 그 규모는 미국, 러시아와 비교할 때 확연한 차이가 있다. 더욱이 군사동맹 NATO의 존재를 고려하면 핵보유국이라고 해도 중국의 군사적 취약성은 확연하다.[12]

에너지 분야에서도 중국은 1993년 석유수입국으로 전환된 이래 2003년에는 미국에 이은 세계 제2위의 석유소비국이 되었고, 2006년 시점에서는 수입량이 전년대비 15% 증가하여 석유수입국으로서 미국, 일본에 이어 제3위가 되었다.[13] 더욱이 우라늄공급국인 호주로부터 중국으로의 수출 급증이 중국 중산층 대상의 에너지 대책으로 간주되는 데서도 분명하듯이,[14] 경제발전을 추진하는 중국으로

---

12) *SIPRI Yearbook 2008*, Oxford University press, pp.366~377. 2008년 탄두 수는 미국 4075개, 러시아 5189개, 영국 185개, 프랑스 348개, 중국 176개이라고 한다.
13) "2006년도 중국의 석유수입량은 1억4500만 톤"(www.japanese.cri.cn, 2008년 12월 9일 접속)

서 석유대체 에너지가 되는 원전의 설치는 급선무가 되었다. 그 때문에 2005년 당시 9기였던 원전을 2020년까지 총발전량의 4%를 점하는 약 30기까지 증설할 것을 목표로 내세웠지만,15) 2008년에는 이를 대폭 수정하여 총발전량 7~8%, 원전수로 치면 40기까지 상향할 것을 미·중원자력관련 세미나에서 미국 측에 전했다고 보도되었다.16)

이러한 가운데 중국은 미·러 어느 쪽에도 편향되지 않은 핵기술 향상을 지향하고 있다. 러시아와의 관계를 보면, 뛰어난 군사력을 보유하는 미국을 견제하면서 2001년에 선린우호조약을 체결하고, 2008년에는 1969년 군사충돌까지 갔던 분쟁지역의 국경선을 최종적으로 확정했다. 또 2001년에 창설된 중앙아시아를 포함하는 다국간 협력을 목적으로 한 상하이협력기구에서도 러시아와 협력관계를 구축하면서 기술협력을 추진하고 있다. 다른 한편 미국과는 2001년과 2006년에 각각 미·중 과학기술협정을 5년간 연장하여 관계강화를 꾀하였다. 중국은 '중국자강'을 구사하면서 미·러 양국과의 협력 자세를 보이고 있다.

---

14) Haydon Manning and Andrew O'Neil, "Australia's Nuclear Horizon: Moving beyond the Drumbeat of Risk Inflation", *Australian Journal of Political Science*, Vol.42, 2007, p.572, p.575.
15) "중국 2020년까지 100만kW 원자력발전설비 30기 착공"(www/china-embassy.or.jp, 2008년 12월 12일 접속)
16) "〈중국〉원전계획 75%증강 20년까지 7천 만kW"(http://manichi.jp, 2008년 12월 12일 접속)

3. 중국·인도, 중국·파키스탄 관계 – 냉전구조에서 탈각지향

　중국은 제3세계 발전도상국의 일원으로서 핵개발을 추진하고, 제3세계 국가를 향해서도 대미, 대소, 대서방이라는 틀을 가지고 아시아, 아프리카 여러 나라의 동의를 얻어왔다. 그러나 중국은 2000년에는 일 인당 GDP가 1000달러, 2006년에는 2000달러에 달하였고 경제면에서 보면 '신흥국'이란 명칭이 정착한 것을 봐도 분명하듯이 더 이상 다른 발전도상국과 같은 취급을 할 수 없게 되었다.

　또 발전도상국으로서 중국이 핵개발에 만전을 기해 온 것과 같은 논리로 중국과 인접하고 있는 파키스탄, 인도가 1998년에 핵보유국이 되었다. 중국이 핵보유를 하게 된 과정과 당초 NPT에 가입하지 않았던 사실을 되돌아보면 중국은 NPT에 가입하지 않은 양국을 비난할 수 없다. 이러한 중국의 국력성장과 인도, 파키스탄과의 관계변화를 포함하여, 중국은 어떻게 핵보유국으로서 대국의 지위를 유지하고 있는 것일까.

1) 중국내정에서 보는 핵의 진전

　중국의 핵개발 진전과정을 국제정세와 중첩시켜 내정 면에서 개관하면 크게 3단계의 방침결정을 볼 수 있다.

　제1단계는 원폭보유를 목표로 출발하여 국방력을 최우선과제로 한 시기이다. 여기에는 마오쩌둥의 강력한 리더십과 그 의사결정을 착실히 수행하고 관료조직을 주도한 저우언라이(周恩來)의 노력이 있었다.[17] 이 시기 1955년 아시아=아프리카회의(반둥회의)의 발의에서도 알 수 있듯이, 대외적으로는 '평화'를 강조하면서도 중국의 핵개발은 정치우선의 마오 정책에 따라 핵무기개발이 우선시 되었다. 그러나 내정혼란은 항상 핵개발의 진전을 저해했다. 특히 문화대혁명(1966~1976)의 영향은 컸다. 조직기능마비, 과학기술의 정체라는 심각한 문제가 발생하였고,[18] 핵 분야에서도 국제경쟁력이 확연히 저하됐다. 그러나 1964년 원폭실험, 1966년 미사일실험, 1967년 수폭실험 등 중국은 미국과 소련을 따라잡는 실험을 연이어 성공시켰다. 이러한 중국의 핵무기개발을 제지하기 위하여 1968년에 NPT가 성립한 것은 앞서 서술한 대로이다.

제2단계는 덩샤오핑이 주도한 1978년의 제11기 중앙위원회 3차 전체회의에서 개혁개방노선 채택으로 국가목표가 경제발전으로 중점이 옮겨간 결과, 중국이 과학기술력 향상을 지향하는 가운데 핵개발 역시 경제발전 기여를 목표로 한 시기이다. 제3차 세계대전이 조만간 일어나지는 않을 것이라는 인식하에, 덩샤오핑은 '평화로운 국제환경 창출'에 기여하면서 중국의 국력증강을 지향했다. 원자력 발전소 건설은 이 단계에서 본격적으로 착수된다. 또 중국은 1984년에 IAEA에 가입하고 합법적으로 선진기술 도입을 꾀하는 한편, 경제발전뿐 아니라 국방 면에서 핵 증강 역시 목표로 삼고, 동시에

---

17) 이이즈카 히사코(飯塚央子) 「중국의 핵개발과 국제전략의 변천(中國の核開發と國際戰略の變遷)」 가야하라 이쿠오(茅原郁生) 편 『중국의 핵·미사일·우주전략 (中國の核·ミサイル·宇宙戰力)』 蒼蒼社, 2002년, 155~172쪽.
18) 이이즈카 히사코(飯塚央子) 「문화대혁명기의 핵개발(文化大革命期の核開發)」 고쿠분 료세이(國分良成) 편 『中國文化大革命再論』 慶應義塾大學出版會, 2003년, 155~180쪽.

'남남협력'에 따른 제3세계와 협력강화도 중시하였다.19) 이러한 군사, 경제 양면에서의 핵의 증강은 중국을 넘어 제3세계의 핵확산에 대한 우려를 발생시키는 요인이기도 했다. 특히 1989년에 발생한 톈안먼 사건을 겪으면서, 여전히 '민주화'가 달성되지 않은 중국에 대한 국제적 경계심은 증폭되었다.

제3단계는 톈안먼 사건으로 일시 좌절한 개혁개방노선을, 덩샤오핑이 재차 지지한 1992년 '남순강화(南巡講話)'에서 현재에 이르는 시기이다. 톈안먼 사건에 따른 국제적 고립을 불식하기 위해서도 중국이 국제조직에 가입하는 것은 유의미했다. 이것은 인권을 중시하는 미국과의 관계보다 오히려 NPT가입을 중시하는 일본, 호주 등의 국가와 국제협력을 꾀함으로써 중국이 국제적인 고립에서 벗어나려는 노림수가 있었다.20) 또 NPT 가입으로 미국이 금지한 기술의 합법적 도입도 가능하게 되었다. 이러한 핵의 산업화는 중국의 경제발전을 명실상부하게 보강하는 역할을 달성했다. 때문에 중국의 핵의 법제화 필요성이 급박하게 되어, 국제적인 법제도를 추형(雛形)으로 하는 조례를 연달아 제정하기도 하였다.21)

동시에 중국 공산당 정권을 유지하는데, 핵에 의한 국위발양의 선전 역시 필요불가결하게 되었다. 장쩌민 정권하의 1999년, 중국

---

19) 「維護世界平和, 搞好國內建設」(1984년 5월 29일) 『鄧小平文選』 제3권, 人民出版社, 1993년, 56~57쪽.
20) Wendy Frieman, op.cit., pp.15~17.
21) 1997년에 '핵수출 관제조례' 1998년에 '핵 양용품 및 관련기술수출 관제조례', 2002년에 '미사일 및 관련물자와 기술수출 관리조례'가 중국에서 제정되었다.

건국 50주년 시 마오쩌둥 시대 곤궁한 상황에서의 '양탄일성(兩彈一星, 원·수폭, 미사일, 인공위성)'의 개발에 공헌한 과학자가 대대적으로 표창되고 유인비행을 향한 첫걸음이 된 '신주(神舟) 1호'가 성공리에 발사된 것은 국내외에 중국 공산정권의 정당성을 새삼 호소하였다. 2002년에는 장쩌민에서 후진타오(胡錦濤)로 안정적으로 정권이 이양되었지만, 후진타오의 핵 방침은 덩샤오핑 노선의 연장선에 있다고 볼 수 있다.22)

다만 국방 산업에 공통하는 핵 안전성 문제가 부상하고 있는 것도 무시할 수 없다. 2008년 쓰촨(四川) 대지진에서 핵관련 시설의 방사성물질에 관한 문제가 발생했다는 보도가 있었으며, 중국 당국은 안전성을 강조하였지만 그 실태는 분명하게 밝혀지지 않았다.23) 1991년부터 개시된 원자력발전소의 가동과 그 증가에 따라 원전사고 가능성도 높아지고 있다.24)

핵은 국방상의 요청뿐 아니라 예기치 못한 사고에 따른 방사능오염도 종종 정확한 정보가 은폐되는 경향이 있다. 이것은 전 세계의

---

22) 중국은 1999년 '신주 1호' 발사 이후 2003년 '신주 5호'에서는 처음으로 유인비행을 실현시켰고, 2008년 9월에는 '신주 7호' 발사도 성공시켰다. 이러한 우주개발도 우주산업 참여뿐 아니라 국방면의 '핵미사일'개발과 연계되어 있어, 중국의 '핵'이 군산양용으로 일관됨을 알 수 있다.
23) "放射性物質 15回未回收"『니혼 게이자이 신문(日本經濟新聞)』2008년 5월 24일자 조간.
24) 2008년 9월 홍콩에서 전월 중국의 원전에서 변압기의 화재사고가 발생했다는 보도가 있었는데, 중국당국은 신고할 정도는 아니라며 안전성 문제를 부인하고 있다. "田灣核田站處於安全狀態"〈http://ccnews.people.com.cn〉 2008년 12월 22일 접속.

공통된 문제이며 정보공개가 여전히 불충분한 중국의 고유문제가 되기도 하였다.

2) 대인도 관계의 변화 – 미·소 초강대국과의 연동

인도의 핵은 파키스탄의 핵과 대항관계 속에서 논의되는 경향이 있지만, 여기에는 중국의 핵이 작용하고 있음을 명기해야 한다.

인도와 중국 사이에는 1947년 인도 독립 이후 티벳 문제와 2천km에 걸친 국경문제가 있다. 1950년대 중반까지는 앞서 언급한 반둥회의에서 보이듯이 양국이 협력관계를 구축하는 듯했지만 1950년대 후반 중국의 사회주의 급진화에 따라 중국과 인도관계는 악화되기 시작했다. 1959년 티벳의 반란에 이어 중·인 국경분쟁이 발생한 이후 1962년 군사충돌에 이르러 양국관계는 결정적으로 악화되었다.

초강대국과의 관계를 보면 미국은 인도의 사회주의화를 저지할 목적으로 인도와 협력관계를 진전시켰다.[25] 한편 소련은 중·소관계의 악화에 따라 인도로 기울어지기 시작하여 1962년 중·인 군사충돌 시 소련은 분명하게 인도를 지지하게 되었다. 소련에게 인도는 남하정책의 요충지이며, 미국에게는 대공산주의 세력 신장의 요충지였다. 미국과 소련의 인도 지지는 중국의 핵보유 저지라는 공통목적을 가지면서도 국익이 복잡하게 얽혀있고, 또 충돌하는 가운데 행해졌다. 한편 중국으로서는 중·인대립에서 미·소 쌍방의 압력을

---

[25] 1959년에는 아이젠하워가 인도를 처음으로 방문하였고 다음 해에는 네루가 방미하여, 미국의 인도에 대한 경제지원이 이루어지게 되었다.

받게 되었다.

[도표 4-1] 원자력발전소 현황[가동중, 건설중(2010년내 완성), 준비중(내륙부)]

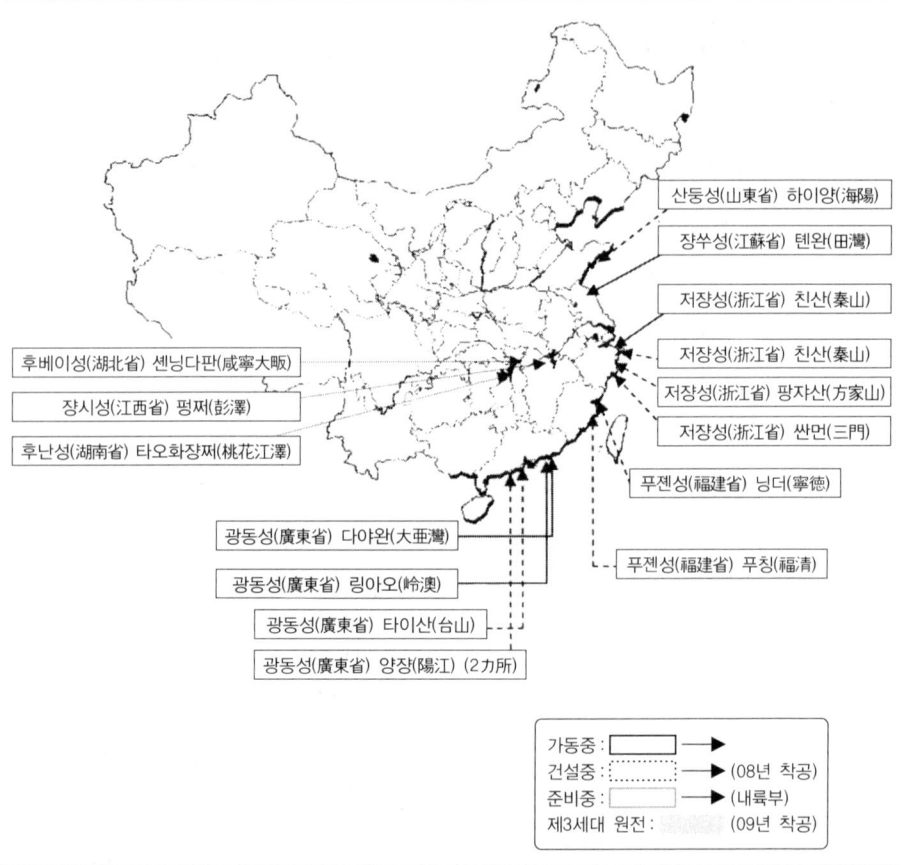

[출전] 2008년 『인민일보(인터넷판)』 참조하여 필자 작성.

인도와 파키스탄의 분쟁이 시작되자 중국은 소련 포위망을 염려하여 파키스탄을 지지했다. 그러나 핵을 보유한 중국이 파키스탄을 지지하는 것은 인도로서는 중국의 핵에 직면하는 것과 동일한 것이며, 인도는 중국에 대항하는 형태로 핵보유를 지향하게 되었다. 그 후 1971년 미·중접근은 중국에 대한 미·소 간 균형자였던 인도가 소련에 한층 기울어지게 하였으며, 중국에 대한 억제차원에서 인도는 1974년에 처음 핵실험에 들어섰다.

그러나 중국이 경제중시의 개혁개방노선을 채택하자, 중·인 양국의 관계개선을 향한 변화의 조짐이 보였다. 더욱이 1986년에 고르바초프의 '블라디보스토크 연설'로 중·소양국의 관계개선이 결정적이 되자 소련과 인도의 친밀한 관계도 약해지고, 소련과 인도의 대중국 구도에도 변화가 일어났다. 그러나 냉전종결 후 미·소대립에서 발생한 중국 카드의 역할과 남아시아에 대한 압력 감소에 따라 중·인관계가 개선되기는 했지만, 이 변화가 인도의 핵개발을 저지하는 것은 아니었다. 중국도 대중의식에서 발생하는 인도의 핵개발을 현실적인 것으로 분석하고, 1995년 시점에서 인도가 65~80발의 원폭장비가 가능한 플루토늄을 보유하고 파키스탄과 중국을 억제하기 위해 132발의 원폭을 필요로 하고 있는 것도 인식하고 있었다.[26]

인도 핵실험 전 중·인관계를 보면, 1996년에 장쩌민이 중국 건국 이래 국가원수로서는 처음으로 인도를 방문하여 국경문제를 포함한 양국의 관계개선을 향한 협정에 조인하였다. 중국은 인도의 핵보유에 따른 위협이 증폭했다고는 파악하지 않았고 핵실험 수개월 후에는 양국 간의 대외접촉도 부활하였다. 또 1999년 인도와 파키스

---

26) 李悅堂, 周碧松等編 『核武器與戰爭』 國防工業出版社, 1997년, 240쪽.

탄에서 발생한 카슈미르분쟁에서도 중국은 중립의 자세를 견지하며 인도에 대하여 매우 절제된 태도를 보였다.[27]

인도의 핵실험에 대해 미국에서는 당시 클린턴 정권이 이를 극렬히 비난하고 경제제재를 하였지만 파키스탄에 비하여 인도를 중시하는 자세에 변화가 보이지는 않았다.[28] 그 후 부시 정권은 경제제재를 풀었고, 브라질, 러시아와 함께 중국, 인도는 새롭게 대두한 경제신흥국 BRICs로 주목받기 시작하였다. 경제발전에 주안점을 둔 중·인 양국의 무역액은 2000년 29억 달러에서 2007년에는 386억 달러에 이르러 전년대비 50% 이상 신장세를 보였다.[29] 또 NPT 미가입국인 인도는 2006년도에 미국과 민생용의 원자력에 관한 협정체결에 합의, 민생용에 역점을 두었음을 분명히 하였다.

이상과 같이 중국, 인도 모두 경제발전을 중시하는 가운데 인도의 핵보유가 양국 관계를 악화시키지는 않았다. 다만 양국의 대항적 핵보유의 지속은 여전히 국제정치 및 중·인 양국 간 문제에서 불안요소로 남아 있다.

3) 파키스탄 - 인도, 중국과의 전통적 우호관계

인도가 남아시아에서 대국 간 균형자 역할을 해 왔다고 한다면,

---

27) 楚樹龍, 金威編 『中國外交戰略和政策』 時事出版社, 2008년, 194~195쪽.
28) 劉建飛, 林曉光 『21世紀初期的中米日戰略關係』 共中央黨校出版社, 2002년, 326~327쪽.
29) 中國國際問題硏究所 『國際形成和』 中國外交藍皮書 2007/2008년』 世界知識出版社, 2008년, 236~237쪽.

인도에 대항하는 균형자로 간주된 것은 파키스탄이라 해도 과언은 아니다. 중국으로서도 냉전구조에서 미·소 양대국의 관계가 인도와의 관계를 결정하고 나아가 인도 억제를 위해 파키스탄과의 관계를 유지한다는 동기가 있었다고 할 수 있다.

중국과 파키스탄은 전통적 우호관계에 있으며, 파키스탄은 1951년에 중국이 이슬람 세계에서 국교관계를 수립한 최초의 나라였다. 다만 중·인관계가 양호했던 반돈회의에서는 중국과 제휴하는 인도를 우려하여 파키스탄은 중국의 소치(김致)에 반대하였다. 양국이 일관하여 우호관계에 있던 것은 아니며[30] 인도와의 관계가 중국과 파키스탄 양국의 관계를 규정해 왔다.

냉전구도 속에서 중·인관계가 악화하는 가운데 중국과 파키스탄 양국이 제휴하고 중·인 국경문제에서 파키스탄은 일관하여 중국을 지지하였으며, 1960년대 이후 인도-파키스탄분쟁에서 중국은 파키스탄을 지지해 왔다. 또 1964년 중국 핵실험 성공 이후에도 파키스탄은 유엔에서 중국의 법적 지위회복을 지지하였다. 한편 중국은 파키스탄에 대하여 군사원조, 기술협력, 경제지원을 해왔다. 양국의 우호관계는 1971년 미·중접근 시에 양국의 가교로서 파키스탄이 중개역할을 담당했던 것을 보아도 명확하다.

그러나 이러한 관계가 오히려 핵과 관련하여 중국의 기술이 파키스탄으로 유출되었다는 의혹을 조장한 측면도 있다. 1980년 중반 미국

---

[30] 미야기 다이조(宮城大藏) 「두 개의 아시아·아프리카회의와 일본·중국(ふたつのアジア·アフリカ會議と日本·中國)」 『中國 21』 Vol.14, 愛知大學現代中國學編, 2002년 10월, 135~142쪽.

에서 시작된 파키스탄으로의 핵기술유출의혹에 대한 비난은 1990년대 중반까지 종종 국제적인 비난으로 발전했다. 비난에 대한 논의의 여지는 있다고 해도,31) 이것은 핵에 관하여 중국이 인도에 대항하기 위해 파키스탄을 균형자로서 원조하고 양국이 굳은 결속을 해 온 것을 시사한다. 이러한 비난이 존재하는 한편 경제발전을 지향하는 중국은 파키스탄과 인도와의 관계개선을 바라면서 양국 간 중립적인 입장을 취하게 되었다.32) 앞서 서술했듯이 인도·파키스탄 양국의 핵실험 후인 1999년 카슈미르 분쟁에서 중국은 양국에 정전을 이야기하며 중립자세를 보였다. 또 2001년 동시다발테러 이후 '대테러'를 공통목표로 하고 중국은 파키스탄뿐 아니라 인도와의 군사협력도 진전시키면서 어느 쪽에도 치우치지 않는 자세를 분명히 하였다.33)

더욱이 미국에 대하여 균형을 취하는 형태로 중국과 러시아가 가까워지는 가운데 1996년 중앙아시아 안전보장 협력기구로서 결성된 상하이 파이브(Shanghai Five)가 2001년에는 상하이협력기구로서 강화되었는데, 2005년 이후에는 인도, 파키스탄, 이란이 옵저버로 새롭게 참가하게 되었다. 이런 것을 보더라도 인도 파키스탄 양국과 적대하지 않는 국가 간 관계구축을 지향하는 중국의 기본적인 의도를 간파할 수 있다.

다만 '대국'으로 여겨지는 중국이나 인도와 비교하여, 파키스탄은 경제적으로나 군사적으로도 비견되지 않는다. 인도의 핵과 군사

---

31) Wendy Frieman, op.cit., pp.24~32.
32) 楚樹龍, 金威編, 앞의 책, 196~197쪽.
33) 衛靈 『冷戰後中印關係硏究』 中國政法大學出版社, 2008년, 208~209쪽.

력에 필적하기 위한 대항장치로서 파키스탄이 핵보유를 유지해갈 것으로 중국은 보고 있지만,[34] 인도와 파키스탄 간 균열이 발생할 시 중국이 중립을 견지할지에 대한 의문이 남는다.

[도표 4-2] '핵'을 둘러싼 국제정세와 중·인·파 관계(약표)

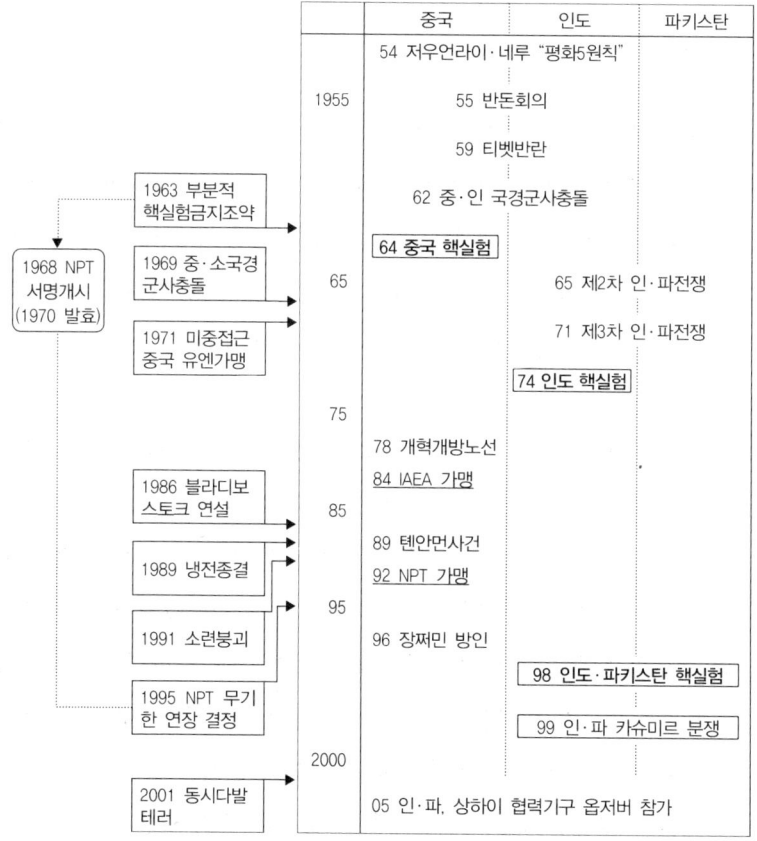

[34] 王仲春 『核武器 核國家 核戰爭』 時事出版社, 2007년, 319~322쪽.

안전보장상의 핵에 대해 말하자면 중국과 인도, 파키스탄이라는 삼국의 구조가 변화하는 것은 아니다. 삼국의 공통항인 경제발전이 중시되는 가운데 민생용의 원자력이 어떻게 활용되고 안전보장상의 핵의 균형이 어떻게 변용해갈지 앞으로 주시해야 할 것이다.

맺음말

중국에 핵개발은 미·소 초강대국의 하위에 있는 중국이 정치대국의 지위를 점하고 국력증강을 꾀하는 데 반드시 필요했다. 발전도상국인 중국에 '핵'은 정치교섭 카드의 측면과 국방 및 경제에 기여하는 실체적인 의미가 있었다. 이 때문에 마오쩌둥 시대의 국방차원에서 옮겨 가 덩샤오핑 이후 국방과 경제에 기여하는 핵이 추진되어 왔다.

경제발전을 주축으로 국력증강을 꾀하고 국제협력을 진행해온 결과 중국은 북한을 둘러싼 핵의 6자회담에서는 핵확산방지 자세를 분명히 하였고 조정자로서 '대국'의 역할을 하게 되었다. 그러나 이는 동시에 국가 간의 평등을 구가하면서 중국 스스로 진전시킨 핵개발 논리와는 맞물리지 않게 되었다. 중국이 인도나 파키스탄의 핵보유를 수용할 수밖에 없는 모순도 여기에서 기인한다. 또 핵은 안전보장뿐 아니라 민생 면에서도 우발적 사고 위험을 동반하며, 특히 중국에는 일당독재에 따른 은폐 문제도 존재한다.

그러나 핵문제는 국익과 복잡하게 얽혀있어서 중국 정치체제의 변혁에 따라 자연발생적으로 해결할 수 있는 문제가 아니다. 민생

면에서도 일본을 포함한 해외 기업이 중국의 플랜트건설 참여에 적극적이며 더 이상 핵 이용은 중국만의 문제가 아니다.

중국은 유엔의 틀에서 핵문제를 처리하도록 강조한다. 한편 군산을 포함한 핵의 방향성은 국제환경과 내정의 요청으로 지도자의 정책결정에 따라 크게 좌우된다. '신흥국', '대국'으로 불리게 된 중국이 기존 세력균형의 수법과는 다르게 정책 면에서 어떠한 자세를 취할지 주시해야 할 것이다. 동시에 국제사회를 구성하는 개개 국가들의 정치적 안정화, 국제적 합의 없이는, 20세기의 어두운 유산이라고도 할, 중국을 포함한 핵문제를 해결하기 어려울 것이다.

제5장

변모하는 인도의
핵무기개발과 정치적 의도

곤도 다카후미(近藤高史)

들어가는 말

　1998년 5월 11일과 13일, 인도의 핵실험은 국제사회에 충격을 던져주었다. 그 후 서방 핵보유국의 대인도 경제제재가 실시되었지만, 2001년 동시다발테러사건으로 인해 해제되었고 2005년 7월 미·인 핵합의에 이르렀다. 핵보유국으로서 인도의 입장은 이로써 국제적으로 승인되어 완전히 기정사실화된 듯하다.

　1998년 5월 핵실험을 할 때까지 인도는 핵무기폐지를 주장하면서 NPT를 비롯한 핵확산방지체제에 반대하는 입장을 취해왔다. 그 이유는 핵확산방지체제가 '아파르트헤이트 원칙'(인디라 간디 수상의 발언)에 기초해 있고, 기존 핵무기보유국의 핵 독점을 인정하는 한편 비핵보유국에 대해서는 충분한 안전보장을 인정하지 않아서라고 설명되어 왔다. 1998년 핵폭발실험은 그러한 공식적 입장에서 일탈을 보여주는 한편 스스로 핵에 의한 안전보장을 추급하고, 남아시아 지역대국으로서 입지를 한층 강화해가는 방향으로의 전환을 내외에 피력한 사건이었다고 해석할 수 있다.

그러나 인도가 핵무기 폐지를 일관되게 추구하는 입장이었다면, 1974년에 행한 지하 핵실험의 정치적 의도는 무엇이었는지, 또 유엔을 비롯한 국제무대에서 비핵화지역구상을 선전하면서 남아시아 비핵화지역구상에는 소극적이었고, 최종적으로는 스스로 좌절시키는 역할을 한 이유 등에 의문이 생긴다.

본 장에서는 인도의 핵무기개발 역사와 NPT를 비롯한 핵확산방지체제에 대한 부정적 자세를 추적하여 핵무기에 대한 인도정부의 인식 변화에 대해 고찰하고자 한다.

1. 1974년 지하 핵실험의 배경

인도정부는 1947년 독립직후부터 핵개발에 착수했는데 당초에는 평화적 이용목적에 한정되었다. 냉전하에도 비동맹운동의 기수로 일했고 미국과 소련 어느 쪽의 핵우산에도 들어가지 않는 자세를 유지함으로써, 인도가 추구하는 평화에 대한 자세는 적어도 '핵 억지'에 의한 그것과는 성격이 다름에 틀림없다. 그러나 1964년 10월 16일 중국의 핵실험은 인도의 핵무기개발을 재촉하는 계기가 되었다. 1962년의 중·인국경분쟁에서 중국에 패배한 인도에게 중국의 핵실험은 무시할 수 없는 우려의 소재가 되었기 때문이다.[1] 인도에서 핵무기개발의 중심인물이 된 호미 바바(Homi Jehangir Bhabha) 박사는 중국 핵실험 수일 후, "핵실험은 국민 1인당 180만 루피의 부담이지만, 인도는 약 18개월 이내에 핵실험을 할 것이다"고 말했다고 한다. 비핵론자였던 크리슈나 메논(V.K. Krishna Menon) 국방장관은 바바 박사의 발언을 강하게 비판하였다고 한다. 그러나 인도의 국방성, 외무성, 원자력에너지 위원회 등 각 기관은 중국의 핵실험이 인도의 안전보장에 미치는 의미와 영향에 관한 분석과 그에 대한 대응을 고찰하고 인도가 핵이라는 선택지를 고를 가능성을 검토하는 비망록을 차례로 냈다. 그 결과 1964년 10월에 국방성 내에 그러한 목적으로 자문위원회도 설립되었다.[2]

이러한 배경이 있었기에 1965년 개최된 인도국민회의파 전국대회에서 샤스트리(Lal Bahadur Shastri) 수상은 국민회의파 내부로부터 '만일에 대비해서 핵폭탄 제조계획을 진행해야한다'는 강한 요구에 직면하게 되었다. 이는 이른바 '옵션 오픈(option open)'이라 불린다. 샤스트리는 핵무기 보유 의사를 명확하게 하지는 않았지만, 지금까지의 정책을 수정하지 않을 수 없게 되었다. 즉 '지금' 핵보유 정책을 곧바로 진행할 의사는 없지만 정책 변화 가능성을 내비친 것이다. 동시에 당시 충분히 알려지지 않았지만, 바바 박사 등의 '지하 핵폭발계획(Subterranean Nuclear Explosion Project)'을 추진

---

1) 다만 인도 초대수상 네루는 1964년 5월 사망 직전, 중국의 핵 준비 진행에 대한 보고를 받았으나, 그에 대항하여 '핵 억지'를 취해야 한다는 제안을 거부했다고 한다.
2) K.Subrahmanyam, "Indian Nuclear policy-1964-98(A personal recollection)", in Jasjiy Singh (ed.), *Nuclear India, Knowledge World*, Delhi, 1998, pp.26~27.

하도록 승인하고 있다.

1964년 이후 인도는 트롬베이(Trombay)에 있는 바바 원자력연구소(BARC, Bhabha Atomic Research Centre)의 캐나다와 협력한 원자로에서 플루토늄을 재가공한다. 핵폭탄 제조를 위해서는 플루토늄 농도를 상승시킬 필요가 있으나, BARC는 플루토늄 농축과 핵폭발장치 설계를 위해 지하 핵폭발실험을 통한 데이터수집이 필요했다. 당시 미국과 소련은 원자력의 평화이용을 목적으로 광산개발, 가스굴착, 혈암유(頁巖油, Shale oil)의 액상화를 위한 핵실험을 수차례 하였다. 국제회의에서 인도도 평화목적 핵실험을 제창하던 예가 있어서 '평화적 핵실험'은 인정되었다. 그리고 인도의 제5대 수상 인디라 간디(Indira Priyadarshini Gandhi)는 1972년 10월에 핵실험을 허가했다.

중국의 핵실험이 인도의 핵정책에 큰 전환점이 되었음에는 틀림없으나, 더하여 1960년대 중반의 핵문제를 둘러싼 국제적인 동향이 인도의 핵무기개발에 대한 적극적인 행보를 가속한 것 역시 간과할 수 없다. 1965년 유엔총회에서 인도를 중심으로 한 국가들은 핵무기확산방지를 주목적으로 한 2028호 결의를 제안하였다. 핵보유국은 더 이상의 핵확산을 방지할 의무를 지는 한편, 이를 전제로 비핵보유국도 핵무기개발을 하지 않는다는, 양자의 쌍방적 의무관계를 확인해야 한다는 것이 인도가 취한 입장이었다.

이에 기초하여 인도는 핵무기확산방지라는 틀 안에서 비핵보유국을 위한 안전보장이 필요하다고 주장하면서, 그런 입장을 호소하는 외교사절단을 핵보유국에 파견하였다. 그러나 미국과 소련을 필두로 하는 동서 양 진영의 핵보유국으로부터 비핵보유국에 대한 명확한 안전보장선언을 이끌어 내지는 못했다. 이러한 흐름을 검토하면 인도는 중국의 핵실험 후 스스로 핵무기보유를 위한 노력을 시작함과 동시에 핵무기보유국에 의한 '핵우산' 안에서 안전보장 확립을 추구하는 시도를 개시하였다는 것도 결코 놓쳐서는 안 된다.

그러나 1965년 인·파 분리 독립 이래 대립관계가 계속되던 인도와 파키스탄의 구자라트 갓츠 습원(濕原) 전투에서 파키스탄군이 미국제 무기를 사용하는 사태가 발생했다. 일찍이 미국 아이젠하워(Dwight David Eisenhower) 대통령이 '만약 대인도 전쟁에서 파키스탄이 미국제 무기를 사용할 경우 미국은 이를 저지하겠다'는 취지의 발언을 했지만, 그럼에도 불구하고 존슨(Lyndon Baines Johnson) 정권은 이에 기초하는 어떠한 행동도 개시하지 않아 인도를 실망시켰다.

또한 1971년 12월 제3차 인·파 전쟁 직전 파키스탄군이 동파키스탄 아와미 연맹(Awami League)을 공격하여 많은 난민이 인도로 유입된 시기, 미국 국방장관 키신저(Henry Alfred Kissinger)가 7월 베이징을 방문한 뒤 미·중 관계수복이 진전된 것도 인도를 자극했다. 방중 후 키신저는 주미인도대사에 대해 '방글라데시를 두고 인·파가 전쟁에 돌입하고 중국이 파키스탄 측에 서서 중개하였다고 해도 미국은 인도를 지지하지 않는다'고 하였는데 이것이 인도정부에게 '위협'과 마찬가지였을 것도 상상하기 어렵지 않다.

이러한 일련의 사태는 당시의 인디라 간디 정권에 대미관계를 재정립함과 동시에 소련접근과 그 후 관계를 강화하게 하는 계기가 되었다. 이미 1970년에 체결된 인·소 평화우호조약체결은 중국의 개입저지뿐 아니라 미국 함대 파견에 대한 억지력의 효과도 기대되었는데, 그것을 전제로 인도외교는 소련과의 동맹을 강화하게 되었기 때문이다.

그런데 키신저는 저서 『키신저 비망록』(*The White House Years*)에서 자신이 인도에 적대적 개입을 하지 않도록 중국을 크게 압박했었다고 술회하였다. 또 제3차 인·파 전쟁기에 실제로 미국은 인도양에 파견한 항공모함 엔터프라이즈호에 어떠한 군사행동도 허락하지 않았다. 그러나 당시 인도정부는 미국정부의 그러한 정책의도를 그대로 따르려 하지 않고 미국의 일련의 정책과 행동이 핵에 의한 '동갈(恫喝)외교'라고 생각했던 것 같다.

한편, 1971년 제3차 인·파전쟁 직전 인도와 평화우호조약을 체결한 소련의 경우도 전쟁 발발 시에 미·중 양국을 견제한 것에 지나지 않았다. 결국 인도는 제3차 인파전쟁에서 승리는 하였지만 기존의 핵보유국이 '핵우산'의 안전보장을 가져다줄 가능성이 낮은 현실을 재차 확인했다. 이것이 인도가 핵무기개발을 선택하고 1974년 핵실험을 강행하게 한 배경이 되었다.

이러한 인도의 중대한 정책전환에 대해 비폭력·불복종운동의 역사를 공유하는 국민회의파 내부에서는 물론 일부 의원은 여전히 핵무장에 부정적이었다. 예를 들면 핵무기폐지를 주창하는 퍼그워시운동(Pugwash Movement)의 일원으로 인디라 정권기 원자력에너지위원회의 위원장에 취임한 비크람 사라바이(Vikram Sarabhai), 간디주의자로 알려지고 동시기에 상원부의장을 지낸 크리샨 칸트

(Krishan Kant) 등을 들 수 있다. 그러나 그들도 국제사회가 인도에 적대적인 환경에서는 핵의 선제사용은 반대하지만 인도에게 핵 억지력이 필요하다는 설득을 받아들일 수밖에 없었다.3)

2. 인도의 핵과 남아시아

1) 남아시아 지역 비핵화 구상

1974년의 핵실험을 한 인디라 간디 정권은 1977년 3월 제6차 총선거에서 패배하였고 자나타당의 모라지 데사이(Morarji Desai) 정권이 성립하였다. 데사이는 핵무장이나 핵의 평화적 이용에도 회의적이었다고 한다. 그리고 인도가 대미관계를 개선하고 핵에 의한 안전보장을 받아들여야 하며, 파키스탄이 내세우는 남아시아 비핵화 구상에도 적극적으로 협력해야 한다는 의견이 강화되었다.

또 데사이 자나타당 정권은 남아시아 비핵지역화 구상에 기본적인 인도의 자세를 분명히 했다고도 평가할 수 있다. 1978년까지 인도는 원칙적으로 남아시아에 머무르지 않고 세계 각지의 비핵지역화 구상을 지지하는 한편 파키스탄이 제창하는 남아시아 비핵지역화 구상에 대해서는 반대 의사를 표명했다. 데사이가 1978년 6월 유엔 군축특별총회에서 행한 연설에 따르면 "핵보유국이 핵을 유지하는 한 비핵지역화 구상이 비핵보유국에 안전보장을 가져다주지

---

3) *Ibid.*, p.32.

않는다"고 한다. 즉 그는 세계 각지에서의 비핵화지역 구상을 지지하지만 남아시아지역에 대해서는 중국의 핵보유를 이유로 반대의 자세를 보인 것이다. 비핵화지역 구상에 대해 일견 모순된 것처럼 보이지만 인도정부의 입장에서 보면 결코 논리적 정합성이 떨어지는 것은 아니었다.

이렇게 보면 인도가 장기간 보여 온 핵무기폐지나 NPT를 향한 비판적 자세는, 인류의 안전과 핵무기가 가져오는 참사를 피하고자 하는 전 인류적인 동기라기보다는 국제정치 현실에서 어떻게 인도의 안전보장을 꾀할지의 상황에서 나온 자세라고 하겠다. 인도는 1978년 유엔총회 이래 '핵의 사용과 핵에 의한 위협은 인도주의에 대한 죄'라는 취지의 결의를 계속해서 제기하고 있지만, 그 배후에는 이러한 국제정치적 배경이 있음을 이해해야 할 것이다. 이 점에서도 1982년 제2차 유엔군축특별위원회에서 인도가 핵사용과 핵에 의한 위협을 금지하는 대회의 개최를 제창하고 있는 것은 수긍이 간다.[4]

인도의 '반핵' 자세가 자국의 안전보장이라는 관점에서 나온 것임은 위의 제2차 유엔군축특별위원회 이후 개최된 핵실험 금지를 위한 비공식조직(the Parliament for Global Action)에서도 확인된다. 여기에서 인도, 스웨덴, 그리스, 멕시코, 아르헨티나, 탄자니아 등 6개국이 포괄적 핵실험 금지를 주창한 점에서 공동으로 보조를 맞

---

[4] 방글라데시의 유력지는, 인도정부가 말하는 '핵군축'과 '확산방지'라는 말은 구별해서 생각해야 한다는 흥미로운 지적을 하였다. Praful Bidwai, "Farewell to Disarmament?" *The Daily Star*, November 1, 2005.

추었지만 실험금지를 전면적 군축이라는 방향으로 이끌고자 했던 인도에 비하여 다른 5개국은 핵무기의 수평적, 수직적 확산의 억제에 보다 강한 관심을 보였으며, 이 점에서 인도와 대립했다고 지적된다.

그 후 제2차 인디라 간디 정권(1978~1984), 그 아들인 라지브 간디(Rajiv Ratna Gandhi) 정권(1984~1991)으로 정권교체에도 불구하고 핵무기개발 권리를 보류하면서 대외적으로는 핵무기 폐지와 NPT체제에 대한 비판을 계속한다는 기본적 자세는 인도 역대 정권에 지속되고 있다.

2) '핵의 선제불사용(先制不使用)'

1983년 인도 국방성 산하의 인도국방연구개발기구(DRDO, India Defense Research and Development Organization)는 유도미사일 계획을 제정하였다. 여기에는 중거리지대지미사일(프리트비), 중거리미사일(아그니) 등 두 종류의 지대공미사일 사용계획이 포함되어 있었다. '아그니'가 핵탄두 탑재를 목적으로 하는 운반수단임을 생각하면 이 계획으로 인도의 핵무기개발 의도가 분명히 드러났다고 볼 수 있다.

이 시기 중국과 파키스탄 간에 핵무기개발 기술협력이 진행되고 있다는 보도가 있었다.[5] 라지브는 수상에 취임하면서 이 문제에 대

---

5) 1979년 3월말까지 독일의 방송국이 파키스탄의 칸(Abdul Qadir Khan) 박사와 그 연구팀이 네덜란드의 아르메로에 있는 원심분리기술에 접근하고 있었다고 보

응하기 위해 각 방면의 전문가로 구성된 연구그룹을 설치했다. 1985년 11월 갑작스럽게 해산하기까지 이 연구그룹은 총 5회의 모임을 가졌는데 인도의 핵정책에 대해서도 많은 논의를 했다고 전해진다. 그 멤버 중에는 적극적인 핵무장론자도 있었는데, 당시 핵무기보유에 소극적이었다는 라지브는 NPT를 대체할 수 있는 선택지를 이 연구그룹에 요구했다고 한다.

동시에 라지브는 대국민 연설에서 파키스탄의 핵개발에 주의를 환기시켰다. 이때 이 연구그룹 내부에서는 파키스탄에 대해 핵의 '선제불사용'을 요구해야한다는 제안이 있었다. 그러나 '선제불사용의 요구는 인도가 파키스탄의 위협에 굴복하였다는 인상을 줄 수 있다'는 이유로 그에 관한 제안이 각하된 경위가 있다. 이후에도 정권 내부에서 선제불사용 요구는 검토과제로 거론된다. 예를 들면 라지브는 1985년 개최된 동 연구그룹의 모임에서 '인·파 간에 핵시설의 상호사찰을 하게 되면 파키스탄의 폭탄제조 의혹을 불식할 수 있다'고 표명하고 핵관련 시설의 상호사찰을 제안하였다. 그러나 같은 그룹의 내부에서는 '정기적인 사찰은 핵계획을 가지고 있는지의 여부를 판단할 타이밍을 늦출 뿐'이며, 오히려 '상호 핵시설을 공격하지 않을 것, 상호 선제불사용을 요구할 것'에 대한 제안이 나왔다고 전한다.

이 제안이 인도정부의 입장으로 채용된 것은 동년 파키스탄 대통령 지아 울 하크(Muhammad Zia al-Haq)와 라지브의 회담내용에 포

도하는 등 파키스탄의 핵개발 의혹에 관한 보도가 활발했다.

함된 것을 보아도 알 수 있다. 이렇게 1985년 12월 양국은 상호 핵시설을 공격하지 않는다는 점에서는 의견의 일치를 보였는데, 그 배경으로 당시 서방의 미디어를 중심으로 '이스라엘의 이라크 오시라크 원자로 폭격(1981년 6월)을 모방하여 인도가 카후타 핵시설 공격을 계획하고 있다'는 보도가 나온 후, 인도와 파키스탄 수뇌의 동향에 국제사회의 이목이 집중되었다는 것도 간과해서는 안 된다.

말할 것도 없이 핵의 선제불사용 선언은 인·파 양국의 핵무장 인정이 전제되어 있다. 양국은 상호 핵무기개발을 추진하면서도 핵보유 사실이 국제적으로 알려지는 데 따르는 위험을 염려하고 있었다. 그 결과 양국 간에는 신뢰가 좀처럼 구축되지 않았다. 또 '핵의 선제불사용'도 핵피해 회피라는 관점보다는 오히려 자국의 핵기술에 대한 낮은 신뢰도에서 제기된 것으로 파악하는 것이 보다 정확하다.

1985년 10월 방미한 라지브는 레이건 정권에게 파키스탄이 핵무기보유에 착수하지 않도록 압박할 것을 요구하였다. 라지브는 결과적으로 마지막이 되었던 연구그룹의 회합을 다음 달 5일에 소집했다. 여기서는 라지브가 대파키스탄 압력을 미국정부에 의뢰한 것이 높게 평가되는 한편, 파키스탄의 핵무장 저지를 미국에 의뢰하는 것에 대해 회의적이었던 멤버가운데 인도 측이 핵무장이라는 선택지에 적극적으로 나서야 한다는 의견도 제기되었다.

후자의 멤버는 이 회합 후에, 700억 루피의 비용이 있으면 10년간 균형 잡힌 핵 억지를 성립시킬 수 있다는 보고서를 라지브에게 제출하고, 최소한의 핵 억지력 획득과 배비를 주장하였다. 그러나 이후에 이 연구그룹은 다시 회합하는 일이 없게 되었다. 그들의 기본적인 사고와 라지브의 그것과 일치하지 않았음에 틀림없다.

1986년까지 라지브 정권은 수상을 포함하여 전체적으로 핵보유에 대하여 소극적이었다. 이 자세는 라지브가 BARC나 원자력에너지청의 요직에 1974년의 핵실험 관여자를 등용하지 않은 데서도 확인할 수 있다. 그러는 한편 라지브는 '지구규모 문제에 관한 국제의원연맹(the Parliamentarians for Global Action)'의 활동에 적극적으로 참가하고 이들 6개국 주도로 독자적인 핵실험정지조약 실현을 향한 시도에 적극적인 자세를 취하고 있다.

3. 대파키스탄 관계와 '자제적(自制的)' 핵정책의 전환

그런데 1985년에 미국 상원의원 존 알렌(John Allen) 등이 파키스탄의 핵개발이 명백하다는 전제 위에 파키스탄 원조정지를 입법화하는 장치를 마련하고자 했다. 그러나 미국정부는 같은 해 '프레슬러 수정조항'을 도입하고, 파키스탄이 핵폭발 실험을 할 정도의 능력에 도달하지 않았음을 대통령이 보증하도록 하여 계속해서 군사, 민간원조를 실시했다. 따라서 프레슬러 수정조항의 도입은 파키스탄의 핵개발에 실제적인 위협은 적었다. 이후에도 미국정부는 아프가니스탄 전쟁수행을 위해 대파키스탄 관계확보를 우선하여, 미국의회에서 '파키스탄은 핵폭발능력을 가지고 있지 않다'고 답변을 이어갔다. 1987년 파키스탄인 몇 명이 미국에서 핵무기보유 계획에 필요한 물자 입수 의혹으로 체포되는 사건이 있었지만, 미국의 이러한 자세는 소련의 아프가니스탄 철수 후까지 이어졌다.

　1988년 라지브는 제3회 유엔군축특별총회에서 핵군축을 위한 단계적 계획을 제기하였다. 라지브는 그에 우선하여 1986년에 소련과 '델리선언'에 조인하고 '비핵, 비폭력 세계로 환원'을 제창하는 등 포석을 두었다. 그러나 이 계획은 안보리 상임이사국의 반대로 결국 폐기되었다.

　이렇듯이 라지브 정권은 핵무기개발이라는 선택지를 유지하면서도 핵무기보유에 대해서는 '자제적'이었다. 이런 자세는 미국을 비롯한 기존의 핵보유국에 의한 '동갈외교'에 충분히 대응하는 의미를 가졌다. 그러나 파키스탄이 중국의 협력을 얻어 핵무기개발을 진행시킨다는 사실, 또 남아시아로의 핵기술 유출에 대해 미국을 비롯한 핵보유국의 대책이 없었다는 사실 앞에 바뀔 수밖에 없었다.

　라지브 정권은 그 후 1989년 5월에 '아그니' 미사일 실험을 행했다. 그리고 동년 말에는 국민회의파가 야당으로 전락한 것과 겹쳐 인도는 이후 핵무기개발을 적극적으로 추진해가게 되었다. 1990년대 이후가 되면 DRDO나 원자력에너지청의 요직에 핵무장론자도 등용되었다. 라지브 후 수상이 된 V. P. 싱(Vishwanath Pretap Singh), 찬드라 셰칼(Chandra Shekhar Singh), 나라심하 라오(Pamulaparthi Venkata Narasimha Rao) 지도하의 인도정부는 정치적인 입장에서 미묘한 차이는 있었지만, 국방장관으로 원자력에너지청과 긴밀한 관계에 있는 자를 지명하는 등 군사적인 면에서 핵개발 자세를 더욱 분명하게 해 갔다. 물론 미국은 이런 인도에 강한 압력을 행사해 갔다.

이 점에서 파키스탄은 인도의 경우와 좋은 대비를 이룬다. 중국 핵기술의 파키스탄 이전을 알고 있었던 미국은 확실히 남아시아에서의 핵확산방지를 꾀하고 있었다. 그러나 파키스탄의 경우는 소련의 아프가니스탄 철수 후에도 핵무기개발에 대한 제약에 직면하면서도 착실하게 계획을 진전시켰다. 이는 1990년 부시 대통령이 파키스탄에는 핵폭발능력이 없다고 발언한 데서 비롯된다. 이 배경에는 걸프전쟁 시 파키스탄이 사우디아라비아에 군대를 파견한 것과 관계된다. 이렇게 중국과 파키스탄의 협력에 대한 미국의 묵인에 직면한 인도는, 5대국의 핵독점 현실에서는 자국에 대한 파키스탄의 핵공격 능력을 허락하는 꼴이고 조만간 남아시아 지역에서조차 스스로 안전보장을 확립할 수 없다고 판단하기에 이르렀다.

그 결과 라오 수상은 1992년 1월 핵확산 문제를 의제로 한 유엔안보리에서 소련 붕괴에 따른 핵물질과 핵기술자의 유출을 지적함과 동시에 핵문제에 대하여 미국에 양국 간 협의를 신청했다. 그러나 이것은 핵무기개발을 향한 데이터 취득을 위한 시간끌기이며 그 목적은 대개 1994~95년에 달성되었다고 본다.

미국의 남아시아 핵전략에 인도가 강한 의구심을 갖고 있는 것은 지적한 대로지만, 이상과 같은 경위로 보면 그 의구심은 미국의 남아시아 인식상의 문제와도 관련되어 있다. 즉 인도가 핵전략상 문제시한 것은 파키스탄보다 오히려 중국이며, 중국의 기술이 파키스탄으로 이전되는 것인데, 그럼에도 불구하고 미국이 이 점을 충분히 이해하고 있지 않았기에 인·파의 핵보유를 인·파 대립이라는 '지역문제'에서 출발한다고만 파악하여 처리한다고 인도의 지식인들은 지적한다.6) 1993년에 미국과 인도 양국이 핵문제에 대하여 런던에서 협의했던 것도 영향을 미쳐, 당시의 클린턴 대통령의 '핵군축에 관여하겠다'는 발언 이외 어떠한 성과도 없었다.

4. 1998년 핵실험과 그 후

이상 NPT가 단순히 핵의 독점을 5대 보유국에만 인정한다는 이유에서 뿐 아니라, 그것이 유명무실해짐에도 불구하고 무조건, 무기한 연장이 결정된 것 자체가 인도의 핵실험 강행과 관련되었다. 인도정부는 핵무기 보유만이 인도의 안전보장확립을 가능하게 한다는 판단을 한 것이다.

인도정부는 라오 정권기인 1995년 이미 핵실험을 결정했다고 보인다. 그에 기초한 계획실시는 미국이 알아버렸기 때문에 일단 중지되었지만, 인도정부는 NPT의 '수정'은 불가능하며 그 무기한 연장도 불가피함을 알았다. 그때까지 인도는 '옵션 오픈'하에 국제사회에서 핵무기 보유가 비합법으로 여겨지기 때문에 핵무기개발을 실행으로 옮기지는 않았지만, 핵무기가 '합법화'되는 세계에서는 이러한 전략이 불가능함을 인식했던 것이다. 다만 핵보유의 의미에 대해서 국민적인 논의는, 당연하지만 전혀 행해지지 않았다.

그 시점까지 서구나 영연방, 일본과 한국이 서방측 핵무기보유국의 '핵우산'에 들어가 있었다. ASEAN 국가들은 대국의 핵보유를

---

6) K.Subrahmanyam, *op. cit.*, p.48.

인정하면서 '비핵지역'의 지위를 받아들이고 핵에 의한 보호를 받아왔다. 남아시아를 제외하고 세계는 핵 대국의 산하에 들어갔다고 인도정부가 인식한 것은 상상하기 어렵지 않다. 인도는 이를 안전보장환경이 눈에 띄게 악화된 것으로 해석했다.

미국을 비롯한 관계국은 더 이상 핵보유국이 나오지 않도록 CTBT 조인을 추진했다. 1996년 6월 20일 인도는 유엔군축회의에서 핵문제가 인도에게 국가안전보장의 문제이며, 따라서 CTBT를 수용할 수 없다는 입장을 표명했다. 2년 후인 1998년 2월 4일 미국 국무성은 중국이 미사일 기술통제체제[7]급의 미사일기술을 이전하지는 않았지만, 미사일기술과 부품을 파키스탄에 공여하고 있다는 정보를 입수하였다. 그러나 미국은 중국의 행동을 억제하는 구체적인 조치를 취하지 않았다.

이러한 상황에서 1998년 4월 6일 파키스탄의 탄도미사일 가우리 실험을 직접적 계기로 인도가 핵실험을 강행하게 되었다고 파악할 수 있다. 인도의 핵실험 배경에는 NPT를 비롯한 핵확산방지체제에서 인도의 안전보장을 확보할 수 없다는 인식이 있으나, 그 안전보장상의 '위협'에는 중국의 핵실험, 미국의 대인도 압력, 중국의 대파키스탄 기술협력이 포함된다. 기존의 핵보유국이 비핵보유국에 대해 충분한 안전보장장치를 약속할 수 없다는 의구심을 마지막까지

---

7) (역주) Missile Technology Control Regime, MTCR. 미사일과 관련 용품, 기술의 수출관리체계를 일컫는 용어로, 대량살상무기를 운반하는 미사일의 확산을 방지하기 위해 설립된 국제적인 수출규제조치이다. 1987년에 G7 간에 발족하여, 2010년 1월 현재 34개국이 참가하고 있다.

떨칠 수 없었던 것이 인도의 핵무장을 불러온 것이다.

2001년 동시다발테러사건을 계기로 인도의 협력을 바라던 미국 등 서방국가들은 1998년 5월 핵실험 후 발동된 대인도 경제제재를 해제했다. 이후 미국은 미국을 지지하는 국가 간 관계강화에 적극적이 되었다. 한편 인도도 2001년 5월 미국의 미사일방위구상을 지지하고 같은 해 12월 파키스탄에 거점을 둔 무장집단에 의한 인도 국회 습격사건을 겪고 '테러와의 전쟁'의 입장에서 미국에 접근해 간다.

2005년 7월 부시 주니어 정권은 만모한 싱(Manmohan Singh) 정권과 원자력협력추진합의를 위한 교섭을 시작하는 성명을 발표했다(미·인 핵합의), 이는 기존의 NPT 및 CTBT에 가맹하지 않은 국가에 대해 원자력을 통한 협력을 금지하는 기존의 자세를 전환시켜 원자력 협력 재개를 의미했다. 이 결과 체결된 2007년 7월 미·인 원자력협정에서 원자력은 평화목적사용에 한정한다는 취지의 규정을 하고 있지만, 가령 인도가 핵실험을 하여 미국이 대인도 원자력협력을 정지하는 경우에도 타국으로부터 인도의 핵연료확보를 미국이 지원한다는 내용으로 되어 있어 사실상 인도에 대해 '핵'의 전략적인 사용을 용인하고 있다.[8]

미국의 이러한 자세변화의 배경에는 '테러와의 전쟁'이라는 목적 수행 이외에도 인도의 급속한 경제성장이 미국경제에 미친 영향과[9]

---

[8] IAEA의 사찰하에 놓인 시설에서는 사용후핵연료 재처리가 승인되었지만 이 사찰 하에 놓인 것은 22기의 민생원자로 중에 14기뿐이다.

[9] 예를 들면 경제관계에서의 상호의존이 심화되고 미국기업의 대부분이 인도에 야

파키스탄과 달리 인도는 이제까지 핵무기 관련기술을 외부에 매각한 일이 없었다는 점을 들 수 있다. 이런 배경에서 핵무기보유국으로서 인도정부의 입장이 국제적으로 승인된 것이다.

그리고 미·인 원자력협정을 계기로, 그때까지 인도의 전력 중 3%를 점유하고 있었던 원자력 발전은 21세기 전반에 5~7%의 비율까지 증가할 것으로 예상된다.[10] 인도정부는 원자력발전에서 핵무기로 전용 가능한 기술을 취득했지만 이번에는 핵무장으로 얻은 국제적 입장에서 에너지원의 확보 등 다수의 현실적 이익도 얻으려고 하고 있으며 이미 '핵무장에 의한 효용'을 충분히 인식하고 있는 것 같다.

맺음말

이상 검토한 대로 독립 이후 인도의 핵무기에 대한 태도는 ① 핵무기 자체에 반대하는 입장에서 ② 핵무기취득을 위한 노력을 하고 대외적으로는 핵 억지와 핵 군비의 배비에 강하게 반대하는 입장을 거쳐 ③ 스스로 핵보유국='대국'임을 전제로 국제사회에서 그에 상응하는 대우를 받는다는 입장으로 크게 변화했다.

물론 핵무장을 통한 대국으로서의 특권적 입장 추구에 대한 비판은 인도 국내에도 다수 존재했고 핵실험을 한 해의 8월 6일에는 핵

간콜센터를 설치하고 있는 것도 더 이상 무시할 수 없는 사실이다.
10) The Economist Country Report, *"India"*, December 2008, p.24.

개발 파기를 요구하는 데모도 일어났다. 그러나 그러한 목소리는 인도정부의 현실 속에 파묻혔다. 특히 현재 인도정치는 연립정권이 이어지는 시대에 들어섰으며 정권에 참여하고 있는 정당은 정치문제가 산적한 가운데 자신들의 핵무기에 대한 입장만을 강조할 수 없다는 지적도 있다.11) 정당정치에서 명료한 정치성을 드러낼 수 없는 조건하에서 국민적 합의 형성은 매우 어렵다.

①의 입장이 인도독립운동 지도자 간디의 비폭력 불복종운동의 사상적 계승의 일환임은 말할 것도 없다. 간디는 1945년 8월 히로시마 원폭투하소식을 듣고 "원폭은 인류가 오랜 기간 유지해온 감각을 약화시켰다. 예전에는 전쟁에도 법이 있었기에 그나마 전쟁을 참아낼 수 있었다"며 원폭을 강하게 비판하였다. 또 "나는 원폭사용이 과학의 악용이라고 생각한다. …… 비폭력은 시대착오인가. 아니다. 오히려 비폭력만이 세계를 움직이는 것이다. 비폭력은 원폭이 파괴할 수 없는 유일한 것이다……. 대국 스스로 착취의사를 숨기지 않고 그 불가피한 결과가 원폭이라고 한다면 세계에 평화는 없을 것이다"라고 입장을 표명하여 핵시대의 도래에도 오히려 비폭력의 유효성을 강하게 호소하면서 핵무기 사용이 인도가 입었던 식민지지배의 논리의 연장선에 있다고 규정했다.12)

간디의 반핵자세는 인도정치에서 계승되었는데, 예를 들면 초대 수상 네루는 핵무기보유를 '인류에 대한 범죄'로 지탄하고 1954년

---

11) Pratap Bhanu Mehta, India: The Nuclear Policies of Self-Esteen, in Sumit Ganguly (ed.), *South Asia*, New York University Press, New York, 2006, p.23.
12) http://www.gandhimuseum.org/sarvodaya/biograghy/gndnonv.htm

미국에 의한 태평양 핵실험(실험 중에 제5 후쿠류마루(福龍丸) 사건발생) 후 정치가로서 처음으로 다양한 핵실험 금지를 주장했다.

독립초기 인도의 입장에는 단순한 핵무기 비판뿐 아니라 일국주의적 목적이 아닌 보편적 평화실현이라는 의도가 반영되었었다. 그러나 인도 역대정권의 핵무기에 대한 자세는 간디나 네루의 방침과는 점점 괴리되었고 현재 인도정부의 입장역시 크게 벗어나 버렸다.

제6장

파키스탄의 핵무기개발 문제와 그 위상

곤도 다카후미(近藤高史)

1. 핵개발 동기-인도와의 대립

1998년 5월 28일과 30일에 파키스탄은 총 여섯 차례의 핵실험을 강행했다. 파키스탄의 핵무기개발 계획추진의 중요한 배경으로 1947년 8월 인도·파키스탄 분리독립(이하 인·파 분리독립) 이래 이웃국가 인도와 대립관계에 있었다는 사실은 다시금 지적해 두어야 한다. 이번 핵실험에 앞서 동년 5월 11일과 13일에 인도가 핵실험을 실시하였고, 그 후 미국을 비롯한 많은 국가가 핵실험 단념을 설득했음에도 파키스탄정부도 핵실험 실시를 결정했기 때문이다. 또 파키스탄이 NPT에 가입하지 않은 사실도 인·파 대립의 문맥에서 거론된다.

주지하는 대로 양국의 대립은 분리독립과 함께 발생한 국민통합 문제에 기인한다. 독립 시 인도가 국민회의파의 지도하에 힌두교나 무슬림과 같은 특정종교에 입각하지 않는 '세속국가' 건설을 내세웠지만 파키스탄은 '영국령 인도 내 무슬림은 하나의 민족을 구성한다'는 '무슬림 민족주의'를 건국의 이데올로기로 삼아 국민통합을 꾀했다. 인도의 세속적인 국민통합이념은 '무슬림은 한 민족'이라는 입장을 전제로 한 파키스탄 국가존속의 정당성에 위협을 가하는 것이었다.

그러한 이념문제에 국경대립이 더하여 과거 세 번(1947, 1965, 1971년)에 걸친 무력충돌사태도 발생하였다. 특히 1971년 제3차 인·파분쟁에서는 국토의 약 20%, 인구의 약 60%를 점하는 동파키스탄주가 방글라데시로 독립함으로써 비지(飛地)[1] 국가를 지탱한 '무슬림은 한 민족'이라는 파키스탄의 국민통합 이데올로기조차 크게 흔들리게 되었다. 게다가 인도의 전력(戰力)은 파키스탄의 3배에 달해 통상전력에서 파키스탄이 불리한 입장이라는 것은 부정할 수 없다. 인도와의 통상전력차를 메우기 위해서라도 파키스탄정부가 핵무기개발을 하게 되었다는 데에는 대다수 식자가 의견을 같이 한다.

2. 우라늄 농축을 통한 핵무기개발로

파키스탄의 핵무기개발은 국내의 두 연구소에서 전개되었다. 하나는 1956년에 설립된 파키스탄원자력에너지위원회(PAEC, Pakistan Atomic Energy Commission)에서, 다른 하나는 파키스탄에서 '원폭의 아버지'로 불리는 압둘 카디르 칸(Abdul Qadir Khan) 야금박사가

---

[1] (역주) 행정구역 일부가 다른 행정구역에 점유되어 있는 땅.

이끄는 과학자·기술자 단체이다.2)

칸 박사는 카라치대학 졸업 후 유럽에 15년간 유학, 벨기에 루벤대학(University of Leuven)에서 박사학위를 취득한 후 네덜란드계 기업(Physical Dynamic Research Laboratory)에서 근무하였는데, 그 동안 그 회사에 영향력이 강했던 네덜란드 알메로(Almelo) 소재의 우렌코 컨소시엄(Urenco Consortium)사의 우라늄 농축 공장에서도 근무한 경험이 있다. 거기에서 칸 박사는 우라늄형 핵무기제조에 필요한 두 개의 우라늄 농축방식가운데 초원심분리장치를 이용하는 방식을 접한 것 같다. 1974년 5월에 인도가 핵실험을 행하자 강한 애국심의 소유자였던 그는 당시 파키스탄 수상 줄피카르 부토(Zulfikar Ali Bhutto, 재임 1972~1977)에게 보낸 서간에서 자신의 능력을 파키스탄의 우라늄 농축기술획득에 쓰고 싶다는 취지를 전했다고 한다. 1976년 귀국한 그는 플루토늄형 핵개발을 지향하는 PAEC에 배속되었지만 수개월 후 연구의 지연을 이유로 칸 박사는 PAEC로부터 독립하여 수도 이슬라마바드 부근의 카후타(Kahuta)에 건설된 우라늄 농축 실험공장을 거점으로 우라늄 농축 작업에 종사했다. 후에 이 공장은 칸 연구소(KRL, Dr. AQ Khan Research Laboratory)로 불리게 된다.

칸 박사는 KRL 창설로부터 6년 후 핵폭탄 제조에 필수불가결한 농축 우라늄 생산에 성공하지만, 예전에 소속했던 PAEC에 대해서

---

2) 칸 박사는 2004년에 원심분리기술과 폭발장치 등의 설계계획도를 '개인적'으로 '핵의 암시장'에 유통시켰다는 의혹이 제기되어, 파키스탄 정부는 자택연금을 시켰으나 2009년 2월 해제하였다.

는 '우라늄 농축과정에 필요한 6불화물 가스를 취득한 정도'의 역할 밖에 하지 않았다며 극히 낮은 평가를 했다. 박사는 특히 PAEC 소장 무니르 아흐마드 칸(Munir Ahmad Khan)을 비판하면서, 이 인물이 IAEA에서 근무한 경험에서 동 기구의 핵확산방지구상에 크게 공감하고 있었으며 파키스탄의 핵무장을 저지하려고 했다는 주장까지 하였다. 진위여부는 확실하지 않지만 이런 점은 파키스탄의 핵개발에 PAEC와 KRL가 일종의 경쟁과 대립관계에 있음을 추측하게 한다.

그러나 오히려 주목해야 하는 것은 두 기관이 공통으로 부토 수상이야말로 파키스탄에서 처음으로 핵무기개발 계획착수를 가능케 한 인물로 인정하고 있다는 점이다. 부토는 아유브 칸(Ayub Khan) 정권(1962~1969)에서 외상으로 재임 중이던 1965년, "인도가 원폭을 제조한다면 우리는 풀을 먹으면서라도 핵무기를 입수할 것이다"는 유명한 발언을 한 인물로 알려졌으며 1969년에는 다음과 같은 발언을 했다.

> 파키스탄에 대한 전쟁의 대상(代償)이 전면전쟁이 될 것은 당연하다. …… 우리들의 계획은 핵 억지에 있다. …… 만약 파키스탄이 핵계획을 제한하거나 중단하거나 하면 인도가 파키스탄보다 유리한 입장에 설 뿐 아니라 파키스탄의 과학 기술 발전도 현저한 제약을 받게 될 것이다.[3]

---

3) Zulfikar Ali Bhutto, *The Myth of Independence*, Classic Books, Lahore, 1995, p.153.

이처럼 핵무기 보유 의욕을 보였음에도 불구하고 재정사정으로 아유브 정권 시기 파키스탄이 핵무기개발에 본격적으로 착수하기는 불가능했고, 부토 정권 성립 후에야 본격적으로 착수하였다. 그 출발점은 1972년 1월 20일 부토가 중부도시인 물탄(Multan)에 국내 과학자들을 초대하여 개최한 집회였다. 거기서 부토는 장래 예상되는 인도의 핵무장화에 대항하기 위해 '3년 이내 핵분열' 기술취득을 호소하였다.

물탄 집회는 인도의 최초 핵실험 2년 전이며 이 시점에서 파키스탄정부는 인도의 핵무기개발 정보를 입수한 것으로 보인다. 그리고 인도가 핵실험을 행한 1974년 이후 파키스탄은 자국의 핵개발은 인도의 대항조치이며 인도가 핵무기개발에 집착하지 않으면 자신들도 그러지 않을 것이라며, 다분히 수동적인 핵무기개발 자세를 내보였다.

핵무기개발에 임해 부토가 최초로 직면한 문제는 핵폭탄개발을 행할 용지와 시설의 확보였다. 파키스탄의 핵개발 역사는 앞서 서술한 대로 1956년 PAEC 설립에서 시작하지만 이 위원회 설립은 핵의 평화적 이용, 특히 원자력발전시설 건설에 초점을 맞춘 것이었다. 1963년 파키스탄은 파키스탄 원자력과학기술연구소(PINSTEC, Pakistan Institute of Nuclear science and Technology)를 설립하고 미국에서 원자로를 구입했지만, 이것은 어디까지나 공학연구 등 평화이용 목적이었다. 또 PINSTEC에 의한 개발계획은 정체되어 있었고 창설 후 10년간은 현저한 연구성과를 내는 일도 없었다. 이는 우라늄 광산도, 중수제조설비도 없는 국내사정과도 관계가 있을 것이다. 파키스탄은 우선 자본 확보단계에서 인도와 격차가 컸고 자국 내에서 충분히 완결된 핵개발기술의 사이클을 구축하지 못했다. 따라서 파키스탄의 핵개발은 해외기술이전에 의존하지 않을 수 없다.

그런 의미에서 파키스탄 핵개발의 구체적인 첫 성과는 1965년에 캐나다와 체결한 카라치의 원자로건설협정으로 건설되어 1971년 조업을 개시한 최초의 원전 카라치원자력발전소(KANUPP, Karachi Nuclear Power Plant)이다. 그러나 KANUPP가 발전뿐 아니라 군사병기로 전용 가능한 플루토늄을 생산하고 있었기 때문에, 이 발전소는 국제관리를 받게 되었다. 또 KANUPP의 조업유지를 위해 파키스탄은 전문가 파견과 동시에 연료와 각종 부품조달까지 캐나다에 의존하고 있었다. 더욱이 1974년 인도 핵실험의 영향으로 남아시아에서의 핵확산방지에 대한 국제사회의 관심이 일거에 높아지고 KANUPP의 세이프가드 조치가 '불충분'으로 판단되어 이 발전소의 핵연료 보급은 정지되었다.[4]

이렇게 KANUPP의 핵무기개발이 어렵게 되자 PAEC는 프랑스로 눈을 돌리게 되었다. 1972년에 파키스탄정부는 프랑스정부에 플루토늄 농축을 위한 재처리시설 건설을 공식적으로 요청하고 양 정부 간 계약이 성립했다. IAEA도 1976년 2월에 이를 승인했지만, 재처리시설이 건설되지는 않았다. KANUPP와 마찬가지로 재처리시설

---

[4] KANUPP는 현재에도 조업을 하고 있지만 발전량은 1억 2500만kW이며, 이는 파키스탄 총발전량의 1%에 불과하다. 2001년에 중국의 원조로 펀자브 주의 차슈마에 2기 발전시설이 가동되기 시작했지만, 파키스탄 전력의 대부분은 화력과 수력에 의한다. Fazle Karim Khan, *Pakistan: Geography, Economu & Peaple*, Oxford University Press, Karachi, 2006, p.51.

이 국제 세이프가드하에 놓였음에도 미국정부가 파키스탄의 핵무기개발 기술획득을 두려워했기 때문이다. 당시 미국의 헨리 키신저 국무장관이 파키스탄을 방문하여 계획을 단념하도록 압박했지만, 부토는 핵개발이 어디까지나 평화적인 목적이라는 주장을 계속하였고, 이에 키신저는 공급원인 프랑스를 설득하여 계약을 파기시켰다. 공식적인 계약파기선언은 부토 정권붕괴 후인 1978년에 발표되었지만, 이때 프랑스는 '계약은 프랑스정부와 파키스탄 문민정부 간에 맺어진 것이며 현 군사정권과 맺은 것은 아니다'는 점을 계약파기 이유로 내세웠다.5)

파키스탄 정부가 캐나다와 프랑스의 협력을 얼마나 핵무기개발에 이용하려고 했는지는 여전히 불분명하다. 그러나 두 계획 모두 플루토늄을 생산하는 계획이었기에 이 일련의 계획이 실패로 끝난 후 파키스탄 정부는 플루토늄이용을 통한 핵무기개발의 길이 사실상 닫혔다고 간주하고 우라늄 농축에 의한 무기개발을 모색하게 되었다. 이렇게 해서 이 분야의 전문가로 알려진 칸 박사에게 핵무기개발의 기대가 모아지게 되었다.

이렇게 부토와 칸 박사라는, 두 명의 강한 주도자가 파키스탄의 핵기술개발의 단서를 열었다. 특히 칸 박사가 1975년에 알메로에서 농축공장의 기술을 도용하고 '우라늄 농축시설의 청사진과 원심분리기술을 파키스탄에 누설하고 필요 물자의 리스트를 작성했다'고 파키스탄의 식자들은 알고 있다. 칸 박사가 출두하지 않았던 1983

---

5) Zulfikar Ali Bhutto, *If I am Assassinated*, Classic Books, Lahore, 1979, p.136.

년 개최된 네덜란드 법정은 기밀정보도용의 죄목으로 그를 금고 4년형에 처했다.6) 다른 한편 칸 박사 자신은 "어떠한 위법행위도 하지 않았으며 스파이 행위도 한 적이 없다"고 주장하는 한편 "알메로에서 얼마간의 기술을 얻기를 원했다"는 사실은 인정하고 "나는 기술자로서 일이 어느 방향으로 움직여 가는지 이해하고 있었다"고 술회하였다. 서방제국이 플루토늄사용에 의한 파키스탄의 핵무장을 미연에 방지하고자 했던 시기, 파키스탄이 우라늄 농축을 향한 노선전환을 꾀했다는 것은 틀림없는 사실이다.

3. 핵무기개발의 진전과 국제환경

1975년에 원자력공급국의 핵확산방지조직 '런던 클럽'이 결성되었다. 런던 클럽은 파키스탄을 비롯한 NPT 비가입국에 핵물질과 기술의 금수조치를 적용했다. 또 미국정부는 1976년에 대외원조에 관하여 사이민턴 수정조항7)을 승인하여 파키스탄이 미국의 확산방지정책에 협력자세를 보이지 않는 한, 경제원조, 신용공여, 훈련공여 일체를 정지시키기로 하였다. 그러나 파키스탄의 핵무기개발은 필요물자와 부품을 하나하나 분산하여 조달하거나, 또 파키스탄의 주요 산업인 '섬유가공업'으로 칭하여 위장 구입하는 등 교묘한 수

---

6) 1985년 고법에서 이 판결이 파기되어 피고는 부재중인 채로 무죄를 선고받았다.
7) (역주) the Syminton Amendment. 보장조치 및 다른 확산방지조치에 따르는 경우를 제외하고 우라늄 농축설비, 물질, 기술의 이전 혹은 이입한 외국에 대하여 특정 경제적, 군사적 원조의 중지를 내용으로 하는 제재조치를 의무로 한다.

법을 통해 행하고 있었기 때문에 이 규제망을 빠져나가는 일도 가능했다. 파키스탄은 핵무기개발을 우라늄 농축형으로 전환시킴과 동시에 필요물자를 세분화하고 조달하는 방법을 채용해 간 것이다.

칸 박사도 "어떤 부품이든 국내제조는 불가능했다. 그 시도는 첫 단계부터 계획을 파기하는 것과 연결되었다. 우리는 필요한 모든 것을 오픈 마켓에서 입수하는 전략을 세웠다"고 표명하고 있다.[8] 이처럼 파키스탄으로서는 국산기술만으로 핵무기개발은 불가능했다고 할 수 있다.

1979년 4월 CIA가 이러한 파키스탄의 수법을 알아채고 미국의회에 우라늄 농축시설이 카후타에 속속 건설되고 있다고 보고하기 전까지, 파키스탄의 계획은 극비리에 추진되었다. 그때까지 미국은 사이민턴 수정조항에 기초하여 대파키스탄 경제제재를 발동했지만 같은 해 말 소련의 아프가니스탄 침공이 발발하자 미국의 핵확산방지정책은 부득이 중단하게 되었다. 파키스탄의 협력 없이는 아프가니스탄에서의 반공 게릴라 세력을 지원할 수 없었기 때문이다. 뿐만 아니라 1981년 9월에는 미국이 총액 32억 달러를 넘는 파키스탄 원조를 실시할 것을 정한 합의도 성립했다. 소련의 진출저지를 위해 파키스탄의 협력확보를 우선한 것은 핵확산방지가 미국에게 2차적인 관심으로 후퇴한 것을 의미한다.

다만 미국의 대파키스탄 자세가 유연해졌다고 해도 기존의 수출규제는 그대로 유지되었기 때문에 파키스탄의 핵무기개발 계획은

---

8) Owen Bennett Jones, *Pakistan*, Vanguard, Lahore, 2002, p.202.

앞서 말한 물자조달수법에 더욱 치우치게 되었다. 유럽과 동아시아에 다수의 위장회사가 설립되었고, 재외공관의 외교행낭(diplomatic pouch)이 세관의 적발을 피하는데 이용되었다. 규제를 빠져나가는 파키스탄의 독자적인 수법은 확실히 자금 면에서는 고비용이었지만, 그 대신 핵무기개발을 위한 물질적 조건을 파키스탄에 착실히 갖추게 되었다.

이렇게 하여 1978년까지 칸 박사는 우라늄 농축기술을 발전사업에 필요로 하는 3% 수준까지 끌어올렸다. 이것을 원폭제조에 사용하기 위해 93% 이상 농도를 올리는 것이 다음 목표가 되었는데, 이를 위해서는 더욱 복잡한 고속원심분리기술을 생산할 필요성에 쫓기게 되었다. KRL의 과학자는 이 기술과제에 착수하여 1982년까지 파키스탄은 핵폭탄에 사용가능한 고농축 우라늄을 충분히 제조할 수 있는 능력을 취득한 것으로 보인다.[9]

1989년 소련이 아프가니스탄에서 철수하자 미국은 재차 파키스탄에 대하여 핵확산방지정책으로 되돌아간다. 특히 미국 의회는 1990년 프리슬러 수정조항(Pressler Amendment)[10]에 이어 1998년에는 글렌 수정조항(the Glenn Amendment)으로 파키스탄의 핵무기개발을 저지하려고 했다. 그러나 두 수정조항이 성립하기 오래전에 파키스탄은 이미 핵무기제조가 가능한 수준까지 기술적인 능력을

---

9) Robert F. Mozley, *The Politics and Technology of Nuclear Proliferation*, University of Washington Press, Washington, 1998, pp.188~189.
10) 대통령이 의회에 대해 보증하지 않으면 파키스탄 원조를 할 수 없도록 하는 조치로, 대통령이 파키스탄의 핵개발을 묵인하면 원조유지를 가능하게 하는 조치로도 해석할 수 있다.

높이고 있었다.

　파키스탄은 종종 구미제국의 남아시아 핵무장방지정책이 차별적이며 인도에 대한 규제가 파키스탄에 대한 규제보다 느슨하다고 주장해 왔다. 그러나 핵무기개발과 관련하여 파키스탄이 인도에 비해 강한 국제적 압력에 노출되어 온 것이 사실이라 해도 구미제국과 비교해 파키스탄을 차별해 왔다는 주장은 문제가 있다. 오히려 파키스탄의 핵무기개발 계획이 외국으로부터의 조달에 크게 의존하는 형태로 진행되어 온 결과, 필연적으로 국제적인 압력에 직면하게 된 가능성이 높아진 것이 옳은 견해다.

　칸 박사가 1982년 부토의 뒤를 이은 군인 대통령 지아 울 하크(Zia al-Haq)에게 핵탄두 제조에 착수할 것을 호소한 결과, 파키스탄은 핵탄두의 제조를 새로운 목표로 삼았다고 전해진다. 칸 박사에 따르면 2년 뒤인 1984년에 거의 완성되었고, 대통령의 측근이 비밀리에 입수한 그의 논문을 PAEC에 넘기고 PAEC는 카후타 계획에 기초하여 핵탄두 제조에 성공했다고 한다. 이에 대해 PAEC는 1974년에 이미 핵탄두 제조 계획에 착수하라는 명령을 받았다고 주장했다.

　이렇듯 파키스탄의 핵개발은 PAEC와 KRL 쌍방에 의한 것으로 보이는데, 양자 중 어느 쪽이 핵무기 제조에 공헌했는지는 불분명하다. 그러나 PAEC의 그늘에 가려서 카후타에서의 개발이 장기간에 걸쳐 외부로 유출되는 일 없이 수행되었다는 것은 확실하다. 이와 관련하여 지아 울 하크 대통령이 외국 정보기관에 의한 적발을 꺼려 핵무기개발을 두 기관이 동시에 수행하도록 했다는 지적도 있다. 어찌 되었든 미국의 일관성 없는 핵정책이 파키스탄의 핵무장에 영향을 끼쳤다는 사실은 부정할 수 없다.

[도표 6-1] 파키스탄의 주요 핵관련 시설

[출전] Fazle Karim Khan, *Pakistan : Geography, Econory & People*, OUP, karachi, 2006, pp.121~155.를 참조하여 필자작성. 도표의 시설 외 복수의 시설이 존재한다는 정보도 있지만 불분명하여 게재하지 않았다.

4. 핵 억지론과 미사일개발

파키스탄의 핵무기는 분명히 인도를 가상의 적으로 삼아 개발되었다. 파키스탄 정부의 핵정책에 관한 자세를 드러낸 문서로 1999

년 10월에 파키스탄 외무성 관계자 3명이 투고한 신문기사가 주목된다. 그 기사는 남아시아 핵 억지의 유효성을 설명하면서 파키스탄이 핵무기 보유로 인해 인도의 강대한 통상병기에 대해 균형을 유지할 필요가 없어졌다는 사실을 강조한다. 그리고 파키스탄은 인도가 주장하는 핵의 선제불사용에 응할 필요는 없다고 언급하고 있다.[11]

핵실험 다음 해 쿠데타로 정권을 장악한 페르베즈 무샤라프(Pervez Musharraf) 정권도 이러한 자세를 답습했다.[12] 군인이었던 무샤라프는 파키스탄이 통상병기 수준에서 인도와 대등하게 되는 것을 곤란하게 여겼던 것 같다. 이것은 '통상병기에서 인도에 비하여 열세를 부정하지 않는 파키스탄은 핵무기 선제사용권을 갖는다'는 사고에 기반하고 있다. 서방 핵보유국 사이에서는 우발적인 핵전쟁 돌입을 피하기 위해서 핵보유국 간 '충분한 투명성' 확보를 중시하지만, 파키스탄에서는 핵무기 관련 정보공개나 투명성 확보는 오히려 자국의 핵 억지 효과를 손상시킨다고 파악한다. 게다가 설령 핵무기 사용 가능성이 높아지는 경우 인도가 파키스탄의 선제공격 능력을 약화시키는 군사행농에 나서는 것도 예상된다. 따라서 파키스탄은 제2격으로서 보복능력을 지닐 필요가 있다. 파키스탄이 말하는 '최저한의 핵 억지력'이란 선제공격과 제2격 능력의 보지(保持)를 의미하며 따라서 파키스탄의 핵무기고를 국내각지에 분산시키는 것도 이해할 수 있다.

---

11) *Dawn*, October 5, 1999, A1.
12) 2008년 성립한 자르다리 정권도 이를 부정하지 않는다.

파키스탄이 어느 시점에서 핵탄두를 미사일에 탑재했는지는 분명하지 않지만, 파키스탄에는 세 개의 미사일 시스템이 있다. 첫째는 하트프(HATF)인데, 중국의 협력으로 건설된 하트프 1이 신뢰도가 가장 높다고 한다. 하트프 1을 사용한 최초의 실험은 1988년 4월에 행해졌는데, 이 미사일은 군 계획 담당자에게는 옵션이 적고 항속거리도 80km로 상대적으로 짧았다. 이때 항속거리가 300km인 하트프 2의 실험도 동시에 행해졌다. 정확하게 표적에 착탄하는 신뢰성이 떨어지고 중거리 미사일인 하트프 3의 경우는 실험단계에서 충분한 성과를 내었다고 하기 어렵다.

하트프로는 핵탄두 운반이 곤란하다고 여겨졌기 때문에 파키스탄은 별도의 미사일 입수를 꾀하였는데, PAEC가 중국으로부터 중국제 M11미사일을 입수하여 개조한 것이 샤힌(Shaheen)이다. 1999년에 실험이 행해진 샤힌 1은 항속거리가 500km이고, 샤힌 2는 2500km까지 항속거리가 늘어났다.

파키스탄의 미사일 개발에서도 핵개발 분야처럼 PAEC와 KRL의 대립관계가 나타난다. 중국을 중시한 PAEC에 대항하여 별도의 루트를 모색한 칸 박사는 북한의 기술을 이용하여 가우리 미사일을 완성시켰기 때문이다. 이는 북한 로동 미사일의 부품을 조달하여 파키스탄에서 재조립한 것인데, 그 담보로 파키스탄은 자금과 쌀을 북한에 제공한 것으로 알려졌다. 가우리 1은 1998년 4월에 최초 실험이 행해졌는데, 칸 박사에 따르면 핵탄두를 1500km 운반가능하다고 한다. 뒤이어 개발된 가우리 2, 3은 북한에 의한 설계에 카후타가 개량한 것이다. 가우리 2의 항속거리는 2000km에 이르며 이

것으로 인도 전역이 사정권에 들게 되었다고 여겨진다. 그러나 1999년 4월 최초의 개발시험은 실패로 끝나고 미사일이 이란 영내로 떨어지는 사건도 발생했다. KRL은 항속거리 3000km인 가우리 3의 개발계획도 가지고 있다고 한다.

미국은 파키스탄에 핵기술뿐 아니라 미사일 기술의 확산방지를 꾀했지만 수포로 돌아갔다. 1991~93년 사이에 미국정부는 미사일기술통제체제(MTCR, Missile Technology Control regime)에 반하여 M11의 기술을 파키스탄에 이전했다는 이유로 중국에 경제제재를 하였다. 그러나 1970년대 핵확산방지 노력이 소련의 아프가니스탄 침공의 영향으로 좌절된 것처럼 이번에도 중국과 양호한 관계를 구축하고자 하는 미국의 사정이 우선시되어 중국에 대한 경제제재는 결국 해제되었다.

이상 인도의 '위협'을 전제로 진행된 파키스탄의 핵무장에 대하여 국제사회는 그 위험과 모순을 설득하기는커녕 오히려 정치적 문맥에서 묵인해 왔다. 또 파키스탄이 핵무기개발에 들인 금액을 명시한 데이터는 없지만 1998년까지 40~50억 달러, 일설에는 GDP의 0.5%가 핵무기 관련사업에 투입되었을 것으로 추정하고 있다.[13]

---

13) Mahmud Ali Durrani, *India & Pakistan: The Cost of Conflict and benefits of Peace*, Oxford University Press, Karachi, 2001, pp.31~32.

5. 파키스탄의 핵관리 능력

앞에서 서술한 대로 파키스탄의 핵무기개발의 독자성은 필요한 물자와 기술을 국제적으로 조달한 점인데, 인도의 공격에 대비하기 위해 핵관련 시설을 국내 각지에 분산시키고 있다는 점도 특징이라 할 만하다. 즉 발전로, 플루토늄연구로, 재처리시설, 우라늄 농축시설, 핵실험장이 영토 내에 산재하는 형태로 배치되어 있고, 중앙의 관리가 엄중하지 않은 만큼 우발적인 핵폭발 위험이 크다.

파키스탄의 핵관리 능력에 대한 의문은 서방의 핵보유국으로부터 지금까지 몇 번이나 제기되어 왔지만 파키스탄 내부에서는 별달리 논의되지 않았다. 오히려 파키스탄의 정부 관계자나 핵과학자들은 서방의 그러한 의심에 대부분 '서양인만 핵무기를 관리할 수 있다는 것인가'라는 태도를 보이며, 핵관리의 문제점을 도마 위에 올리는 일은 거의 없었다. 그러나 핵개발에 직접 관여한 칸 박사 자신도 아래와 같이 인정하고 있다.

> 기술적 문제나 오작동과 같은 우발적 사고에 따른 핵전쟁 위험이 존재하며 우발적으로 핵무기를 작동시킬 위험도 있다. 핵전쟁은 명령에 따라서가 아니라 인위적 실수나 광기에 의해서도 발생한다. 무기조작에 책임을 가진 인물이 광기에 휘둘려 적에 대한 핵공격이나 즉자적인 보복을 가할 가능성도 있기 때문이다.[14]

---

14) S. Shabbir Hussain and Mujahid Kamran (eds.) *Dr. A. Q. Khan on Science and Education*, Sang-e-Meel, Lahore, p. 28, quoted.

남아시아에서의 핵사용의 위험성으로 3가지 유형을 생각할 수 있다.
① 인·파가 계획적으로 핵무기를 사용함.
② 양국이 우발적으로 핵전쟁에 돌입함.
③ 권위를 갖지 않는 누군가에 의해 핵무기고가 사용됨.

①에 관한 중요한 문제는 핵단추를 누가 관리하고 있는가이다. 핵무기 사용의 최종 결정은 국가원수가 한다는 것이 일반적인 견해인데, 지금까지 파키스탄 정치의 전개를 보면 어느 문민수상도 위기적 상황에서 군사령부와 대립하지 못했다. 또한 설령 수상이 핵사용 결정을 내렸다고 해도 육군참모총장(군 최고사령관)과의 협의 없이는 어느 정부관계자도 결정에 따르기는 어려울 것으로 보인다. 오히려 군 상층부에 단독으로 핵무기 사용을 결정할 수 있는 권한이 있다고 여겨진다. 특히 정치사의 반 이상을 군정이 점하는 파키스탄에서는 군인이 대통령직을 겸임하는 상태가 오래 지속되고 있으며 파키스탄에서의 문민통제확립 정도는 매우 애매하다.

게다가 부토 정권 초기와 달리 군의 핵 장악력은 더욱 강고해지고 있다.[15] 사실상 핵을 장악하고 있는 것이 군이라는 실태는 1998년 핵실험 후 외국의 대응에서도 알 수 있다. 예를 들면 1998년 여름에 미국은 주케냐 미국대사관 폭파사건에 대한 보복으로 아프가니스탄의 훈련캠프를 공격했는데, 아프가니스탄을 향한 미사일이 파키스

---

15) Devin T. Hagerty, "The United States – Pakistan Entente: Third Times's a Charm?", in Craig Baxter (ed.,) *Pakistan on the Brink: Politics, Economics, and Society*, Oxford University Press, Karachi, 2004, pp.8~9.

탄 상공에 들어가면 파키스탄 정부가 인도에 의한 공격으로 오해할 소지가 있기 때문에 미국은 파키스탄에 그러한 취지를 해명할 필요성이 있었는데, 미국 측이 협의상대로 선택한 것은 나와즈 샤리프(Muhammad Nawaz Sharif) 수상이 아니라 군 상층부였다. 파키스탄 내부 권력관계에 대한 미국의 인식을 엿볼 수 있는 사례이다. 또 2007년에 암살된 베나지르 부토(Benazir Bhutto)도 자신의 수상재임 중 핵시설 방문조차 용인되지 않았다고 불만을 터뜨린 일이 있다.

다만 핵무기개발 계획에 대하여 문민정치가가 중요한 결정에 관여하고 있는 것은 확실하다. 앞서 서술한 대로 핵무기개발 계획을 개시한 인물은 부토였으며 그의 딸 베나지르도 그것을 계승하여 재임 중에 북한과도 거래하였다. 나와즈 샤리프는 핵실험을 실제로 행한 인물이다. 파키스탄이 핵무장에 이른 배경으로 장기화하는 파키스탄 군정과의 관련이 논의되지만, 여기서 알 수 있듯이 핵무기개발의 중요한 고비가 문민정권기였다는 사실은 흥미롭다.

그러나 문민정권이 핵무기개발에 적극적인 관여가 가능하게 된 것은 모두 군의 의향에 따라 결정되었기 때문일 것이다. 설령 군의 입장에서 핵에 관하여 찬동할 수 없는 결정을 문민정권이 내린 경우 군 상층부가 그것을 수락했을지는 의문의 여지가 크다.[16]

---

[16] 핵무기사용에 관한 결정권이 군에 있다는 견해를 부정할 수 없는 한편, 군의 '독주'를 방지하기 위해 설치된 기관도 일단 존재한다. 국가지령부(National Command Authority)라고 불리는 이 기관은 2000년 2월에 설립되었다고 한다. 이 조직에는 문민도 포함되며, 외무장관(항상 문민이었음)은 NCA에 참가권뿐 아니라, 이 기관의 부의장으로서 역할도 갖는다. 그러나 NCA 9인중 6인은 군인이며, 그들은 군의 합동사령부에 설치된 전력계획부(Strategic Plans Division)를 통하여 중요한 군

인도와 파키스탄 사이에 핵무기에 관한 사전경고 시스템 부재에 더하여 이러한 관리체제 실정은 파키스탄 정부가 말하는 '핵 억지'의 구상마저 흔드는 것이며, 남아시아에서 핵무기 우발사용의 위험은 무시할 수 없는 우려를 낳고 있다.

6. '핵'에 대한 국민의 반응

핵실험 다음 해인 1999년에 인·파의 분쟁지인 카슈미르의 카르길에서 인·파 군사 충돌이 발발했다. 핵실험 후 양국의 긴장이 가장 높아진 시기였는데 일촉즉발의 위기상황에서 파키스탄의 상원 지도자로서 종교문제 담당장관이었던 라자 자파르 알 하크(Raja Zafar al-Haq)는 공공연한 핵사용을 "무엇을 위해 핵무기를 제조했는가? 목에 칼이 들어온 상황에서조차 손을 댈 수 없는 신성물일 수는 없다"[17]고 표명하고 있다.

다소 감정적인 발언이었음을 감안하더라도 하크가 내각의 파키스탄 방위위원회의 일원이었음을 생각하면 이 발언은 좀 더 심각하게 생각해야 할 것이다. 실제 카르길 분쟁기간 중에는 핵이 배치되지는 않았지만, 이 발언에서 알 수 있듯이 파키스탄 국민의 대부분은 핵실험을 환영하고 있으며 핵보유로 국가의 안전보장이 강화되

사문제에 관한 지휘명령체계를 담당하고 있다. 이 부서는 핵사용 명령을 받을 시에 사용의 적절여부를 판단할 뿐 아니라 부적절 혹은 우발적인 사용을 방지하는 체제수립도 담당하고 있다. Jones, op. cit., pp.210~211.

17) Dawn, July 1, 1999, A1.

었다고 여겼다. 이것은 파키스탄의 핵보유가 NPT체제와 남아시아의 지역적 불안정화를 가져온다는 서방국가의 맹렬한 비난을 받은 것과는 대조적이다.

한편 파키스탄이 '핵보유국'이 된 데 대해 일부에서는 '이슬람이 핵폭탄을 보유하였다'는 담론도 유포되었다. 확실히 실험 직후에 사우디아라비아와 같은 CTBT 조인국이 '파키스탄은 무슬림 세계가 서양의 과학에 필적할 능력이 있음을 보여주었다'는 취지로 축사를 보낸 사실을 보면 이러한 견해를 증명하는 것 같다. 또한 2001년 9월 미국 동시다발테러 이후 아프가니스탄 폭격으로 파키스탄 국민 사이에는 폭격에 목숨을 잃은 아프가니스탄 국민들에 대한 종교적 동포의식이 강화되었고, 이를 반영하여 정부의 핵무기 보유에 대해 긍정적인 반응도 확인되었다. 즉 인도에 대한 대항의식뿐 아니라 파키스탄이 식민지시대 이래 서구에 의한 지배에 종지부를 찍는 수단을 획득했다고 받아들이는 여론이 형성되어 왔음도 부정할 수 없다. 그러나 적어도 핵실험 지지가 핵보유 자체에 대한 국민의 지지를 의미하는지는 의문이 남는다.

지금까지 검토한 대로 파키스탄의 핵무기개발은 원자력발전 등 핵의 평화적 이용의 연장선상에서 진행되어 온 것은 아니다. 따라서 핵무기 보유는 일시적인 국민감정 고양에 위력을 발휘할 수 있었지만, 장기에 걸쳐 계속될 것은 아니며 오히려 대다수 국민의 관심사는 눈앞의 생활이었다. 정전이 일상화된 생활을 하는 국민에게 전력 공급과 직결되지 않는 핵문제는 더 이상 일상적으로 의식되는 문제가 아니다. 1998년에는 핵실험을 환영했던 국민 대부분이 그 이듬해 군부 쿠데타에 반발하지 않고, 핵실험을 수행한 나와즈 샤리프 정권을 '버린' 일은 핵무기 문제가 국민의 의식 속에 뿌리를 내리고 있지 않는 실태를 보여주는 것은 아닐까.

또한 핵무기가 가져오는 참사가 국민수준에서 이해되고 있지 않은 점도 부언해 두어야 한다. 핵무기는 강력한 무기로서의 측면만 부각되고 잔류방사능이나 그것이 가져오는 후유증에 대해서는 핵실험 후 10년 이상이 지난 오늘날조차 충분히 인지되고 있지 못하다.

맺음말 – 핵기술 유출의 우려

2008년 말 펀자브 주 수상 샤바즈 샤리프(Shahabaz Sharif, 나와즈의 동생)는 라호르 강연에서 "부토가 파키스탄 핵계획의 창시자이며, 나와즈 샤리프가 이 계획을 완성시켜 실험을 하였다"고 표명했다.[18]

파키스탄에서는 이때까지 어느 정권도 임기를 끝까지 마친 예가 없다. 그 정도로 격렬한 정치변동을 경험한 파키스탄에서는 앞 정권의 정책이 다른 정권에 의해 부정되는 일은 매번 반복되어 왔다. 그런 중에 샤바즈의 발언에 보이듯이 핵무기개발은 부토 이래 파키스탄 역대정권이 일관되게 추진해온 특수한 분야이다.

핵무기개발이 계속적으로 추구되어 온 배경에는 미국의 일관성이 결여된 '즉흥적인' 핵확산방지정책 외에도 약 3배의 통상전력을 보유한 인도의 우위성을 상쇄하는 수단으로 핵무기가 자리매김 되

---

18) *The Nation*, December 26, 2008, A1.

없다는 것은 이미 서술한 대로이다. 파키스탄 정부는 인도가 핵을 보유하는 한 자국도 보유한다는 입장을 내외에 표명하고 있다. 따라서 파키스탄의 핵정책은 인도에 대한 '수동적인' 부분도 크다. 때문에 인도의 태도에 따라 핵무기의 규모확대나 고도 개발을 향한 정책을 정지할 가능성은 남아있다.

그러나 현재 파키스탄의 핵무기 문제는 '관리'의 문제로 옮아가고 있다. 핵실험 이후 파키스탄 정권은 나와즈 샤리프 정권에서 무샤라프 정권을 거쳐 현 자르다리(Asif Ali Zardari) 정권으로 이어졌지만 어느 정권도 자국의 핵확산방지정책에는 문제가 없다고 주장하고 있다. 예를 들면 1999년 3월에 파키스탄정부는 핵기술 이전에 한층 더 규제를 더하여 PAEC에 대해 '발전목적을 포함한 핵물질, 방사성물질, 그 제조에 이용되는 부품, 핵에너지의 사용, 혹은 적용' 어느 것도 유출을 엄중히 조사하도록 요구, 핵확산방지에 개입하고 있음을 내외에 강조했다.

현재 우려되는 것은 칸 박사가 '핵의 암시장'에 관여하고 있다는 점으로 두바이나 콜롬보 등 중동·남아시아의 도시가 무대가 되고 있는 사실에서도 알 수 있듯이 파키스탄의 핵관련 기술이 이들 지역으로 확산되고 있다는 점이다.

이러한 우려는 사실 파키스탄이 핵무기개발에 착수하기 시작한 시기부터 존재했다. 부토가 핵무기개발에 임하여 리비아, 사우디아라비아에 접근하여 핵무기개발을 추진하는 대신 자금제공을 요구한 일이 있었다.[19] 1999년에는 사우디아라비아의 왕자와 국방장관이 카후타를 방문한 일이 있다. 이 방문계획의 의도는 불분명하고 파키스탄정부는 방문 사실 자체를 부정하려고 했다. 2000년 5월에는 아랍에미리트(UAE) 정보장관이 역시 카프타를 방문했다. 이 방문으로 칸 박사는 "폭탄에 대해 답변할 수는 없지만", UAE의 인재 육성에 공헌할 수 있다고 답변했다고 한다.

특히 2001년 미국 동시다발테러 이후 국가 간 차원에서 핵확산에 대한 우려에 더해 정부 이외의 단체가 핵기술을 입수할 가능성도 심각하게 여겨지고 있다. 테러 이후 '테러와의 전쟁의 전선(前線)'으로 규정된 파키스탄은 대미협력에 의한 경제원조, 미국의 테러자금원 조사강화에 따라 갈 곳을 잃은 (불분명해진) 자금의 유입으로 일시적으로 경기가 좋아지기도 했다. 그러나 그 후부터 외화준비고도 감소일로를 걷고 있다. 2004년에 발각된 '핵의 암시장'의 문제에 파키스탄정부가 전혀 무관했다고 생각하기는 어렵고, 파키스탄 경제가 곤란에 직면할 때 재차 파키스탄정부와 핵무기개발 관계자가 핵 관련 기술을 매각할 것이라는 강한 우려를 낳는다.

---

19) John Kaniyall and Savita Ponde Sreedhar, *Pakistan after Zia*, ABC Publications, Delhi, 1989, p.61.

제7장

이란 핵문제의 근저

국내외 정세 변화의 틈바구니

요시무라 신타로(吉村愼太郎)

들어가는 말

이란 핵문제의 전개양상을 기승전결식으로 말해보자. 우선 2002년 8월 14일에 나탄즈(Natanz)와 아라크(Arak)에 각각 우라늄 농축시설과 중수제조시설이 비밀리에 건설 중임을, 국민저항평의회(NCRI, National Council of Resistance of Iran) 미국대표부가 발표한 것이 의혹발각의 '기'이다.[1] 같은 해 말 미국정부가 이 기자회견의 발표내용을 확인하고 그것을 받아들여 국제원자력기구(IAEA)·EU 3국(영국, 프랑스, 독일)과 하타미(Mohammad Khatami) 정부사이에

---

1) 이 정보 자체가 제3국에서 들어온 것이라는 기자회견내용은 http://www.iranwatch.org/privatevies/NCRI/perspex-perspex-ncri-topsecretprojects-081402.htm; 또 NCRI는 당시 구미 7개국에서 '테러조직'으로 분류된 이란반체제 조직 '모자헤디네 하르크'의 정치부로 알려졌는데, 그로써 정보의 신뢰성에 더해 이란이 구미의 이중기준적인 입장이라고 비난하는 근거가 되기도 한다. 기자회견을 행한 자파르자데(Alireza Jafarzadeh)는 주8에 언급한 책의 저자이기도 하다.

교섭이 실시되었다('승'). 그러나 2005년 8월 성립한 아후마디네자드(Mahmud Ahmadinejad) 정부의 강경자세에 IAEA가 유엔안전보장이사회에 심의를 부탁하고 안보리의 제재결의 채택으로 사태는 긴박한 상황으로 '전'하여 간다. 문제발각에서 이미 6년 이상이 경과한 지금도 해결을 향한 '결'론이 보이지 않는다.

이상 약술한 전개에 별다른 오류는 없지만 이것만으로는 이란 핵문제의 표면적인 이해라고 할 수 있다. 왜냐하면 이 문제의 추이에 끊임없이 관여하면서 사태를 복잡하게 만드는 이란 국내 정치사회의 정세와 이란을 둘러싼 국제관계가 드러나지 않기 때문이다.

따라서 본 장은 우선 핵문제와 밀접하게 관련된 이란 국내의 특수한 사정을 개관하고 대미관계에 착목, 나아가 정권지도부 내의 당파 대립을 고찰하겠다. 그리고 최근 수년간의 전개양상을 추적한 뒤에 이란 핵문제가 품고 있는 특성과 해결을 향한 과제의 조건을 추출하고자 한다.

1. 핵개발을 추진하는 국내 배경

핵개발 계획 발각 이래 일관된 이란정부의 주장은 이번 계획이 "평화목적의 원자력 연구, 생산 및 이용을 발전시킨다 …… 전 체약국(締約國)의 빼앗길 수 없는 권리"라고 명시한 핵확산방지조약(NPT) 제4조에 기초한 합법적인 계획이라는 것이다. 그 점에서 보면 확실히 "NPT에서 탈퇴하고 공공연히 핵무기 제조·보유를 지향하는 북한의 경우와 다르다."[2] 또 NPT 비가맹국이면서 이미 핵무기를 제조·보유하고 있는 인도·파키스탄이나, 핵의 '선제불사용'을 표명하면서도 실제 핵무기보유가 확실한 이스라엘의 경우와도 성격이 다르다.

그런데 핵개발 관련 활동의 불투명성과 함께 막대한 석유와 천연가스자원의 혜택을 받고 있는 이란에 원자력의 평화이용, 즉 원자력발전소건설이 필요한지에 대한 의문이 제기된다. 이 의문이 이란의 '핵무기'개발 근거의 일부를 구성하고 있는 것도 틀림없다.[3] 확실히 이란의 천연가스 매장량은 세계 제2위, 석유 매장량도 세계 제4위이며 거기서 나오는 국가수입도 거대하다. 예를 들면 석유·천연가스 수출액은 2005년도에 488억 달러로, 전년대비 120억 달러가 늘었으며, 전 수출액의 81%를 차지한다. 덧붙이면 수입총액이 2005년도에 400억 달러(전년보다 28억 달러 증가)로, 수입총액을 충분히 웃돌 만큼 에너지 수출수입이 있다.

이러한 상황임에도 이란 정부가 굳이 핵개발을 밀어 붙이고 원전건설에 고집을 부리지 않으면 안 되는 국내사정이 있다. 먼저 감모(減耗)자원의 수출입을 둘러싼 여러 가지 조건을 들 수 있다. 예를 들면 2005년 총 원유생산량의 약 35%(5억 3200만 배럴), 천연가스의 약 68%(1000억 ㎥)가 국내 소비용이다. 원유생산이 주춤하는 가운데

---

[2] 다테야마 료지(立山良司) 「중동의 핵확산 현상과 문제점(中東における核擴散の現狀と問題点)」 『아시아연구(アジア研究)』 Vol.53, No.3, 2007년 7월, 57쪽.
[3] 현재 이란문제 연구자 아프라시아비가 이 주장이 '근거가 결여된' 것이라고 반론을 제기하고 있다: Kaveh L. Afrasiabi, *Iran's Nuclear Program: Debating Facts Versus Fiction*, Booksurge, Charleston, 2006, pp.19~20.

확대일로를 보이는 국내 소비량을 반영한 수치라고 할 수 있다. 또 의외로 잘 알려지지 않았지만, 자동차 대수가 급증(2001년 45만대에서 2005년 200만대)하였고, 석유 정제시설의 노후화·부족으로 휘발유 공급도 국내 소비를 감당하지 못하고, 2001년도에 28억 4000만 리터, 2005년도에 91억 6200만 리터를 수입하였다.4) 이상의 조건은 모두 석유·천연가스 산출국인 이란의 경제적 족쇄가 되고 있다.

더욱이 이러한 상황과 무관하지 않은 두 번째 사정으로는 인구문제와 관련된 조건을 들 수 있다. 이란은 1986년에 3.9%라는 매우 높은 인구증가율을 보였고, 이후 1~2% 전후의 성장률을 유지하였지만 2001년에 6450만 명이던 인구가 2005년에 약 6850만 명에 달했다. 중요한 것은 특히 이란이 청년사회라는 점이다. 연령별 인구 구성에 따르면 19세 이하 인구가 총 인구의 51%(29세 이하는 67.9%)를 차지하기에 청년층의 일자리 창출과 이를 위한 새로운 산업기반 육성이 급선무이다. 국가의 필요재원을 외화수입의 70~80% 가량인 석유·천연가스의 수출에 의존하는 이란의 현실에서 보면, 앞서 서술한 수출량 확대에 따른 수입증가 외에는 별다른 전망이 보이지 않는다. 총 발전량의 91%를 차지하는 기력(汽力), 컴바인드 사이클형 등 화력발전에 의존하는 현 시스템을 원전도입으로 전환하고, 이제까지 소비되어 온 석유·천연가스를 수출용으로 돌림으로써 증수를 꾀하고자 하는 것이 검토되고 있다.

---

4) 이상의 데이터 출처는 다음과 같다; *Iran Statistical Year Book, 1384 (March 2005-March 2006)*, Statistical Center Of Iran, Tehran, 2007.

더하여 세 번째로 총인구의 주류를 점하는 '혁명을 모르는' 청년층의 동향이, 정권으로서는 심각한 우려요소라는 것도 지적해 두어야 한다. 1979년 혁명은 고사하고, 고(故) 호메이니(Musavi Khomeini, 1989년 서거)나 현재 최고지도자인 하메네이(Ali Khamenei)의 위광조차 경시하기 일쑤인 청년들은 경제적 불만과 장래에 대한 불안에 더하여 현 체제의 '표현·언론의 자유'에 대한 제약에 강한 불만을 품고 학생운동에 몸을 던지고 있다. 정부의 대응에 따라 그들의 동향이 현 이슬람 체제에 심각한 정치위기로 발전할 가능성도 부정할 수 없다.

　따라서 이란국민의 경제적 불만과 핵개발 정책지지가 일체적이라는 데도 수긍이 간다. 예를 들면 미국의 어떤 NPO가 2007년 6월에 1000명의 이란인을 대상으로 실시한 조사에서는 약 80%가 현 경제상황에 불만을 품고 있으며, 92%가 핵에너지 개발을 지지하고 있다. 핵무기개발에 대한 지지도 52%를 웃돌고 있다.[5] 최고지도자 하메네이가 거듭 '핵무기는 이슬람법에 위반된다'는 입장을 명확하게 표명하고 있으며,[6] 정부도 핵개발의 평화이용을 재차 주장하는 것을 감안하면 이란의 핵개발 계획을 곧바로 핵무기개발로 연결시키는 것은 현지사정을 충분히 반영하지 않았다는 것을 위의 조사결

---

[5] 그 외 경제개혁을 중요하게 여긴다는 대답은 94%, 구미와의 무역·정치관계 모색을 지지한 비율도 73%에 이른다; *Iran Times*, November 9, 2007.
[6] 최고지도자 하메네이의 입장과 관련해서는 다음의 사이트를 참조: http://www.islam-pure.de/imam/news/news.htm; http://newsgroups.derkeiler.com/pdf/Archive/Soc/soc.culture.iranian/2006-06/msg00210.pdf; http://news.xinhuanet.com/english/2008-06/03/content_8307614.htm

과로 알 수 있다.

정부 지도부로서는 체제의 안정·발전을 위해, 또 청년층을 중심으로 국민에게는 경제안정과 발전에 따른 생활수준 향상을 위해, 핵개발은 '특효약'이라고는 할 수 없을지라도 중요한 단계로 여겨진다. 그러나 그것을 핵무기개발에 직결하여 파악하는 국제관계상의 사정이 분명히 존재한다. 그 점에서 특히 중시해야 할 것은 미국과 이란의 관계일 것이다.

2. 미·이란 관계의 변용과 핵문제

이란의 핵개발 계획은 1957년에 미국과의 '원자력평화협정' 조인까지 거슬러 올라갈 수 있다. 그에 따라 실제 미국정부는 1967년 테헤란대학 원자력연구센터(1959년 설립)에 출력 5MW의 연구용 원자로를 공여하고, 이란의 핵개발 계획에 협력자세를 보였다.[7]

닉슨에서 포드 정권기에도 그러한 자세에 변화는 없었다. 1979년 혁명 전의 이란국왕(샤) 정권은 미국의 지지하에 윤택한 석유수입으로 1974년 원자력청(AEOI)을 창설하고 전 국토에 원자로 22기(총발

---

7) 그때 미국정부는 이란에 농축 우라늄 5.54kg (그 가운데 5.16kg는 무기급의 핵분열성 우라늄 동위원소) 외 플루토늄 112kg을 제공했다고 전한다; *Iran's Nuclear Energy Program. Part V: From the United States Offering iran uranium Enrichment Technology to Suggestions for Creating Catastrophic industrial Failure, Payvand's Iran News*, December 22, 2004; http://www.payvand.com/news/04/dec/1186.html

전량 23000MW)의 건설을 포함한 '원자력발전 20년 계획'을 발표하였다.8)

이보다 앞선 1968년 샤 정권은 NPT에 조인하였고 의회도 1970년에 비준하였다. 또 샤 정권은 1971년 8월 의회 개원식전에서 '중동비핵무기지대'화를 선언하고 그 후 유엔총회에서도 핵의 군사전용에 반대했다. 그러나 초대 AEOI 장관인 에테마드(Akbar E'temad)는 샤가 비밀리에 핵무기개발을 지향했다고 지적하였다.9) 그 진상은 결국 밝혀지지 않았지만, 중요한 것은 이란의 대규모 핵개발 계획이 국제지원을 받을 수 있었던 것은 전적으로 샤 정권이 미국을 비롯한 국제사회에서 '친미 안정정권'으로 간주되었기 때문일 것이다. 그렇다면 1979년 혁명 후 호메이니 주도하의 반미적 이란 신정권의 성립과 '이슬람 혁명' 위협은 미국이 이란의 핵개발정책을 근본적으로 재고하는 요인이 되었다는 것도 이상하지 않다.

이란 혁명정권의 핵개발 계획은 혁명 직후 일단 '백지상태'로 돌아갔다. 그러나 대이라크 전쟁에 따른 에너지위기 경험과 과학기

---

8) 그에 따라 국제합병기업 유로디프(Eurodif)의 프랑스 트리카스틴 우라늄 농축시설 건설계획에 융자 10억 달러와 교환한 농축 우라늄 공여를 비롯하여 프라마톰(FRAMATOME, 프랑스계 민간기업)과 크라프트베르크 유니온(Kraftwerk, 서독계 민간기업, 현 지멘스발전사업부) 등 유럽기업과의 계약도 체결되었다; Alireza Jafarzadeh, *The Iran Threat: President Ahmadinejad and the coming Nuclear Crisis*, Palgrave Macmiian, 2008, pp.129~130; Mustafa Kibaroglu, Good for the Shah, Banned for the Mullahs: The west and Iran's Quest for Nuclear Power, *The Middle East Journal*, Vol.60, No.2, Spring 2006, pp.213~215.

9) Gholam Reza Afkhami (ed.), *Iran's Atomic Energy Program: Misiion, Sturcture, Politics, An Interview with Akbar Etemad*, Iran books, Bethesda, 1997, pp.56~57.

술이 부족하다는 인식에서 이란정부는 1985년 6월 핵개발 계획을 재개했다. 그에 따른 미국의 적대정책은 1990년대에 들어 명확해졌다.

예를 들면 독일과 아르헨티나가 각각 부셰르(Būshehr) 원전공사(1974년 착공) 재개와 핵관련 기술제공을 철회한 것도 클린턴 정권의 압력 결과였다. 당시 라후산자니(Aliakbar Hashemi Rafsanjani) 대통령이 1992년 9월 베이징을 방문했을 때 중국과 체결한 4기 원전과 연구센터 건설계약도 미국의 압력으로 중국 측이 파기했다. 소련 붕괴 직후 혼란으로 더디게 출발한 러시아도 1995년 1월 부셰르 원전 중에 1기를 2001년까지 완성하기로 건설계약을 체결했지만, 6월에 러시아는 대이란 무기거래의 신규계약을 갑자기 취소하고 미국과 원전완성 연장에 합의하였다(고어·체르노므이르진 합의). 미국정부가 러시아에 제시한 무기거래상 편의가 그 대가였다는 것도 알려져 있다.10)

더욱이 대이란·이라크 '이중봉쇄정책'도 미국의 대이란 적시정책의 일환으로서 주목해야 할 것이다. 재미 유력 유대인 로비기구 미국·이스라엘 공공문제위원회(AIPAC) 조사부 대표로 전 주이스라엘

---

10) Anoushiravan Ehteshami, *Nuclearisation of the Middle East*, Brassey's, for the Gulf Centre for Staragic Studies, London, 1989, pp.124~125; Mansour Farhang, Iran's Nuclear Program and U.S.-Iranian Relations, in Mary Susannah Robbins (ed.), *Peace Not Terror: Leaders of the Antiwar Movement Speak Out Against U.S. Foreign Policy Post 9/11*, Lexington Books, Lanham, 2008, p.217; Mark Katz, Russian-Iranian Relations in the Ahmadinejad Era, *The Middle East Journal*, Vol.62, No.2, Spring 2008, p.204.

미국대사 인다이크(Martin Indyk, 국가안전보장회의 고문)가 정식화한 이 방침에 입각하여 1995년 4월에 통상·투자금지조치(행정명령 12959)가 채택되었다. 게다가 '이란·리비아 제재법'(기한 5년, ILSA)도 1996년 8월에 도입되었다.[11] 대량살상무기 획득과 국제테러지원 저지를 위해 외국기업의 연간 2000만 달러 이상 대이란·리비아투자를 금지하고 위반한 기업에 제재를 부과하는 것이 골자였다.

미국의 정책에 부딪히고 전후 경제부흥에 사실상 실패한 라후산자니의 뒤를 이어 1997년 하타미가 대통령에 취임했다. 그가 주장하는 '문명 간 대화' 노선은 미국의 정책에 일시적인 변화를 가져왔다. 1998년 6월 M. 올브라이트(Madeleine Albright) 국방장관은 이란에 투자하는 외국석유기업에 대한 제재를 보류하고, 농작물과 의료품 매각제한을 철폐, 여객기의 안전성 확보에 필요한 부품수출인가 정책을 채용하였다. 2000년 2월 하타미가 이끄는 '개혁파'의 압승으로 끝난 제6 의회(정원 290명, 임기 4년) 선거 후에도 올브라이트는 1953년 쿠데타(모사데그 정부타도)에 미국의 정식개입을 공식 인정하고 관계개선에 전향적인 자세를 표명했다.

이어진 부시(George Walker Bush) 정권도 위의 ILSA를 2001년 8월에 갱신하긴 했지만 당초 이란과의 대화가능성을 찾고 있었다. 그러나 9.11 테러 후 '테러와의 전쟁' 개시, 2002년 1월 연두에 일반

---

11) Rosemary Hollis, The U.S. Role: Helpful or Harmful?, in Lawrence G. Potter & Gary G. Sick (ed.), *Iran, Iraq and the Legacies of War*, Palgrave Macmillan, New York, 2004, pp.200-201; http://www.jewishvirtuallibrary.org/jsource/US-Israel/IranLibiya1996.html

교서연설에서 이란을 북한과 함께 '악의 축'으로 명명하여 비난한 부시 대통령 발언에 떠밀리듯, 이란의 핵개발 계획이 발각된 것은 미-이란 관계 악화를 일거에 가속화시켰다.

그런데 핵문제에 초점을 맞춰 보면, 부시 정권은 당초 외교적 해결을 꾀하는 EU 3국에 주도권을 위임하였다. 그 결과 2004년 11월 ① 우라늄 전환실험과 생산 등 이란의 모든 농축·재처리 활동의 자발적 정지와 장기적 계약협의 기간 중 정지상태 지속 ② 신뢰양성을 향한 이란 측의 자발적 조치에 대한 EU의 적극적 평가 ③ 같은 해 12월 상순의 운영위원회 소집과 작업부회를 통한 정치, 안전보장, 핵기술 협력에 관한 구체적 조치의 책정 ④ 통상·협력협정과 세계무역기구(WTO) 가맹교섭에 대한 EU의 대이란 지원 등을 내용으로 한 '파리 합의'도 성립하였다.

그러나 이 교섭은 이란의 WTO 가맹과 민간항공기 부품공급 문제에 대한 반대 입장 철회를 공식 표명한 부시 정권의 압력을 받게 되었다. IAEA 이사회에서 미국대표 샌더스(Jackie W. Sanders)가 "안보리에 보고할 법적의무를 계속해서 무시할 수 없다"고 주장하고, 그 후 미국이 EU를 끼고 연료사이클의 '완전하고 항구적인 정지'를 이란에 요구하였기 때문이다. IAEA 이사회는 위의 '파리 합의' ①을 애당초 '일시적'이고 '자발적'인 조치로 인식했을 뿐 아니라, '원자력 플랜트에서 전력생산을 할 필요가 있다면, 우라늄 발견부터 사용후연료 처리까지의 사이클을 완성할 필요가 있다'는 이란 측의 기본적 요구를 부정하는 것이었다.[12] 그리고 이러한 미국정부의 반이란 자세를 검토하자면 이스라엘의 영향을 간과할 수 없다.

이스라엘은 주지하는 대로 미국의 강력한 역내동맹국(域內同盟國)이다. 이스라엘에게 팔레스타인 해방기구(PLO)에서 하마스, 레바논 헤즈볼라 세력을 지지하는 이란은 2003년 이라크전쟁 후 유일하게 남은 위협이다. 따라서 이스라엘 '발' 반(反)이란 정보는 유대인 로비를 통하여 미국정부와 의회, 심지어 IAEA직원에 이르기까지 영향력을 미치고 있다.13) 다른 한편 이란정부 지도부에게 팔레스타인 점령국 이스라엘에 대한 적대자세는 호메이니 이래 혁명이념의 '증거'이자, 정권의 존재이유에 관한 문제이기도 하다. 이미 서술한 '이중봉쇄정책'뿐 아니라 부시의 '악의 축' 발언도 이스라엘의 영향을 농도 짙게 반영한 미국정부의 방침으로 볼 수 있겠다.

'파리 합의'가 성립한 당초, 하타미 정부는 길어야 수개월 내에 교섭성과가 나올 것으로 기대했던 것 같다.14) 그러나 그 후 상황은 전혀 호전되지 않았으며, 국내적으로는 다음 절에서 서술하듯이 하타미 정부는 '보수파'의 압력을 받고 있었다. 2005년 7월말에 독자적으로 핵연료 사이클 확립을 지향하는 하타미 정부가 우라늄 농축

---

12) http://www.worldnetdaily.com/index.php?pageId=29219; Shahram Chubin, Iran's nuclear Ambitions, Carnegic Endowment for International Peace, Washington, D.C., 2006, pp.89-95; Scott Ritter, *Target Iran: The Truth about the US Government's Plans for Regime Change*, Politico's, London, 2007, p.59.
13) Ritter, *op. cit.*, pp.57-58; 이스라엘의 이란핵 문제 인식과 정책은 우선적으로, Geoffery Aronson, Israel and the Strategic Implications of an Iranian Nuclear Weapons Option, in *Iran's Nuclear program: Realities and Repercussions*, The Emirates Center for Strategic Studies and Research, Abu Dhabi, 2006, pp.93~112.
14) Ritter, *op. cit.*, pp.159~160; Afrasiabi, *op. cit.*, pp.133~134.

프로그램 정지의 일부 해제와 에스파한의 우라늄 전환시설에서의 활동재개를 통고했다. 이는 이란의 일방적인 '파리합의' 파기로 간주되었다. 그러나 이 결정에서 하타미 정부의 초조함을 놓쳐서는 안 된다. 대EU교섭에 종사한 국가안전보장최고의회 서기 로하니(Hasan Rouhani)는 "유럽 측이 약속을 존중하지 않고 부조리하고 가혹한 결정을 제시한다면, 이란은 이미 답을 내리고 있다. 완전한 핵연료 사이클 접근권에 대해 타협할 생각은 없다"고 지적하였다.15)

이처럼 대EU교섭이 암초에 걸리는 한편, 이란에서는 대통령선거 결과가 사태를 새로운 국면으로 전환시키는 요인이 되었다. 여기에서 문제가 되는 것은 이란정부 내부의 치열한 당파대립이다.

3. 치열한 당파대립과 핵문제의 관계

이미 알려진 대로 이란 정부지도부는 결코 굳은 결속을 자랑하지는 않는다. 결속은커녕 특히 하타미 정부 성립 이후 미국과의 관계에 현서한 영향을 받으면서 이란의 정권지도부의 대립은 더욱 격심해져 갔다.

하타미는 현실주의 외교를 전개한 라후산자니의 뒤를 이어, 1997년 대통령선거에서 '보수파' 지도자 나테그누리(Aliakbar Nateq Nuri, 당시 국회의장)를 큰 차이로 누르고 당선되었다. 전 정부의 전후 부흥실패와 '보수파' 주도의 정치사회의 폐쇄상황에 반대하는 현

---

15) Ritter, op. cit., p.131.

실인식이 '보다 나은 내일'을 슬로건으로 내세운 하타미에 대한 압도적 지지(득표율 68.9%)로 이어졌다.

[도표 7-1] 이란 주요 핵관련 시설

[출전] http://news.bbc.co.uk/2/hi/middle_east/4617398.stm에서 일부 수정.

그리고 그에게는 청년층을 중심으로 자유주의 성향의 저널리스트, 지식인, 관료, 정치활동가 등 '보수파'에 반대하는 정치사회세력이 결집하였다. 국제적으로는 '문명 간 대화'를 창도하는 그는 이렇게 하여 일약 현상을 타개하는 '개혁파'의 기수로 떠받들어졌다.

이에 반하여 사회적으로 도시 빈곤층과 농촌의 뜨거운 지지를 받은 것으로 보이는 '보수파'는 하메네이를 최고지도자로 하는 현 체제의 존속·강화에 더하여 이슬람법의 존수를 포함하는 종교적 가치관과 제도, 혁명이념의 보지를 주장하고 있다. 그 권력기반은 특히 정부 내에서 최고지도자의 임면권을 가진 전문가회의(임기 4년, 전 구성원 86인이 종교학자), 각종 선거의 후보자에 대하여 사전자격심사권과 입법심사권까지 갖는 감독자평의회(정권 12인, 반수가 종교학자), 사법부, 게다가 정보성과 혁명방위대 등의 치안조직이 있다.16)

체제비판을 하는 '개혁파' 학생이나 지식인들의 움직임에 직면하여 '보수파'계 사법부는 언론탄압에 기를 썼고, '개혁파'계 신문의 발효정지처분과 활동가의 체포와 투옥이 일상다반사였다. 그중에서도 1999년 7월 테헤란대학에서 시작된 후 6일간에 걸쳐 전국의 주요 도시까지 번진 학생운동은 극심한 당파대립을 여실히 보여준 사건으로서 알려져 있다.17) 그 여파 속에 개최된 다음 해 2월의 제6 의회선거에서는 '개혁파'가 '보수파'를 압도하여 신시대의 개막을 예감케 했지만, 9.11 사건을 겪고 '테러와의 전쟁'에 매진하는 부시 정권의 대이란 적시정책은, 그것이 '보수파'를 주목한 정책이라고 하더라도 점차 '개혁파'를 궁지에 몰아넣었다. 하타미의 '문명 간 대

---

16) 당파대립과 하타미 정부에 대하여 요시무라 신타로『이란·이슬람체제란 무엇인가— 혁명·전쟁·개혁의 역사로부터(イラン·イスラム體制とは何か—革命·戰爭·改革の歷史から)』書肆心水, 2005년, 270~288쪽 외, 이하 참고; Hossein S. Seifazadeh, The Landscape of Factional Politics and Its Future in Iran, *The Middle East Journal*, Vol.57, Number1, Winter 2003, pp.57~75; Mehdi Moslem, *Factional Politics in Post-Khomeini Iran*, Syracuse University Press, Syracuse, 2002, pp.252~265.

17) Ali M. Ansari, *Confronting Iran: The Failure of American Foreign Policy and Next Great Conflict in the Middle East*, Basic Books, New York, 2006, pp.171~171; 요시무라 신타로「이란 학생운동의 진상(イラン學生運動の眞相)」『世界』제655호, 1999.9, 180~181쪽.

화'도 그 정책 앞에서 퇴색되어 갔다.

2003년 3월의 지방선거 승리에 이어 다음 해 2월 제7 의회선거에서도 '보수파'가 압도적인 승리를 거둔 것은 획기적인 사건이 되었다.[18] 감독자평의회가 '개혁파'계 3600명의 후보자 자격을 취소하는 이상한 (그러나 '합법적'인) 조치가 '보수파'의 승리에 결정적인 영향을 끼친 것은 틀림없으나, '개혁파'계 의원의 대거 사의표명과 항의의 연좌시위도 '보수파' 우위로 기울어지기 시작한 이란정치를 바꿀 수는 없었다. 이로써 하타미의 구심력이 눈에 띄게 저하되고 유권자의 높아지는 정치 불신도 표면화되어 간다.

이런 가운데 '보수파' 우위의 회의가 하타미 정부의 '핵문제'를 둘러싼 정책에 제동을 거는 사태도 발생한다. 한 예로 '파리 합의'에 앞서 EU 3국과 체결한 '테헤란 합의'(2003년 10월)에 포함되어 하타미 정부가 조인한 IAEA와의 추가협정서가 결국 의회의 비준을 얻지 못하고 끝났다.

그런데 핵문제에서 당파적 입장의 차이를 보자면, '개혁파' 하타미 정부에게 핵문제는 경제부흥을 비롯하여 산적한 국내외 문제의 하나이며, 때문에 국제적 고립을 피하고자 온건한 자세로 외교에 임해 온 것은 뚜렷하다. 앞서 언급한 로하니나 라후산자니로 대표되고, 관료·공무원을 지지기반으로 한 '현실파'도 교묘한 외교전술로

---

[18] 제7 의회에서의 당파별 의원구성은 정확하게는 불분명하지만, 의장선거나 하타미 내각 각료 신임·불신임투표수로 볼 때, '보수파' 의원은 190명(65%) 전후를 차지하여 제6회 의회선거에서 '개혁파'의 우위(약 200명) 상황을 역전시켰다; 선거 시의 '개혁파'의 동향에 대해서는 *Iran Times*, February 6, 13, 20, 27 & March 5, 2004.

EU에게 유리한 조건을 끌어내는 것을 중시하고 유연하게 대응하는 점에서는 하타미와 공통되고 있다.

다른 한편 '보수파'의 경우는, 이란이 "끊임없이 약탈적인 외부세력의 위험에 노출되어 있다"는 인식에서 "미국이 우리를 파괴하려고 하는 것이며, 핵문제는 단지 (개입의-필자) 구실에 지나지 않는다"는 입장을 견지한다. 이런 자세는 프랑스나 러시아의 반대에 직면하면서, 또 안보리의 결의 없이 2003년 2월 부시 정권이 강행한 이라크 전쟁에서 한층 더 강화되었음에 틀림없다. 이라크 사담(Saddam Husayn) 정권이 붕괴되고 '개혁파'와 '현실파'가 '테헤란 합의'에서 '파리 합의'로 교섭해결에 적극적인 자세를 보인 것과는 대조적으로, '보수파'는 EU가 미국에 종속존재에 불과하고 국제법 제도 역시 '본래 불공정'한 서구중심인 것으로 간주하고 대결자세를 강화했다.19)

경제부흥과 언론자유 확대라는 두 가지 중요과제 달성에 실패한 하타미 '개혁' 노선의 실속(失速), '테러 문제'와 얽혀서 급속하게 강화된 부시의 이란적대정책, 거기에 끼어 있는 이스라엘 인지, 그것

---

19) 여기서는 당파 지도자의 발언을 상세하게 언급하진 않겠지만, 핵문제에 대한 당파(호칭은 다양하지만)별 기본자세는 다음을 참조: Ansari, op. cit., pp. 203~212; Chubin, Islamic Republic, Holt Paperback, New York, 2006, pp. 146~157; 사카나시 사치(坂梨祥)「핵문제를 둘러싼 이란 국내의 움직임(核問題をめぐるイラン國內の動き)」(財團法人日本エネルギー經濟研究所中東硏究センター編 『핵문제를 둘러싼 이란·미국관계가 이란과 페르시아만 국가의 안전보장에 미치는 영향에 관한 조사(核問題をめぐるイラン·米國關係がイラン竝びにペルシア灣岸諸國の安全保障に及ぼす影響に關する調査)』經濟産業省資源エネルギー廳委託, 2006. 3), 35~48쪽.

들을 촉매로 격화하는 당파대립도 핵문제의 저류에 흐르는 정치적 조건으로서 재차 확인해 둘 필요가 있다.

4. 아후마디네자드 정부와 핵문제의 새로운 전개

2005년 6월 선거에서 대다수의 예상을 뒤엎고 대통령으로 선출된 아후마디네자드가 이끄는 신정부수립 후 이란의 핵문제는 한층 복잡해졌다. 취임 후 얼마 지나지 않은 10월부터 2월에 걸쳐 "지도상에서 이스라엘 말살", "독일과 오스트리아로 이스라엘 이전", 나아가 "홀로코스트의 신화(=허구)" 등 그의 도발적인 발언은 서방국가를 더욱더 자극하였다. 또 2006년 1월 이란은 핵의 평화이용에 관한 기술개발과 연구재개를 통고하였고, 국가안전보장최고의회 서기 라리자니(Ali Larijani, 로하니의 후임)는 2005년 말 모스크바에서 나온 러시아에서의 농축시설안도 거부하였다. 우라늄 농축시설의 봉인도 풀리자, IAEA 이사회는 2월초에 안보리에 심의부탁을 결의했다.

다만 그 후에도 외교적 해결을 향한 노력으로서 안보리상임이사국에 독일을 추가한 6개국 합의에 기반한 '포괄적 보상안'이 6월에 이란 측에 제시되었다. 이 제안에는 국제합자사업에 의한 이란 경수로건설 지원, 구미제 항공기 부품의 수출해제, 우라늄 농축의 전단계인 6불화우라늄(UF6) 제조작업 용인이 이란의 농축활동정지 조건으로 명시되었다. 이를 수용하지 않을 시 주요 인물의 해외 도항

금지와 자산동결을 포함하는 대이란제재의 실시조치가 명문화되었다. 그러나 아후마디네자드는 "4세 아동에게 호두와 초콜릿을 주고 돈을 내도록" 요구하는 것과 마찬가지라며 제안을 일축했다.[20]

이후에도 이란 측과 EU공통외교·안전보장정책 상급대표 하비에르 솔라나(Javier Solana Madariaga), IAEA 사무국장 엘바라데이(Muhammad ElBaradei) 등과 단속적인 교섭이 있었으나 구체적 성과가 나오지는 않았다. 그리고 농축 관련·재처리 활동 정지를 '의무'로 하는 안보리 결의 1696호(2006년 7월말)를 전제로, 이를 거부한 이란에 대한 제재결의가 속속 채택된다.

우선 2006년 12월 전회일치로 가결된 결의 1737호에는 이란에 대한 핵·미사일관련 개발의 자금, 기술이전 방지가 유엔가맹국에 의무로 부과되었다. 다음 해 3월 1747호에는 핵·미사일 계획에 관련되어 자산동결대상이 된 개인·단체(전회 1737호에서는 10개 조직, 개인 12인)에 새롭게 13개 조직, 개인 15인이 추가되었고, 이란으로부터 무기관련 물자 조달금지와 무기관련 수출에 대한 감시조치가 명기되었다. 2008년 3월에는 개인 12인과 12개의 조직을 새로운 대상으로 추가하였고, 이란을 향하던 수출금지 물자수송 의혹 선박에 대한 임시검문 실시를 포함한 1803호와, 과거 제재내용의 계속 실시를 명시한 1835호가 같은 해 9월에 채택되었다.[21]

---

20) http://www.cbc.ca/world/story/2006/05/17/iran-nuclear.html
21) 이 제재결의 내용 이상으로 정부지도부에 충격을 준 것은 부셰르 원전건설과 시장 개입을 지향하여 이란에 '호의적'으로 여겨졌던 러시아와 중국이 제재결의를 지지한 것이라는 지적도 있다. 또 본론에서는 1998년 6월 14일 안보리상임이사국 5개국과 독일의 공동제안에 의한 '신 보상안'은 삭제하였다. 이에 대해 이란 측의

그동안 부시 정권의 적대적인 대이란 정책에 큰 변화는 없었다. 2006년 9월 이란 수출은행 금융제재를 시작으로, 탄도미사일개발계획에 관여하고 있다는 이유로 미국인과 재미외국인에게 세파은행과의 금융거래 금지를 정한 미국 재무부 법령(2007년 1월), 하원의 대이란 제재결의 채택(9월말), 이란혁명방어대를 테러조직으로 간주하는 상하원의 결의채택(10월), 이란의 민주화와 인권옹호촉진을 위한 6천만 달러의 예산승인(12월) 등 셀 수 없다. 안보리의 제재결의 효과를 기대하면서 그것을 한층 강화하는 정책이 채택되었다.

이러한 자세는 2008년 4월 ABC뉴스 인터뷰에서 부시가 "이 문제를 외교적으로 해결하는 것"이 자신의 최초의 노력이라고 언명한 것이나, 8월에 워싱턴을 방문한 이스라엘 국방장관 에후드 바락(Ehud Barak)이 귀국 후 "미국은 지금 우리의 대이란 공격을 인정할 용의가 없다"고 표명한 내용과도 합치된다.[22] 물론 부시 정권의 이러한 자세는 전후 이라크의 진흙탕과 같은 내전, 반미운동, 아프가니스탄 탈레반세력의 대두까지 현재화한 정세에서, 국제사회를 무시한 이란 단독공격이 예측 불가능한 결과로 이어질 것이라는 미국과 이스라엘의 판단이 강력하게 작용하였기 때문이다.

수세에 놓인 이란정부는 이라크 문제에서 대미접촉을 타진하면서도 미국과 이스라엘을 신랄하게 비판하였다. 2007년 4월 9일 아후마디네자드는 "바야흐로 이란이 핵보유 클럽에 참가하고 산업규

회답이 나왔지만 아직도 중요한 진전은 보이지 않는다. 그 내용은 *Iran Times*, June 20, 2008.
[22] *Iran Times*, April 18 & August 22, 2008.

모의 농축 우라늄 제조에 성공"했다고 대대적으로 발표하고, 이날을 "위대한 국민적 핵 축하의 날"로 정했다. 그 후에도 원심분리기의 증결·이동이 착착 진행되고 있다고 선전했다.23) 이란은 안보리와 미국, 과격한 반이스라엘 발언에 강력하게 반발한 프랑스 사르코지(Nicolas Paul Stèphane Sarközy de Nagy-Bocsa) 정권을 포함한 EU의 압력에 직면하면서도 우라늄 농축활동을 계속하겠다는 굳은 결의를 표명하였고, 대이란 제재가 가져온 경제적 영향도 극히 제한적이었다고 주장하였다.

그러는 동안 아후마디네자드 정부는 중국과 러시아와 한층 친밀한 관계구축을 꾀하면서 국제적 포위망을 뚫어보려는 노력을 계속했다. 특히 중국 석유기업 시노펙(SINOPEC)과 2007년 12월 20억 달러에 달하는 후제스탄 주 야다바란(ya-davaran) 유전개발계약에 조인하여, 중국과 경제관계 강화를 도모하고 있다. 러시아와는 현 안인 부셰르 원전공사가 이란 측의 공사비지불 연체, 달러에서 유로화로 지불 변경한 것도 영향을 미쳐, 좀처럼 진척되지 않았다. 러시아는 2008년 7월 이란이 행한 미사일 발사실험과 함께 이란의 군사 기술력 발전을 경계하면서, 미국과 그 외 국제사회의 압력과 비판을 무시하면서까지 원전완성을 서두를 필요는 없다고 판단하

---

23) *Iran Times*, April 13, 2007; 또 우라늄 농축에 필요한 원심분리기의 증설은 구형 P-1에서 신형 P-2로의 전환이 용이하게 진전되지 않았고, 2007년 12월 단계의 2952기에서 2008년 9월에는 3800기로 증가한 정도로 간주되는 바, 아후마디네자드가 주장하는 5000~6000기에는 실제로 도달하지 못하였다. 하물며 무기급의 우라늄 농축에 필요한 원심분리기수 약 5만 기에는 훨씬 못 미친다는 보도가 있다. *Iran Times*, September 19, 2008.

는 것 같다.

또 1979년 혁명 직후와 마찬가지로 국제적 고립의 재현과 비슷한 상황에서 당파대립에도 변화의 조짐이 보인다. 아후마디네자드 정부는 출범이래 공무원 급여 인상, 기본물자 보조금 확대, 빈곤층 대상 국가 프로젝트 실시, 주택취득자와 빈농을 위한 저금리 융자 등, 선거 슬로건대로 "석유수입을 국민의 식탁으로" 배달하는 정책을 채택해 왔다. 그러나 그것은 석유수입에만 의존하는 정부의 27%에 이르는 지출확대와 저금리정책, 그리고 리얄(이란통화)의 증쇄로 발생한 물가인상을 가져왔다. 실제 인플레율은 2005년 약 11%에서 2008년 25~30%에 달하여 심각한 상황임을 알 수 있다.24) 또 실업률도 10% 이하로 떨어지지 않는다. 이러한 경제정책 실패와 연관되어 '보수파' 내부에서도 핵문제에 대하여 대통령의 과도한 수사(修辭)를 비난하기 시작했다. 그에 따라 '보수파'가 대통령 지지파와 반대파로 분열되는 양상마저 보인다. 2007년 10월 갑작스러운 라리자니 국가안전보장최고회의 서기의 사임을 그 예로 들기에 충분할 것이다.

2005년 대통령선거에 입후보했던 라리자니의 사임은 대통령의 강경노선에 대한 반발로 풀이된다. 2008년 3월 의회선거에서 종교

---

24) 이란의 경제인 약 60인이 연명으로 두 번에 걸쳐 보낸 '공개서한'에서 이 정책들을 비판하였다; *Iran Times*, June 15, 2007 & November 14, 2008; 또 선거전에서 부정부패의 근절을 호소하였으나 실행되지 못하고, 게다가 과거 16년간 이전 두 정부의 노선에 익숙해져 있던 관료기구의 반발에 직면했던 것이, 그러한 경제정책과 이스라엘에 대한 강경비난, 핵문제에 대한 강경자세의 배경이 되었다는 지적도 있다; Farhang, *op. cit.*, p.234.

도시 곰(Qom)에서 당선된 그는 의회의원 82%의 지지를 얻어 국회의장에 선출되었다. 아후마디네자드를 지지하는 의회에 변화는 없지만,[25] '보수파' 내부의 분열은 점차 분명해지고 있다. 새로운 전개양상을 보이기 시작한 당파대립은 2009년 6월 개최예정인 대통령선거와 핵문제에도 영향을 미칠 것이다.

맺음말

주지하는 대로 2009년 1월 버락 오바마(Barack H. Obama, Jr) 정권이 성립하였다. 오바마 대통령은 이란과의 대화를 강조하며 부시 정권과는 다른 입장을 보이고 있다. 이러한 오바마 정권을 이란정부는 일단 환영하고 있지만 향후 어떻게 대응할지는 미지수다. 오바마 정권도 친이스라엘 자세에 큰 변화가 없고 미국과 이란의 골이 얼마나 메워질지 불분명하기 때문이다. 다만 아후마디네자드 정권과 부시 정권 간에 현저했던 인식차이에 착목해 보면, 다음의 도표로 나타낼 수 있겠다.

---

25) 전 의회와 마찬가지로 제8 의회에서 당파별 세력분포는 분명하지는 않지만, 『이란 타임즈』(페르시아어·영자신문)은 '보수파'내 대통령지지파가 117석, 반대파가 53석, '개혁파'가 46석이라고 전한다; *Iran Times*, August 29, 2008.

[도표 7-2] 이란(아후마디네자드 정부)과 미국(부기 정권)의 '핵문제' 대립양상

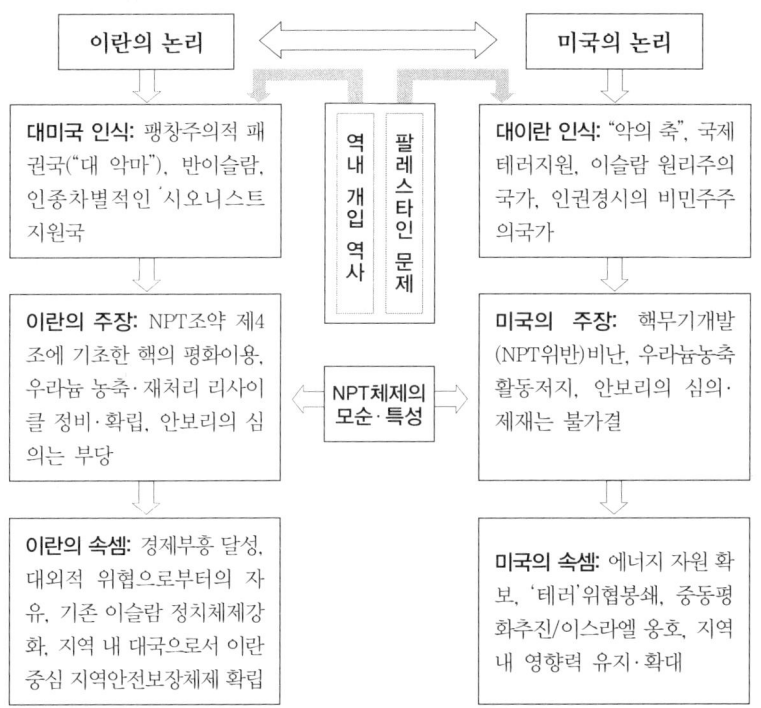

이에 따르면 양자의 차이는 우선 상호적대적인 인식에서 나타난다. 이를 창출하고 있는 것은 팔레스타인 문제를 하나의 축으로 그 외, 아프가니스탄이나 이라크에 대한 전쟁강행을 포함한, 지역문제에 대한 미국의 개입, 그에 대한 혁명 후 이란의 반발과 저항의 역사와 현상이다. 거기에 양국 간의 불신, 적대증폭이란 요인도 있다. 게다가 양 지도부의 인식상의 차이는 NPT 자체의 특성에 따라 더욱 증폭되고 있다. 부언하자면 9.11 테러 후 국제적인 '반테러' 기운에

의해 핵무기 확산을 허용하지 않는 NPT의 취지와, 가맹국의 평화적 이용의 권리규정 제4조의 모순관계가 노출되었다고 할 수 있다. 그 결과 양국의 주장과 저의도 당연히 타협이 어렵게 되었다. 서두에서 이란 핵문제의 '기승전결' 전개양상을 여기서 다시 생각해 볼 수 있다. 실제 이란의 핵계획이 핵무기개발로 간주되는 것도 이러한 미국과의 대립구조상 문제인 것이다.

반복되는 이란 정부 관계자의 발언에서 확실히 '핵무기개발'에 대한 적극적인 자세를 엿볼 수 있다. 예를 들면 1991년 11월 라후산자니 정부 부통령이자 비교적 온건파인 모하제라니(Ataollah Mohajerani)조차 "유엔의 핵확산방지 노력에도 불구하고 적이 핵시설을 보유하는 이상 무슬림도 상호 협력하여 스스로 핵폭탄을 가져야 한다"고 표명하고 있다.26) 이란을 위험시할 수밖에 없는 이러한 발언에서 주목해야 하는 점은 항상 이란은 군사적 위협='적'(핵보유국인 미국, 이스라엘)의 존재를 강하게 의식하고 있다는 것이다.

또한 "열화 우라늄탄의 사용으로 근린국의 수천 명을 사상한" 서구야말로 "자세를 바꿔야 하는" 것이며, 이러한 "무기를 소유할 자질이 없는" 쪽은 미국을 필두로 하는 서구라는 아흐마디네자드의 주장이나, 더욱이 "이란국민과 정부가 핵기술의 권리를 포기한다 할지라도, 반이란적인 기도는 종식되지 않을 것이며 미국은 또 다른 구실을 찾을 것"이라고 한 하메네이의 발언에서도, 서구측이 펴

---

26) Shai Feldman, *Nuclear Weapon and Arms Control in the Middle East*, The MIT Press, Cambridge, 1997, pp.137~138.

뜨리는 이란 위협론과는 정반대의 정치인식이 보인다.[27]

 확실한 증거가 없는 가운데 이란이 핵무기개발을 감안한 계획을 어디까지 진행시킬 의도가 있는지에 대해서 즉답할 수 없다고 해도, 미국의 영향하에 박차를 가하는 국제사회의 불신이 이란정부 지도부를 위험한 방향으로 내몰고 있는 것은 분명할 것이다. 이같은 관점에서 보면 대이란 재제는 대립으로 치닫게 한다. 하물며 군사적 옵션 채택은 지역 전역에서 미증유의 정치적 혼란의 확대와 막대한 인명의 희생으로 끝날 것이다.

 핵문제를 둘러싼 이란정권 지도부의 자세를 바꾸기 위해서는 경제적 혜택제시에 그치지 않고, 중동을 둘러싼 국제적인 부조리에 대한 비난에 서구사회 특히 미국이 진지하게 귀를 기울이고 어떻게 시정해 갈지에 달려있다. 이를 전제로 한 교섭개시야말로 더디지만 현실적인 문제해결 방법일 것이다.

 마지막으로 이란 핵문제는 터진 솔기처럼 결함을 보인 NPT와 IAEA체제의 정비확충, NPT 비가맹국을 포함한 핵보유국 전체의 핵무기 폐지와 향후의 억지체제 구축과 연동하는 문제이다. 그런 의미에서 중동지역의 핵확산에 선수를 쓴다는 발상에서 나온 '봉쇄'가 아니라, 지구적 규모의 핵과 결별을 향한 과제로서 다시 한 번 이란 핵문제에 대한 대응을 재고할 필요가 있을 것이다.

---

27) 본문 인용을 포함하여 아후마디네자드의 서구관이 가장 선명하게 드러난 발언은 다음 참조; *Iran Times*, February 10 & March 17, 2006.

제8장

이스라엘의 핵을 둘러싼 문제
핵보유가 중동정세에 끼친 영향

우노 마사키(宇野昌樹)

들어가는 말

2008년 12월 27일 이스라엘은 가자 지구 공격을 개시하였다. 새해가 밝았지만 공격은 더욱 격렬해졌고, 세계에서도 인구밀도가 매우 높은 지역으로 알려진 가자 지구 주민의 생명과 생활에 막대한 피해를 가져왔다. 이스라엘은 자국의 안전을 지키기 위한 당연행위, 즉 자위를 위한 공격이라고 주장하였고, 부시 정권은 이러한 입장을 옹호하는 것으로 일방적인 양자의 '전쟁'을 사실상 묵인하였다. 이 공격으로 드러나는 몇 가지 사실이 있다. 우선 이스라엘은 자국의 안전이 최우선이라고 하는 일종의 국가주의 내지 편협한 민족주의에 물든 국가라는 것이다. 두 번째는 이스라엘과 미국이 특수한 동맹관계에 있다는 것이다. 극단적인 표현일지도 모르겠지만, 이스라엘의 안전보장이 미국의 안전보장과 일체화하고 있다고 해도 과언이 아닌 관계에 놓여 있다. 필자는 이러한 상황에서 이스라엘 핵문제의 핵심이 여실히 드러난다고 생각한다. 이에 대해서는 본론에서 서술하기로 하고, 우선 이스라엘이 보유한 핵폭탄 수를 명시한 신문사설을 보자.

주지하는 대로 중동·아랍 세계의 일각에 비(非)아랍국인 이스라엘은 핵무기 보유국이면서도 핵무기 보유를 명언하지 않은, 세계에서 드문 국가이다. 때문에 일본의 언론은 이스라엘을 핵보유국이라고 하지 않고 '보유 의혹국'으로 취급해 왔다. 그런 가운데 2009년 1월 5일자『주고쿠 신문(中國新聞)』조간은 "핵무기 없는 세계-피폭지로부터의 물결"이라는 제목의 사설에서, 전 세계 핵무기 보유 9개국을 언급하며 이스라엘이 80개의 핵폭탄을 보유하고 있음을 그래프로 제시하고 핵무기 폐지를 호소하였다.[1] 신문사의 본사가 피폭지인 히로시마에 소재한 점을 감안하더라도 이스라엘을 보유 의혹국이 아닌 보유국의 하나로 간주한 것은, 세계정세가 점점 더 불안정해지는 상황에서 핵확산 방지가 인류 공통의 커다란 과제가 되고 있는 현실을 감안하면 높게 평가할 만하다.

본론에서는 이스라엘이 핵무기를 보유하게 된 경위와 정책, 핵보유가 지역정세 특히 아랍세계에 미치는 영향을 고찰하겠다. 또 앞서 말한 대로 이스라엘의 핵무기 보유가 분명함에도 불구하고 이 사실을 '의혹'이라는 말로 애매하게 만드는 상황을 보더라도 알 수 있듯이, 핵무기에 관련된 정보를 국가기밀로 취급하는 사정은 이스라엘

---

[1] 『주고쿠 신문』 2009년 1월 5일자 사설. 핵보유국과 핵보유 수는 2008년 미국과학자연합의 추정에 의함. 그 외 국가와 보유수는 러시아 14000개, 미국 5400개, 프랑스 300개, 중국 240개, 영국 185개, 파키스탄 60개, 인도 50개, 북한 10개이다.

이나 다른 국가나 별반 다르지 않다. 따라서 정보 중에는 확증 없는, 그야말로 애매한 것도 있음을 미리 덧붙여 둔다.

1. 이스라엘의 핵개발

이스라엘이 핵을 보유하면서도 여전히 '애매(ambiguity)'한 입장, 즉 핵보유에 대해 긍정도 부정도 하지 않는 것은 이미 서술했는데, 실제로 핵무기를 얼마나 보유하고 있을까. 스웨덴의 스톡홀름 국제 평화연구소(SIPRI, Stockholm International Peace Research Institute)의 2008년도 보고서에 따르면 이스라엘의 핵무기 비축량은 불명확하지만 약 100개의 플루토늄형 핵탄두를 보유하고 있는 것으로 파악된다. 또 다른 추측으로는 2006년 12월 기준 군사용 플루토늄을 340~560kg을 보유하고 있으며 이는 적어도 110개의 핵탄두에 필적할 만한 양2)이라고 서술하고 있다. 이 보고서는 더욱이 "2006년 12월 독일의 방송국은 이스라엘의 에후드 올머트(Ehud Olmert) 수상이 핵보유 사실을 암묵적으로 인정했다는 취지의 보도를 했지만, 올머트 본인과 이스라엘 정부고관이 즉각적으로 부인하며 이스라엘이 중동에서 핵무기를 사용하는 첫 국가는 되지 않는다고 말했다"3)고 이스라엘의 상투적인 반응을 비꼬고 있다. 이스라엘이 여러

---

2) SIPRI *Yearbook 2008- Armaments, Disarmament and International Security*, Stockholm International Peace Research Institute, Oxford University press, New York, 2008, p.396.
3) *Ibid.*, p.396.

번 사용해 온 '중동에서 핵무기를 사용하는 첫 국가는 되지 않는다'는 말은 원래 이스라엘의 대통령 시몬 페레스(Shimon Peres)가 1963년 4월에 미국의 케네디 대통령에게 말한 것인데, 이를 1963년 5월 18일 레비 에슈콜(Levi Eshkol) 이스라엘 수상이 국회격인 크네셋(Knesset)에서 공식적으로 표명한 말이다.[4]

이스라엘은 왜 핵보유에 대해 '애매한' 정책을 취하는가. 그 이유를 언급하기 전에 이스라엘 핵개발의 흐름을 살펴보자. 이스라엘 핵개발은 1950년대 후반부터 프랑스의 협력을 얻어 남부의 네게브 사막마을 디모나(Dimona)에서 원자로를 포함한 핵관련 시설 건설, 그리고 나할 소레크(Nahar Soreq)의 핵연구시설 건설에서 시작한다.[5] 실제로 프랑스는 1960년에 사하라 사막에서 첫 핵실험을 하면서 핵무기보유국의 대열에 들어섰는데, 이 실험에 이스라엘 과학자가 동석했다고 전해졌다. 이스라엘의 핵개발이 1950년대 후반에 시작된 것을 감안하면 이는 사실상 프랑스와 이스라엘의 공동실험으로 간주할 수 있다. 또 이스라엘 현대정치 연구자 이케다 아키후미(池田明史)는 이스라엘의 군수산업 성립에 관해 "이미 건국 초부터 1950년대에 걸쳐 정치지도층은 국가존속을 위해 무기국산화를 추진, 유사시 무기탄약조달에 지장을 주어서는 안 된다는 의식이 강했다. 그들의 결단에 따라 이스라엘 군수산업의 기초는 건국 후 10년

---

[4] Cohen Avner, *Israel and the Bomb*, Columbia University press, New York, 1998, pp.233~234.
[5] Nadav Safran, *Israel-the Embattled Ally*, The Belknap Press of Havard University Press, Cambridge, 1981, p.321, 370.

간에 형성되었다고 해도 좋다"6)고 한다. 즉 핵개발도 국방의 관점에서 건국 후 지극히 이른 단계부터 계획된 것을 알 수 있다. 더하여 이스라엘과 프랑스의 핵개발을 포함한 무기개발에 관하여, 이케다는 "1954년 이집트·체코슬로바키아 간의 무기공급협정과 때를 같이 하여 이스라엘은 프랑스에 접근하여 무기조달뿐 아니라 무기생산에 대해서도 기술 원조를 받게 되었다. 베덱(BEDEK)사 창설, 디모나 및 나할 소레크의 핵연구시설 개발, 혹은 이스라엘항공기산업 회사(IMI)나 솔탐(SOLTAM)사의 경화기, 야포, 박격포, 탄약류 생산 개시 등은 프랑스의 기술과 자금협력이 주요 배경이 되었다"7)고 말한다. 즉 당시의 미·소 냉전하의 국제관계에 크게 영향을 받아 이스라엘이 핵무장을 하게 되었다는 것이다. 또 정부, 군, 산업계가 일체가 되어 핵을 포함한 무기를 개발했음을 지적한다.

무기개발과 산업의 결합이 이스라엘의 국가전략과 밀접하게 연결됨은 말할 것도 없다. 특히 주목해야 하는 것은 군산업계의 성장을 결정지은 것이 1967년의 제3차 중동전쟁, 이른바 6일 전쟁이었다. 이스라엘을 둘러싼 지역정세의 긴장이 무기연구와 개발에 박차를 가하였고, 그것이 군수산업의 비대화를 유도하는 사이클이 반복되어 온 것을 알 수 있다. 실제 제3차 중동전쟁 이후 1973년에 제4차 중동전쟁이 발발하였고, 그 후에도 1982년 레바논 침공(제5차 중동

---

6) 이케다 아키후미(池田明史) 「군산복합체-문제의 소재(軍産複合體-問題の所在)」 이케다 아키후미 편 『현대 이스라엘 정치와 전망(現代イスラエル政治-イシューと展望)』 研究雙書 372, アジア經濟研究所, 1988년, 118쪽.
7) 위의 책, 118쪽.

전쟁), 근년에는 2006년 7월에 발생한 레바논의 헤즈볼라와 이스라엘의 전투(제6차 중동전쟁), 그리고 이번의 가자침공(이를 제7차 중동전쟁으로 부르는 연구자도 곧 등장할 것이다) 등등 이스라엘은 전쟁을 이어왔다.[8] 그리고 이번 가자침공에서는 이스라엘군이 열화 우라늄탄을 사용한 의혹이 일부에서 보도되었고, 백린탄 사용 의혹도 크게 제기되었다. 이러한 정황들로 보면 이스라엘이 되풀이되는 전쟁을 발판으로 무기를 연구, 개발하고 이를 군수산업의 확대로 이어왔다고 생각해도 결코 '섣부른' 판단은 아닐 것이다.

덧붙여 핵무기개발에 관해 한 가지 지적해야 할 것은, 1991년 소련 붕괴 이후 다수의 구소련출신 유태계 과학자가 이스라엘로 이주, 그 가운데 일부 과학자가 원자력 시설 건설과 신형 원자로 개발 등에 종사해 왔다는 의혹이다. 워싱턴에 본부를 둔 '핵무기관리에 대한 위스콘신 프로젝트(Wisconsin Project on Nuclear Arms Control)'가 발행하는 『리스크 리포트』에 따르면 1991년에만도 20명에 가까운 구소련 출신 과학자가 이스라엘로 이주하였고, 또 독일정보부의 발표에 따르면 1989년 이래 약 40명의 핵관련 과학자가 구소련에서 이스라엘로 이주했다.[9] 소련의 붕괴로 이스라엘의 핵개발이 상당

---

[8] 중동, 특히 시리아, 레바논의 현대정치 전공자인 아오야마 히로유키(青山弘之)는 2006년 10월호 『世界』「제6차 중동전쟁은 왜 발발했는가(第六次中東戰爭はなぜ起こったか)」에서 1982년의 이스라엘의 레바논침공을 제5차 중동전쟁으로, 2006년 7월의 이스라엘·헤즈볼라 간 전쟁을 제6차 중동전쟁으로 규정하였다.

[9] "Israel's Nuclear Shopping List", *The Risk Report*, Vol.2, Number 4, 1996, Wisconsin Project on Nuclear Arms Control. http://www.wisconcinproject.org/contries/Israel/Israel-nuclear-shopping.htlm

히 진척되었다고 추측된다.

또 한 가지 핵실험에 관한 "애매"한 정보를 덧붙이면, 바로 1979년 9월 22일 미국의 인공위성 벨라가 핵폭발 특유의 섬광을 기록한 '사건'이다. 이 사건은 갖가지 억측을 불러일으켰는데, 이스라엘과 남아프리카의 공동핵실험에 의한 것임이 확실시되고 있다. 다만 남아프리카는 1980년대 말까지 6개의 원폭을 완성시켰지만, 아파르트헤이트 관련법 폐지에 보조를 맞추듯이 1991년까지 원폭을 폐기하고 비핵무기국으로서 NPT에 가맹하였다. 그 후 1993년에 핵개발과 폐기 사실을 공표하여 세계를 놀라게 하였다.10)

마지막으로 이스라엘의 핵과 관련하여 두 개의 사건을 언급하고자 한다. 하나는 1985년 11월에 발각된 조나단 폴라드(Jonathan Pollard)사건,11) 두 번째는 그 다음 해인 1986년 10월의 모르데차이 바누누(Mordechai Vanunu)12)사건이다. 이 두 사건은 당사자 모두 옳다는 확신에서 행동하였다는 점이 공통된다. 그러나 폴라드 사건

---

10) 미즈모토 가즈미(水木和美) 「핵확산과 핵군축(核軍擴と核軍縮)」 오시바 료(大芝 亮) 외 편 『平和政策』 有斐閣ブック, 有斐閣, 2006년, 151쪽.

11) 이 사건에 대해서는 Wolf Blitzer, *Territory of Lies*, Harper & Row, New York, 1989; Ronald J. Oliver, *Capturing Jonathan Pollard: How One of the Most Notorious Spies in American History was Brought to Justice*, Naval Institute Press, Annapolis, Maryland, 2006; 고노 데쓰(河野徹) 「유대계 미국인 "우리는 하나"의 허실(ユダヤ系アメリカ人"We Are One"の虚實)」 이케다 아키후미 편, 앞의 책, 1988년 등을 참조.

12) 이 사건에 대해서는 몇 권의 연구서가 간행되었다. Ian Black, *Israel's Secret Wars : A History of Israel's Intelligence Service*, Grove Press, New York, 1992. 및 Peter Hounam, *The Woman from Mossad : The Story of Mordechai Vanunu & the Israeli Nuclear Program*, Frog ltd, Berkeley, 1999.

은 유태계 미국인이 이스라엘을 위하여 벌인 스파이 행위로 이스라엘에서 영웅적인 존재였지만, 바누누는 모로코계 이스라엘인으로 이스라엘의 핵에 관한 국가기밀을 외부에 유출하여 이스라엘로서는 국가적으로 치욕스런 존재였다는 점에서 양자는 대조적이다.

우선 폴라드 사건은 1979년 미해군 정보부에 민간출신으로 근무를 시작한 폴라드가 지위를 이용해서 당시 소련의 군사시설에 관한 정보를 이스라엘로 유출시킨 것이었는데, 그중에 특히 중요했던 것은 이스라엘의 소련 군사시설 핵공격 계획 정책을 위한 정보였다고 한다. 1985년 11월에 스파이 혐의로 체포, 혐의를 인정하였으나 스파이 기간과 이스라엘로 유출한 기밀정보에 대해서는 여전히 불투명한 부분이 많다. 폴라드는 무기징역형을 받고 복역 중인데 이스라엘과 재미 유대인단체는 지금도 그의 구명활동을 하고 있다.

바누누 사건은 1976년에서 1985년까지 디모나에 있는 핵개발 시설에서 근무하던 기술자 바누누가 1986년에 도영, 영국의 일간지 『선데이 타임즈(Sunday Times)』 기자에게 이스라엘의 핵무기개발 실태를 고발, 같은 해 10월 5일자로 보도되어 그의 운명을 크게 변화시킨 사건이다. 그는 이 뉴스가 나오기 5일 전인 9월 30일 미국 국적의 이스라엘 첩보원의 꼬임에 빠져 로마로 갔다가 다른 이스라엘 첩보부 공작원에게 납치되어 비밀리에 이스라엘로 연행, 체포되었다. 마치 첩보영화를 보는 듯한 사건이었다. 그 후 비공개재판을 받고 국가반역죄와 간첩죄로 1988년 2월 금고 18년의 실형을 받았다. 바누누의 내부고발로 이스라엘의 핵보유가 처음으로 '의혹'에서 '사실'로 확인되어 세계에 충격을 주었다.

바누누는 2004년 형기를 마치고 출소했지만 그 후에도 법적으로 언론 및 이동에 제한을 받았으며, 이를 위반한 혐의로 수차례 체포되기도 했다. 국제사면위원회(AI) 등 국제인권옹호단체는 이스라엘 정부에 그의 언론과 이동의 자유를 촉구하는 활동을 하고 있지만 이스라엘 정부는 이를 거부하고 있다.

이처럼 두 사건에 대한 이스라엘 정부의 차이를 엿볼 수 있다. 바로 이스라엘의 국가주의적 본질 즉 국가를 위해서라면 범죄행위를 포함한 모든 것이 정당화 되는가 하면, 거꾸로 국가의 불이익(물론 근시안적인 의미에서)이 되는 일이라면, 아무리 지역이나 세계에 유리한 것이라도 철저하게 부정된다는 속성이다. 이 두 사건은 모두 1980년대에 발생하였는데 그 후 이스라엘의 팔레스타인문제나 중동평화에 대한 태도를 보면 이러한 속성은 오히려 강화되고 있다고 보인다.

2. 이스라엘의 핵정책

앞서 서술한 대로 이스라엘은 확실히 핵을 보유하고 있다. 이에 대해 이스라엘은 "애매"한 자세를 취해 왔다고 볼 수 있는데, 핵무기에 대한 그 "애매"한 기본정책은 핵확산방지조약(NPT, Non-Proliferation of Nuclear Weapon Treaty)[13], 포괄적핵실험금지조약

---

13) 핵무기의 확산방지에 관한 조약으로 1970년 발효. 2007년 5월 현재, 체약국 190개국, 비체약국은 인도, 파키스탄, 이스라엘. 외무성 홈페이지 참조.

(CTBT, Comprehensive Nuclear-Test-Ban Treaty)14) 혹은 무기용핵분열물질생산금지조약(FMCT, Fissile Material Cut-off Treaty)15) 등에 대한 자세에서 그러한 일단이 보인다. 예를 들면 NPT가 핵무기 확산방지에 결코 유효하지 않다며 지금껏 가맹하지 않고 있다. CTBT에 대해서는 1996년에 조인을 하였지만 이를 비준하지 않고 있다. FMCT에 대해서는 1998년 제네바군축회의의 검토권고를 수용하였다.16) 이처럼 일관성 없는, 바꿔 말하면 우유부단한 "애매"한 자세가 그야말로 이 나라의 '핵'에 대한 기본정책이라 할 수 있다.

이스라엘이 이렇게 "애매"한 정책을 취하는 이유는 무엇일까. 핵보유를 공개하면 우선 미국정부도 이스라엘 제재조치 등 대응책을 내놓아야 한다. 이로써 양국관계는 크게 악화될 위험성이 있고 아랍국가의 핵개발 노력을 촉진시킬 위험도 있어서 이를 회피하기 위해서라고 간주된다.17) 확실히 설득력 있는 견해이지만, 이러한 "애매"한 정책은 1960년대 이후 반복된 '수법'이며, 현재 이스라엘의 핵보유를 의심하지 않는 나라는 하나도 없다. 게다가 정치 정세가 크게

---

14) 모든 지역에서 핵무기의 실험폭발 및 다른 핵폭발을 금지하는 조약. 2008년 2월 현재, 서명국 177개국, 비준 140개국. 서명·미비준국은 미국, 중국, 인도네시아, 콜롬비아, 이집트, 이란, 이스라엘 등 7개국. 미서명·미비준국은 북한, 인도, 파키스탄 등 3개국. 외무성 홈페이지 참조.
15) 핵보유국과 NPT 비체약국(특히 인도, 파키스탄, 이스라엘)의 핵능력을 동결시킬 목적으로 하는 조약. 조약교섭 진행단계. 외무성 홈페이지 참조.
16) 다테야마 료지(立山良司) 「중동의 핵확산 현상과 문제점(中東における核擴散の現狀と問題点)」 『아시아연구(アジア研究)』 53권3호, アジア經濟學會, 2007년 7월, 58쪽.
17) 다테야마 료지(立山良司), 위의 글, 57쪽.

변화하고 특히 미·소 냉전구조의 붕괴와 걸프전쟁에 의한 이라크의 약체화 등, 이스라엘을 둘러싼 상황도 크게 변화하였다. 더하여 최근 몇 년 동안 떠오른 문제는 이란과 시리아 등 중동국가의 핵개발 움직임에 보이는 정세 변화일 것이다. 중동세계에 이스라엘 이외의 핵보유국이 출현할 가능성이 현실적이 되는 것이다. 그런 가운데 기존의 "애매"한 정책으로도 '괜찮은지', 이스라엘 스스로 숙고해야 하는 단계에 와 있는 것은 아닐까.

이 문제를 검토하는데 1970년경까지 이스라엘 핵개발을 다룬 첫 연구서를 출간한 역사학자 코헨 애브너(Cohen Avner)가 매우 흥미로운 언급을 하였다. 코헨에 따르면 이스라엘이 핵무기사용에 관해 처음으로 공식적인 정책으로서 언급한 것은 1966년의 일로, 핵무기 사용을 고려해야 하는 상황을 네 가지로 언급한다. 이것은 사용에 관한 네 가지 '독트린(원칙)'이라고도 할 만하다. ①아랍군이 1949년에 그어진 휴전선을 넘어 이스라엘 국내의 인구밀집지역에 침입했을 시 ②이스라엘 공군이 괴멸적인 타격을 받을 시 ③이스라엘의 여러 도시들이 광범위하게 공습에 노출되거나 혹은 화학무기와 생물무기에 의한 공격을 받을 시 ④이스라엘 영토에 대해 핵무기가 사용될 시이다.[18] 이는 매우 명확한 핵사용에 관한 기준이며 이들 기준에 구애되어 왔다는 것을 전제로 지금까지 이스라엘이 핵사용을 고려해야 하는 상황이 실제 발생했었는지 검증해 보겠다.

이스라엘이 건국 이후 주변 국가와 전쟁을 반복해 온 일은 이미

---

[18] Cohen Avner, *op. cit.*, p.237.

서술하였다. 그 가운데 이스라엘이 건국 후 처음으로 전쟁으로 큰 타격을 입은 것은 1973년 10월 발발한 제4차 중동전쟁이다. "10월 6일 욤키푸르(Yom Kippur)의 날(유대교의 속죄의 날. 유대인에게 매우 중요한 축일로 이 날에는 일상의 세속적인 일을 해서는 안 된다)에 이집트군이 이스라엘군 진지공격을 개시, 수에즈 운하를 건너 시나이반도의 강력한 방어선인 이스라엘의 바레브 라인을 돌파했다. …… 이집트군은 이스라엘에 심대한 손해를 끼쳤다. 전쟁 3일 만에 이스라엘군은 천 명이 전사하고 군용기 49기, 보유전차의 3분의 1(500대)을 잃었다. 이스라엘군은 모든 방위력을 소진했다."[19] 건국 이래 위기에 직면한 골다 메이어(Golda Meir) 수상과 다얀(Dayan) 국방장관 등 정부수뇌는 개전 직후 회의를 소집, 세 가지 결정을 한다. "제1, 무너져 가는 군을 재결집하여 대규모 반격을 조직한다. 제2, 핵무기를 갖추어 조준을 정한다. 전면 붕괴와 삼손 옵션(Samson Option)[20] 행사를 준비한 조치이다. 제3, 미국정부에 핵공격 의도

---

[19] 조지 렌쪼스키(George Lenczowski), 기무라 신지(木村申二)·기타자와 요시유키(北澤義之) 역 『냉전하 미국의 중동전략―역대 미국대통령은 중동위기를 어떻게 판단했는가(冷戰下·アメリカの對中東戰略―歷代のアメリカ大統領は中東危機にどう判斷したか)』第三書館, 2002년, 196쪽.

[20] 삼손 옵션이란 세이모어 M. 허쉬의 저서명인데 이 책을 번역한 야마오카(山岡)에 따르면 삼손은 구약성서의 『사사기』에 등장하는 용사로 영화나 오페라 『삼손과 데릴라』로 유명하다. 삼손이란 이름을 붙인 "옵션"은 통상무기 전투에서 아랍국가에 패배하여 국가의 존속이 어려워질 경우 핵무기를 사용하여 적과 함께 공멸하겠다는 이스라엘의 전략을 의미한다; Seymore M. Hersh, *The Samson Option : Israel's Nuclear Arms Race in the Middle East*, I.B.Tauris, London, 1991; 야마오카 요이치(山岡洋一) 역 『삼손 옵션(サムソン·オプション)』文藝春秋社, 1992년, 385쪽.

를 전달한다. 핵공격에 의한 미증유의 피해를 피하고자 한다면, 전면전쟁의 장기화를 지탱하는 무기와 탄약 보급을 위하여 곧바로 긴급공수를 개시하도록 요구한다."21) 더욱이 구체적인 핵공격 순서까지 결정했다고 한다. 첫째, 레흐보트에 가까운 텔 노프 공군기지의 핵탄두를 탑재한 F-4 팬텀전투폭격기 8대가 24시간 엄중경계 태세에 들어갔다는 것, 둘째, 스닷 미샤(Sdot Micha) 공군기지에 다수의 핵폭탄을 탑재한 미사일이 실전 배치되었다는 것이다. 또 "그 첫 공격목표가 이집트의 수도 카이로와 시리아의 수도 다마스카스 근교 총사령부였다"22)고 한다. 핵에 의한 경계태세는 예방수단의 의미에 머무르지 않고 아랍 측의 공격을 자제시키기 위해 소련에 압력을 넣고, 또 미국이 군사물자 보급을 개시하도록 설득하기 위한 것이었다. 실제로 그 후에 나온 보고서에 따르면 소련의 첩보기관 관계자가 이집트의 참모총장에게 이스라엘의 핵사용을 경고하고, 헨리 키신저(Henry Kissinger) 대통령 보좌관(국가안전보장담당)의 동료들이 핵전쟁 발발 위험을 이유로 이스라엘로의 군사물자보급을 강하게 요구했다고 한다.23)

위에서 인용한 저널리스트 세이모어 허쉬(Seymore M. Hersh)의 『삼손 옵션』에 따르면 제4차 중동전쟁이 한창일 때 이스라엘군은 재차 핵공격 준비태세에 들어갔지만 단기간 내 위기는 사라졌다고 한다.24) 즉 이 전쟁에서 두 번에 걸친 핵공격 준비를 한 것이다.

---

21) *Ibid.*, p.225 (위의 역서, 272쪽).
22) *Ibid.*, p.225 (위의 역서, 272쪽).
23) *Ibid.*, p.227 & p.230 (위의 역서, 274쪽, 276쪽).

그러나 이스라엘의 핵무기 사용 위기는 이것으로 끝나지 않았다. 알려진 대로 1991년 1월 미군을 중심으로 한 다국적군의 이라크공습으로 걸프전이 시작되었는데, 개전 다음날에 이라크군이 사담 후세인(Saddam Hussaein) 대통령의 예고대로 이스라엘에 8발의 스커드 미사일을 발사하였다. 이 공격으로 미군은 국방성 고관을 급거 이스라엘로 파견, 지원을 약속하였고, 이는 이스라엘의 자제를 구하는 사인이기도 했다. 그러나 "미국정부는 …… 중요한 사실을 깨달았다. 96분 만에 지구를 일주하는 정찰위성이 보내온 영상에서 이스라엘의 샤밀(Yitzhak Shamir) 수상이 스커드 미사일 연속 공격에 대응하여 핵탄두 미사일의 이동식 발사대를 야외로 옮겨 이라크를 조준하고 명령이 떨어지는 대로 발사할 수 있도록 준비하라고 명령한 것이 분명해진 것이다."[25] 걸프전 때에도 이스라엘의 핵무기 사용 위기는 바로 코앞까지 닥쳐왔던 것이다. 또 허쉬는 "실제로 샤밀 수상을 비롯한 이스라엘 정부수뇌가 국가안전을 위해 필요하다고 생각하는 행동을 삼가도록 설득할 힘이 미국 당국에는 없었고, 대통령마저 설득력을 갖지 못했다. 독립국가가 이렇게 주권을 한 치의 양보 없이 주장하는 일이 이번에만 한정된 것이 아니며, 이상한 일도 아니다. 이상사태는 다른 데 있다. 미국에게 특별히 중요한 동맹국, 적국에 둘러싸여 항상 전쟁의 위협에 노출된 동맹국이 대량의 핵무기를 준비하고 그것을 미국이 올바르게 인식하고 있지 못하

---

24) *Ibid.*, p.236 (위의 역서, 282쪽).
25) *Ibid.*, p.318 (위의 역서, 377쪽).

는 사실이야말로 이상한 것이다"26)고 말하고 있다. 그리고 후기에서 다음과 같이 매듭을 지었다. "이스라엘 핵공격의 주요 표적은 이웃 아랍 국가이며 이후에도 그럴 것이다. 중동에서 다시 전쟁이 일어나고 …… 이라크가 그랬던 것처럼 아랍 국가들이 이스라엘에 미사일을 발사하면 핵무기까지 사용될 가능성이 높다. 핵은 더 이상 최후의 수단이 아니게 되었다. 비극은 두 번 다시 되풀이 되어서는 안 된다. 삼손 옵션은 더 이상 이스라엘에게 유일한 핵 옵션이 아니다."27)

그 이후 어떻게 되었을까. 2003년 3월 미군의 이라크 침공은 여전히 기억에 새롭다. 당시 이라크가 걸프전 때와 마찬가지로 이스라엘에 미사일, 그것도 비통상무기로 공격하지 않을까 하는 우려가 있었다. 그리고 이스라엘의 아리엘 샤론(Ariel Sharon) 수상은 부시 대통령과 회담 후, 만약 이스라엘 국민이 화학무기, 생물무기, 혹은 그에 필적하는 대량살상무기로 인해 심대한 피해를 입게 되는 경우에는 응전할 것이라고 경고하였다. 이 응전에 핵의 사용도 포함되어 있음은 이제까지 보아 온 이스라엘의 대응에서도 명백할 것이다. 우리는 중동정세의 위기가 항상 핵전쟁과 맞닿아 있음에 좀 더 민감해 져야 할 것이다.

---

26) *Ibid.*, p.319 (위의 역서, 378쪽).
27) *Ibid.*, p.319 (위의 역서, 379쪽).

3. 이스라엘의 핵을 둘러싼 미국과 아랍세계

미국과 이스라엘이 특별한 동맹관계라는 것은 모두 아는 사실이지만, 이스라엘 건국 당초부터 그랬던 것은 아니었다. 아랍 국가들과의 관계와 미·소냉전 등의 영향하에 미국이 아랍 국가들과 이스라엘에 대해 등거리외교를 할 수밖에 없었던 사정이 있었기 때문이다. 그러나 이런 중립적인 입장은 존슨(Lyndon Baines Johnson) 대통령 시대에 크게 변한다. 존슨은 미국을 베트남전쟁에 본격적으로 개입시킨 대통령으로 알려져 있는데, 재임 중에 제3차 중동전쟁이 발발하고 그 직전에 이스라엘에 전면 군사지원을 약속했다고 한다.[28] 실제로 그 후 중동 분쟁의 추이를 보면 이 시기 공정하지 않았던 전쟁처리가 오늘날의 불안정한 중동정세의 뿌리임은 확실하며, 그것은 미국의 중동정책이 이스라엘로 기울어진 결과라고 봐야 한다.

존슨 대통령과 이후 역대 대통령의 이스라엘 "편중" 정책에 대해 미국 역대 대통령의 중동정책을 주제로 저서를 간행한 중동정치 연구자 렌쪼스키(George Lenczowski)는 다음과 같이 말한다. " …… 이스라엘의 안전 확대 요구에 따라 이스라엘의 영토 확장 및 중동 내 유력 군사세력 지향을 수용하여 지원해야 하는가라는 문제에서 존슨 대통령 시대는 전환점이 되었다. 미국의 이스라엘 지원은 존슨과

---

28) 조지 렌쪼스키, 앞의 책, 500~504쪽. 본서는 원서에 따라 트루먼부터 레이건까지 대중동정책에 대해 번역하고 독자들이 미국의 대중동정책을 더욱 이해할 수 있도록 이후에 이어지는 부시와 클린턴의 대중동정책을 개괄하였다.

닉슨 대통령 시대에 크게 강화되었다. 그와 관계없이 워싱턴에서는 친이스라엘 정치파벌이 세력을 얻게 되고 카터, 레이건 대통령에게도 크게 영향력을 행사했다."29) 레이건의 뒤를 이은 대통령이 바로 앞에서 나온 부시(George Herbert Walker Bush)이며, 그의 재임 중에 세계정세가 크게 변화하는 일련의 사건이 발생했다. 바로 1989년 11월 베를린장벽의 붕괴, 1990년 8월 걸프만 위기, 그리고 1991년 1월 걸프전과 12월 소련의 붕괴였다. 이렇게 세계정세를 크게 바꾼 일련의 사건이 한창이었던 1991년 가을, 부시 정권의 세계전략의 기초가 된 새로운 전략이 국방장관 체니(Richard Bruce Cheney) 주재하에 입안되었다. 이 신전략의 특징은 다음의 4가지이다. ① 세계질서는 미국이 지탱한다는 전제하에 냉전 후 '세계 유일 강대국'이 된 미국의 정치적, 군사적 역할을 유지할 것. ② 일본과 독일을 미국 주도의 집단안전보장체제에 통합함으로써 민주적인 평화구역설계에 성공한 것을, 냉전의 숨겨진 승리로 자리매김하고 북한, 구소련, 이라크의 핵확산 방지를 위한 미국의 군사력 행사는 불가피함. ③ 미국이 세계에 대처할 시, 영속적인 공식 동맹국과의 협력은 줄고 걸프전쟁처럼 '연합'과 '임기응변의 결과'를 통한 대응이 확대되므로 유엔중심의 집단안전보장체제에 의구심이 생긴다. ④ 핵무기, 생화학무기에 의한 기습공격에는 선수를 쳐서 저지할 필요가 있다.30)

---

29) 조지 렌쪼스키, 앞의 책, 428쪽.
30) 간 히데키(菅英輝) 『미국의 세계전략-전쟁은 어떻게 이용되었는가(アメリカの世界戰略-戰爭はどう利用されるのか)』中央新書, 中央公論社, 2008년, 138쪽.

부시 정권의 이러한 세계전략은 신세계질서를 구축하기 위한 전략이며, 그 구축을 위해 중동정책도 정해졌다. 걸프위기에 대한 군사개입과 이스라엘 지원, 사우디아라비아의 미군주둔 등 지금껏 없었던 중동개입도 그 일환이다. 그리고 미국의 세계전략과 그 일환으로서의 걸프전쟁 발발은 그 후 2001년 9월 11일의 '9.11' 사건, 또 이로 인한 아프간전쟁과 이라크전쟁으로 이어진다.

순서가 바뀌었지만, 9.11 사건 20년 전인 1981년 6월 이스라엘이 미국제의 F16 전투기로 이라크 바그다드 근교 오시라크에 건설 중인 원자로를 폭격하여 파괴한 사건이 발생하였다. 이 원자로는 프랑스, 이탈리아, 네덜란드의 기술자들이 건설 중이었는데 공식적으로는 평화목적의 발전소였다. 실제로 같은 해 1월 IAEA의 사찰을 받았는데 위반사항 없이 획득한 농축 우라늄의 용도도 분명했다.[31] 그러나 이스라엘은 이라크가 원자력 생산능력을 획득하면 그것을 전쟁에 사용할 수 있다며 어떠한 핵개발도 반대해 왔다. 때문에 "핵공격을 당하기 전에 공격, 파괴한다"는 선제공격 혹은 예방공격이라고도 할 만한 군사행동을 하여 파괴한 것이다. 이것은 앞에서 서술한 부시 정권이 내놓은 세계전략의 네 번째 항목인 선제공격론에 해당하며, 이를 이스라엘이 선취하는 형태로 행한 군사공격으로 해석할 수 있지 않을까. 레이건 정권의 미국은 이스라엘의 공격이 미국이 공여한 폭격기를 사용하여 동맹국인 요르단이나 사우디아라비아의 영공을 침범하고 또 유해한 방사능누출 가능

---

[31] 위의 책, 389쪽.

성이 있다는 점에서 우려를 표명했다.32) 그러나 얼마 지나지 않아 레이건 대통령이 이스라엘의 공격을 옹호하는 발언을 하여 문제를 덮으려고 하였다.

그로부터 10년 뒤인 1991년 1월에 걸프전이 발발하였고, 종결된 그해 4월 유엔안보리는 대이라크 정전결의에 해당하는 결의 687호를 채택하여, ① 이라크는 대량살상무기, 즉 핵무기와 생화학무기를 폐기하고 이후 이들 무기의 연구, 개발을 중지할 것 ② 그 실행을 확실히 하기 위해 대량살상무기폐기특별위원회(UNSCOM)를 결성하고 우선 실태에 대한 사찰을 행할 것33)을 요구하였다. 그러나 이라크는 사찰에 비협조적이었고 사찰의 성과가 나오지 않았다. 이라크의 비협조적인 자세의 이유로 들 수 있는 것은 우선 이스라엘의 핵무기보유는 묵인하면서 이라크에만 군축을 강요하는 것, 그리고 국가의 군비 보유는 당연한 권리이며, 사찰은 국가주권의 침해라는 것이다. 이라크는 이스라엘에는 대량살상무기인 핵무기의 보유를 묵인하면서, 자국에 대하여 핵무기를 포함한 대량살상무기의 폐기를 강요하는 미국의 "이중기준"에 "납득할 수 없다"고 답한 것이다.

부시의 뒤를 이은 클린턴(William Jefferson Clinton)은 소속 정당은 다르지만 중동에 대해서는 부시의 정책을 거의 답습했다고 할 수 있다.34) 그러나 중동의 지역정세는 물밑에서 크게 변화했다. 특히 걸프전 후 미국의 군사적 우방 증대, 팔레스타인문제의 심화,

---

32) 위의 책, 390~391쪽.
33) 위의 책, 442~443쪽.
34) 클린턴 정권의 대중동정책에 대해서는 조지 렌쪼스키, 앞의 책, 445~454쪽 참조.

그리고 이슬람주의 세력의 영향력증대에서 보인다. 9.11 사건은 클린턴의 뒤를 이른 조지 W. 부시 정권기인 2001년 9월에 발생했지만, 이 사건의 싹은 이전의 부시정권, 그리고 클린턴 정권하에 있었다고 생각해야 할 것이다.

조지 W. 부시 정권의 외교정책은 인사에서도 보이듯이 명확하게 부친의 정책에 원형을 찾을 수 있는데, 9.11 사건으로 변질되었다고 한다. 『미국의 세계전략』의 저자인 간 히데키(菅英輝)에 따르면 부시 정권의 외교가 9.11 사건의 충격으로 제국화되었다며 다음과 같은 특징을 언급한다. ①단독행동주의론 ②선제공격론 ③자유와 민주주의의 확대론 및 정의의 전쟁론 ④이중기준에 보이는 편의주의 등이다.35) 9.11 사건 이후 부시의 '테러와의 전쟁' 선언과 아프간 전쟁, 이라크 전쟁을 향한 행동에 이러한 특징이 여실히 드러난다.

여기서 잠깐 최근 이스라엘의 핵을 포함한 군사, 외교정책을 짚고 넘어가자. 미국의 이라크 공격, 이른바 이라크 전쟁 시에 이스라엘의 샤론 정권이 이라크에 취한 대응은 이미 서술했지만, 이스라엘은 그 후에도 이 지역에서 발생한 전쟁 또는 전투 행위에서 직간접적인 당사자가 되었다. 그 가운데 2006년 7월 레바논 전쟁(제6차 중동전쟁)시에는 이스라엘이 실제로 클러스터 폭탄과 연료기화폭탄을 사용하였고, 또 미국이 이스라엘에 공여한 열화 우라늄탄이 사용된 의혹이 있다고도 보도되었다.36) 이 레바논 전쟁에 대해 앞서 인

---

35) 간 히데키(菅英輝), 앞의 책, 176~177쪽.
36) 모가미 도시키(最上敏樹)「침묵의 국제안전보장-레바논 위기는 국제위기(沈默の國際安全保障-レバノン危機は國際危機である)」『世界』, 岩波書店, 2006년 10월

용한『삼손 옵션』의 저자 허쉬는『뉴요커』지에 기고한 글에서 다음과 같이 말하였다. "정보와 외교를 전문으로 하는 미국 정부고관에게 들으니 부시(주니어) 대통령과 체니 부대통령의 생각을 알 수 있었다. 헤즈볼라는 레바논의 지하에 견고한 미사일 기지를 건설 중이다. 이를 표적으로 공습을 하면 이스라엘의 안전보장에 대한 위협이 우선 경감될 것이다. 동시에 대이란 선제공격을 계획하는 미국에게 이란의 핵시설 공습의 예행연습이 되기도 한다. 이란에는 헤즈볼라 기지처럼 깊게 은폐한 핵관련 시설이 있기 때문이다."37) 또 허쉬는 같은 지면에서 이스라엘과 미국의 관계에 대해 다음과 같이 서술하였다. "과거 수십 년간 미국과 이스라엘은 첩보활동과 군사행동에서 긴밀한 협력관계를 맺어 왔다."38) 이런 사항들을 감안하면 지금까지 이스라엘이 관련된 전쟁 혹은 전투행위는 이스라엘, 미국 간 정보교환 등의 협력관계하에 행해졌고 레바논 전쟁도 그 한 예이며 미국에 의한 이란 공격의 '예행연습'으로 여겨졌다는 것이다.

2007년 9월 초 이스라엘이 시리아의 핵개발 의혹 시설을 폭격했다는 보도가 사건발생 후 어느 정도 지나 흘러나왔다. 그 후 사건의 경위가 밝혀졌는데, 이스라엘은 핵개발시설이었다고 주장하였고, 미국은 시리아가 핵시설 건설을 비밀리에 진행시키고 있었다며 이

호, 79쪽 참조.
37) 허쉬(ハーシュ)「레바논전쟁에서 이란공격까지-이스라엘의 그늘에 숨은 미국의 야망(レバノン戰爭からイラン攻擊へ-イスラエルの陰に隱れたアメリカの野望)」『世界』岩波書店, 2006년 10월호, 83쪽 참조.『뉴요커(The New Yorker)』지 2006년 8월호에서 번역.
38) 위의 글, 38쪽.

스라엘과 같은 입장에 섰다. 그러나 당사자인 시리아는 사용되지 않는 군 관련 시설이었다고 주장하여 양국의 주장을 부인하였다. 그리고 다음 해인 2008년 6월 IAEA의 조사단이 폭격현장을 조사하고 11월에 IAEA의 엘바라다이 사무국장이 기자회견에서 "미량의 우라늄이 검출되었지만 …… 원자로가 있었다고 결론지을 수 없다"[39]고 하였다. 또 시리아 외상 무알렘(Walid Mualem)은 채취되었다는 핵물질은 이스라엘군이 사용한 열화우라늄탄일 가능성이 있다고 발언하였다.[40] 시리아의 핵개발 여부에 대한 의혹을 떨칠 수는 없지만, 이 사건과 관련짓기에는 정보가 너무나 부족하고, 무엇보다 우선 생각해야 하는 것은 이스라엘이 임전상태의 이웃나라 시리아에 대해 일방적인 폭격을 했다는 점일 것이다. 앞에서도 보았듯이 이스라엘은 1981년 6월에 이라크에서 건설 중인 원자로를 폭격하였다. 이 폭격이나, 시리아의 핵개발 의혹 시설 폭격이나 "이스라엘의 안전을 위협하는 것은 허용될 수 없으며 이를 예방적으로 배제한다"는 이스라엘의 기존 방침에서 나온 것이다. 이렇게 자국의 안전보장을 위해서는 어떠한 행위도 정당화된다는 사고방식이 지역정세의 긴장에 얼마나 영향을 주고 있는지 똑똑히 물어야 할 것이다.

---

[39] "미량 우라늄의 흔적-시리아 핵시설 의혹(微量ウランの痕跡-シリア核施設疑惑)"『마이니치 신문(每日新聞)』 2008년 11월 19일자 조간.
[40] 위의 기사.

맺음말

　중동정세는 팔레스타인 정세와 이라크 정세를 큰 축으로 점점 더 혼란스러워 지고 있다. 팔레스타인정세는 레바논과 시리아의 정세와 직결되며 중동 이슬람 세계와 연동한다. 또 다른 축인 이라크 정세는 이란과 아프가니스탄, 그리고 쿠르드문제를 둘러싼 국가들의 정세와 직결되며 또 걸프만 국가들의 정세와 연동한다. 이렇게 극한 긴장을 안고 있는 지역의 한 가운데 이스라엘이 비(非)아랍, 비이슬람국으로서 또 '적국'으로서 위치하고 있다. 그리고 이 나라는 자국의 안전보장을 위해서 강대한 군사력을 보유하며 이 지역에서 유일하게 핵무장을 하고 있다. 나아가 이스라엘은 핵을 가져도 괜찮지만, 중동, 아랍세계는 그럴 수 없다는 논리를 펼치고 있다. 어째서 이런 일이 가능할까. 거기에는 지금까지 보아 온 대로 미국이 방패가 되고 있기 때문이다.

　이렇게 지역정세가 혼미함에도 불구하고, 아랍세계에서도 핵개발의 움직임을 볼 수 있다. 시리아의 핵개발 의혹에 더하여 "이집트는 국내 다섯 곳에 우라늄 광산이 있고 1950년대부터 원자력 에너지의 연구개발을 진행시켰으며 1982년 NPT에 가맹하는 한편, 1970년대부터 1990년대 초반까지 우라늄 농축 전환실험을 하고 있다."[41] 또 "2005년 무렵부터 중동의 대다수 국가가 차례차례 핵개발 착수

---

41) 미즈모토 가즈미(水本和美)「피폭 60주년, NPT체제는 위기적 상황-2005년 핵동향과 논조(被爆60周年だがNPT體制は危機的狀況-2005年の核をめぐる動向と論調)」『廣島平和記念資料館研究報告』廣島平和記念資料館, 2007년, 60쪽.

를 표명했다. 지금까지 알려진 것만 해도 터키, 이집트, 사우디아라비아, 아랍에미리트, 예멘, 알제리, 튀니지, 모로코 등이다."42) 그리고 이들 국가는 핵의 평화적 이용을 내걸지만 대부분의 국가가 정치적, 사회적으로 불안정하고 또 핵을 관리할 수 있는지 상당히 의문이다.

지금까지 개관해 온 것처럼 이스라엘은 "핵무기를 처음으로 사용하는 국가는 되지 않을 것이다"라고 하면서도 "대량살상무기 등이 사용되면 그에 상응하는 대응을 할 것이다"라며 핵무기 사용을 사양하지 않고 공언했다. 그리고 과거 이스라엘은 몇 번이나 핵무기 사용을 고려했다. 그리고 지역정세는 각각의 분쟁이 가라앉기는커녕 더욱 더 혼탁해지고 있다. 과연 이스라엘이 바로 내일 핵무기를 사용하지 않으리라는 보장이 있을까.

국가의 안전은 그 국가를 둘러싼 지역의 정치적, 사회적, 경제적 안정과 각국 간에 우호관계가 없으면 애초에 확보하기 어려운 것이다. 이렇게 생각하면 이스라엘의 안전은 팔레스타인 사람들에게도 안전한 것이어야 하며, 또 주변 국가들이 공유할 수 있는 형태의 안전이어야만 한다. 이스라엘이 자국의 안전만을 우선하고, 그를 구실로 팔레스타인을 점유하면서 핵보유를 안전보장의 담보로 생각한다면 이 나라에 진정한 평안은 절대 찾아오지 않을 것이다.

2009년 1월 미국에서 부시 정권을 대신하여 강한 개혁을 주장하는 오바마(Barack Hussein Obama, Jr.) 정권이 탄생했다. 이를 두고

---

42) 다테야마 료지(立山良司), 앞의 글, 69쪽.

일본의 언론은 중동평화의 해결과 이라크 정세 호전이 기대된다는 보도를 하였다. 그러나 오바마 정권이 역대정권과 마찬가지로 이스라엘의 안전을 우선하고 그 입장을 옹호한다면, 팔레스타인과 이라크 정세가 호전되기는커녕 더욱 긴장되고 핵무기 사용 가능성 역시 증대되는 사태까지 예상된다.

제9장

러시아의 핵(원자력) 정책

과거와 현재

쓰노다 야스마사(角田安正)

들어가는 말

러시아는 소련 시절부터 그러했지만 서방 선진국과 달리 어딘가 인간을 경시하는 경향이 있는 것 같다. 마찬가지로 국가가 국민의 생활환경에 대해 충분한 배려를 하지 않는다는 인상도 지울 수 없다. 원자력발전은 군사든, 민생이든 인간의 생활환경에 큰 영향을 줄 수 있다. 원자력 개발의 실정을 추적하다보면 위와 같은 인상이 정확한지 여부를 확인할 수 있을 것이다. 본론에서는 이런 점에 유의하면서 소련과 그 계승국 러시아의 원자력정책을 살피고자 한다.

1. 원자력발전의 역사

소련이 원자력발전에 처음으로 발을 내딛은 것은 1954년 6월 27일의 일이다. 이 날 모스크바 교외의 오브닌스크에서 원자력발전소가 송전을 개시했다. 소련의 문헌에는 이를 세계 최초의 원자력발전이라고 한다.1) 그렇지만 엄밀히 말하자면 원자력발전의 실용화는 아닌데, 채산을 도외시했기 때문이다.2) 1950년대의 소련은 화력발전과 수력발전 모두 비용이 낮았고, 따라서 원자력발전에 대한 수요는 그다지 크지 않았다. 그런 탓에 소련에서 두 번째 원전(베로야르스크 원전)이 운전을 개시한 것은 약 10년이 지난 1964년 4월 26일의 일이다.3)

소련이 원자력발전에 본격적이 된 것은 제10차 5개년계획(1976~1980년) 이후로, 제1차 석유파동이 계기였다. 1973년 말부터 석유 국제유가가 폭등하였고 석유는 외화획득을 위한 소련의 주요한 수출품이 되었다. 국내 전력수요를 충당하기 위해 석유 대신 원자력을 이용하는 편이 합리적이었다.

당과 국가지도부가 이러한 정책을 선택하는데 별다른 사회의 저항이 없었다. 페레스트로이카 시대를 맞이하기까지 소련에 조직적인 환경보호운동은 없었다. 언론과 결사의 자유가 현저히 제한되었기 때문이다. 그 결과 소련의 경제 및 산업정책의 악폐가 그대로 남아있었다. 그 악폐를 지적하자면 일반적으로 다음과 같다. 사회적 비용(특히 안전성)을 희생시키더라도 생산고를 우선시하는 경향.

---

1) A.M. 페트로샨쓰(Andranik Melkonovich Petros'iants), 이토 히로시(伊藤弘)·시노하라 요시쿠니(篠原慶邦) 역 『소련 원자력개발의 모든 것(ソ連原子力のすべて)』 日本原子力産業會議, 1981년, 81쪽.
2) 조레스 메드베제프(Zhores A. Medvedev), 요시모토 신이치로(吉本晋一郎) 역 『체르노빌의 유산(チェルノブイリの遺産)』 みすず書房, 1992년, 252쪽.
3) 위의 책, 257쪽.

지역에 대한 배려를 미루고 중앙의 계획을 추진하는 관료적인 행동양식, 프로젝트 규모의 거대화를 꾀하여 '세계 최대'를 지향하는 습성.[4] 시민운동이 봉쇄되고 또 시민의 목소리를 반영하는 의회도 기능하지 못하고 있어서 이상과 같은 경향은 그대로 방치되었다. 원자력산업도 예외는 아니다. 다른 산업보다 훨씬 중요시 되어야 할 안전성조차 특단의 배려가 있었다고 하기 어렵다. 이는 소련 원자로의 특성을 봐도 분명한 사실이다.

소련의 원자로의 주력은 첫째, RBMK, 그 다음이 VVER이다.[5] RBMK란 흑연감속·비등경수냉각·채널관형 원자로를 말한다(덧붙여 VVER은 서방의 가압경수로(PWR)에 해당하는 가압수로). 1964년에 가동하기 시작한 베로야르스크 원전도 RBMK였다. 이것은 소련의 독특한 원자로로 압력관에 비등수가 흐름으로써 노심에서 발생한 열을 제거하는 구조이다.[6] 소련원자력이용국가위원회 회장을 역임한 페트로샨(Andranik Petrosyants)은 RBMK형 원자로에 대해 "대용량 원전에서 이용할 때 확실히 경제적으로 유리한 원자로"이며 "수명이 길다"고 평가하였다.[7] 그러나 이 유형의 원자로는 불안정

---

4) 이런 특징은 소련의 3대 건설프로젝트인 드니프로 수력발전소, 마그니트고르스크 철강플랜트, 발트 해-백해 운하에 공통적으로 보인다. 다음을 참조. Loren R. Graham, *The Ghost of the Executed Engineer: Technology and the Fall of the Soviet Union*, Harvard University Press, Cambridge, 1993.
5) 제10차 5개년계획의 마지막 해인 1980년 말까지 소련에서는 합계 24기의 원자로가 가동될 예정이었다. 그 가운데 13기는 RBMK이고 10기는 VVER, 남은 1기는 빌리비노의 고속원자로(FBR)이다. Loren R. Graham, *op. cit.*, p.90.
6) 후지이 하루오(藤井晴雄) 『소련·러시아의 원자력개발(ソ連·ロシアの原子力開發)』 東洋書店, 2001년, 42쪽.

하여 대부분의 국가가 피하고 있다.[8] 또 경제적으로 유리(즉 가격이 비교적 저렴)했던 것은 대규모 노심용 압력용기와 격납용기를 갖추고 있지 않기 때문이다. 노심폭발 같은 사고에 대응할 수 없는 이상 안전성이 희생되었다고 할 수밖에 없다.[9] 이는 불행히도 1986년 4월 체르노빌 원전 폭발사고로 실증되었다. 또 RBMK는 노심을 냉각하는데 대량의 물이 필요하다. 노심에서 방사능을 함유한 냉각수는 거대한 인공지(人工池)로 방출되어 환경파괴의 원인이 되었다.[10] 이처럼 안전성의 문제에도 불구하고 소련은 RBMK에 의존하고 있었다. 특히 1973년에 등장한 RBMK-1000은 70년대 소련 원자력발전의 주류가 되었다. RBMK와 VVER이 소련의 원자력발전에서 차지하는 비율은 1980년 시점에 각각 66%와 27%였다.[11]

RBMK의 강점은 무엇일까. 우선 RBMK는 VVER에 비교해 가격이 쌌다. 또 원자력관계 부처가 RBMK의 결점(안전성 결여)을 당과 국가의 지도부에 알리지 않았다는 사실도 지적할 수 있다. 이 사실은 체르노빌 원전 사고 후, 소련공산당중앙위원회 정치국의 회의(1986년 7월3일)에서 밝혀졌다.[12] 원자력발전 관계자 사이에 RBMK

---

7) 페트로샨쓰, 앞의 책, 43쪽.
8) Loren Graham, op.cit., p.90.
9) 조레즈 메드베제프, 앞의 책, 261~262쪽.
10) 위의 책, 262~263쪽.
11) 후지이 하루오(藤井晴雄), 앞의 책, 43쪽.
12) 알라 야로신스카야(Alla Yaroshinskaya), 와다 아키코(和田あき子) 역 『극비 체르노빌-은폐된 사고보고(チェルノブイリ極秘-隠された事故報告)』 平凡社, 1989년, 358쪽.

의 개발에 관여한 기술자들이 영향력을 행사했던 것은 아닐까 추측된다.

2. 체르노빌 원전사고

체르노빌 원전사고는 1986년 4월 26일 소련의 프리퍄치(우크라이나공화국 키예프 주 북부)에 있는 체르노빌 원자력발전소에서 일어난 핵폭발 사고이다. 앞서 서술한 대로 체르노빌 원전의 원자로는 RBMK였다.

사고의 계기는 4월 25일 심야부터 26일 새벽까지 실시된 비상용 전원의 테스트였다. 출력제어에 실패한 운전반이 급히 제어봉을 삽입했지만 오히려 원심하부에서 핵분열에 박차가 가해졌고(포지티브 스크램 효과), 핵분열의 폭주가 시작되었다. 제어봉 설계에 결함이 있었던 것이다.[13] 그 직후 최초 폭발이 일어나고 수초 후에 대폭발이 일어났다. 두 번째 폭발로 4호로 건물이 일순간에 날아갔다. 뒤이어 노심에서 흑연(黑鉛) 화재가 발생하고 수주에 걸쳐 대량의 방사능이 방출되어 스웨덴을 비롯한 주변국가에도 도달했다. 방사능 방출을 멈추게 하기 위해 소련당국은 공중에서 모래와 납을 투하했고 11월에는 4호로의 콘크리트 밀봉작업이 완료되었다.[14]

---

[13] 이마나카 데쓰지(今中哲二)「체르노빌 원전사고에 의한 방사능 오염과 그 영향(チェルノブイリ原發事故による放射能汚染とその影響)」『設計工學』제42권 제6호, 2007년 6월, 319~310쪽.

[14] 이마나카 데쓰지(今中哲二)「체르노빌 원전과 방사능 재해의 개요(チェルノブイリ

원전직원의 마을인 프리퍄치에서는 사고 다음 날인 4월 27일 주민회원(약 4만 5천 명)에게 퇴각명령이 내려졌다. 5월 2일에는 원전에서 반경 30km에 해당하는 지역이 방사능오염위험지구로 지정되었고, 프리퍄치 주민을 합친 13만 5천 명이 강제적으로 대피하였다. 그들이 원래의 주거지로 돌아가는 일은 없었다.15)

소련 측의 공식발표에 따르면 이 사고의 희생자는 31명으로 현장에서 즉사한 인원 3명, 방사능피폭으로 수주 이내에 사망한 운전원과 소방수 28명이었다. 이 숫자는 직접사고를 당한 희생자의 숫자이다. 간접적인 피해자수는 추정치이다. 2005년 빈의 IAEA에서 개최된 국제회의에서는 "(체르노빌 원전사고의) 방사능피폭으로 인한 사망자 수는 장래 암으로 사망할 가능성이 있는 사람을 포함하여 4000명"으로 추정하고 있다.16)

체르노빌 원전사고가 계기가 되어 소련에서는 원자력발전에 관한 논쟁이 불붙었다. 이는 『모스크바 뉴스』 등 개혁파 언론을 들끓게 하였다. 이런 일이 가능했던 것은 고르바초프(Mikhail Gorbachev) 당 서기장이 글라스노스트를 추진하고 있던 시기와 맞아 떨어졌기 때문이다.

1989년이 되면 체르노빌 원전사고는 민족운동의 테마가 되어 정

原發とその放射能災害の槪要)」『러시아연구(ロシア硏究)』제33호, 2001년 10월, 83쪽, 98쪽.
15) 『러시아·소련을 아는 사전(ロシア·ソ連を知る事典)』 平凡社, 1989년, 358쪽.
16) 이마나카 데쓰지(今中哲二) 「체르노빌 사고에 의한 사망자수(チェルノブイリ事故による死者の數)」 『原子力資料情報室通信』 제386호, 2006년 8월, 8쪽.

치화되었다. 즉 체르노빌사고 피해가 컸던 우크라이나공화국과 벨라루스공화국에서 루프(Rukh)[17]와 벨라루시인민전선(BPF) 등의 민족파 정치단체가 사고에 관한 정보공개와 방사능 오염대책을 요구하게 되었다.[18] 민족운동이 활발해지는 과정에서 체르노빌 원전사고 피해에 대한 의식이 고양되고 그것이 민족운동을 더욱 자극한 것이다. 체르노빌문제는 연방 차원에서도 격렬한 논쟁을 불러 일으켰다. 1989년 5월에 개최된 제1회 소련인민대의원대회에서 우크라이나와 벨라루스 선출의 대의원이 체르노빌 문제를 거론했다.[19]

이렇게 소련의 원자력 개발은 체르노빌 원전사고 이후 사회 반발을 초래했다. 소련당국은 어떤 대응을 했을까. 우선 지적해야 하는 것은 원자력 개발에 대한 저항이 강했음에도 체르노빌사고로 폐쇄된 발전소는 없었다는 사실이다. VVER은 물론 체르노빌원전과 동일한 RBMK-1000 역시 조업을 계속했다. 두 번째로 착공완료의 원전 건설이 속행되었다. 예를 들면 사고 후 1년 동안 RBMK형 원자로 2기가 준공되었다. 스몰렌스크원전 3호로와 리투아니아공화국의 이그나리나원전 2호로가 그것이다.[20] 세 번째로는 사고 직후 수년간 소련에서는 원자력발전소의 신규착공은 유보되었지만 1992년이

---

17) (역주) 루프는 1989년 9월 우크라이나의 지식인들이 결성한 민족운동조직으로, 우크라이나어로 '운동'이라는 뜻이다. 페레스트로이카 시대에 각 공화국에서 성립한 '인민전선'에 해당한다.
18) 이마나카 데쓰지(今中哲二)「체르노빌 원전과 방사능 재해의 개요」, 앞의 글, 92쪽.
19) 위의 글, 92쪽.
20) 알라 야로신스카야, 앞의 책, 394쪽.

되자 소련을 계승한 러시아는 그러한 방침을 뒤집었다. 그 해 3월 가이다르(Yegor Gaidar) 러시아 수상이 건설재개를 지시한 것이다.[21] 그리고 12월 28일자 정부령 제1026호에 의해 러시아 원자력성은 다음의 원전 건설계획 결정 지령을 받았다. 베로야르스크 4호로, 남우랄, 빌리비노(제2기), 노보보로네지 6, 7호로, 콜라 5, 6, 7호로이다.[22] 급박해진 전력수요를 충당하기 위해서라지만, 소련시대의 말기였다면 극심한 원전반대운동이 일어났을 것이다. 그러나 1991년에 소련 붕괴 후 민족운동과 연결되어 있던 원전반대운동은 일시에 세력을 잃었다. 독립을 달성한 리투아니아와 우크라이나에서는 원전반대를 구실로 반모스크바 자세를 보일 필요가 없어졌기 때문이다. 오히려 그들 공화국에서는 자력으로 전력수요를 감당해야 했기에 원전반대가 아니라 오히려 원전 재개를 요구하는 기운이 점차 고양되었다.[23]

이처럼 원전개발에 대한 역풍이 약해진 틈을 타 러시아는 이미 1992년에 원전의 신규착공을 재개하는 방침을 정하였다. 하지만 1990년대는 러시아 경제가 부진에 허덕이던 시기였다. 신규착공 재개가 결정되었지만 바로 실행에 옮길 수는 없었고, 1999년 베로야르스크 4호로 건설로 겨우 현실화되었다.[24]

---

21) 위의 책, 395쪽.
22) 1992년 12월 28일자 러시아정부령 제1026호, http://infopravo.by.ru/fed1992/ch01/akt10084.shtm
23) 알라 야로신스카야, 앞의 책, 396쪽.
24) 후지이 하루오(藤井晴雄), 앞의 책, 45쪽.

3. 방사능 폐기물 처리

원자력 개발에 따르는 위험은 원자로 폭발사고만이 아니다. 사용후핵연료도 처리를 잘못하면 중대한 환경파괴의 원인이 될 수 있다. 소련에서는 1957년 9월 폐쇄도시 체리야빈스크 40에서 '우랄 핵참사'가 발생했다. 체리야빈스크 40은 소련의 핵무기개발의 주역을 담당한 도시였다. 소련의 원자폭탄은 여기서 생산된 군사용 플루토늄을 사용하여 제조되었다. 소련 최초의 원자폭탄 역시 예외가 아니다. 이 폭탄은 1949년 8월 29일 세미파라친스크에서 행한 소련 최초의 원폭실험에 제공되었다.

체리야빈스크 40은 원폭 제1호 제조로 그 역할을 끝내지 않았다. 오히려 플루토늄을 생산하는 원자로는 1950년대 초반에 속속들이 신설되었다.[25] 제1차 양산(量産) 시리즈의 원폭은 1953년에 무기고에 격납, 1954년 말에는 각기 군관구에 배비되었다.[26] 소련이 이렇게 핵무기 생산을 착실히 진행시킨 것은 물론 미국에 대항하기 위해서였다. 이로써 미소관계는 악화되었고 동서냉전이 본격화되었다.

주지하는 대로 제2차 세계대전 후 실제 핵무기가 사용된 일은 없었다. 소련 역시 핵무기 공격을 받은 일은 없다. 그러나 소련에서는 핵무기 제조로 인한 방사성 폐기물이 사고를 일으킨 일이 있다. 이런 의미에서 소련은 핵참사와 무연하지 않았다. 사고발생은 방사성

---

25) 데이빗 홀로웨이(David Holloway) 가와카미 다케시(川上洸)·마쓰모토 유키시게(松本幸重) 역 『스탈린과 원폭(スターリンと原爆)』 상권, 大月書店, 1997년, 271쪽.
26) 데이빗 홀로웨이, 위의 책, 하권, 477쪽.

폐기물의 재처리 기술을 갖추지 못했기 때문이다.

체리야빈스크 40에서는 플루토늄 제조로 발생하는 방사성 폐기물 일부를 저장하지 않고 하천에 유출하였고, 이는 하천 하류 주민이 피폭되는 원인이 되었다.[27] 저장된 경우도 관리는 엉망이었다. 그 결과 '우랄 핵참사'가 발생한 것이다. 1957년 9월 29일 방사성 폐기물 저장탱크가 화학폭발을 일으키고 방사성 폐기물이 체리야빈스크와 스베르들로프스크로 날아갔다. 소련당국은 1989년이 되어서야 이 사실을 인정했는데 그에 따르면 폭 9km, 길이 105km에 이르는 범위가 방사능에 오염되어, 당시 1만 명 이상이 피해를 입었다.[28]

방사성 폐기물의 관리 소홀은 체리야빈스크 40에 한정된 것이 아니었다. 클라스노야르스크 지방에 제레즈노고르스크라는 도시가 있다. 이곳은 원래 클라스노야르스크 26으로 불리던 비밀도시로서 1958년 이래 플루토늄 생산을 담당해 왔다. 이곳에 1977년 사용후 핵연료의 재처리시설 건설이 결정되었는데 이 계획대로 건설이 시작된 것은 무려 10년 뒤인 1987년이다. 그것도 착공 후 2년 만에 재정난으로 공사가 중단되었고, 사용후핵연료는 임시저장시설에 보관되었다.[29]

소련이 방사성 폐기물의 재처리를 소홀히 한 이유는 무엇일까.

---

27) 데이빗 홀로웨이, 앞의 책, 상권, 279쪽.
28) 후지이 하루오(藤井晴雄), 앞의 책, 61쪽.
29) 니시무라 요이치(西村陽一)『프로메테우스의 묘지(プロメテウスの墓場)』小學館 文庫, 1998년, 189쪽.

먼저 핵무기개발을 서두른 나머지 개발 후에 필요한 자금과 인재를 돌릴 여유가 없었다는 것을 지적할 수 있다. 둘째, 인명경시 전통을 들 수 있을 것이다. 소련에서는 대규모 건설 추진 시 발생하는 희생자를 고려하지 않는 경향이 있다. 약 20만 명의 희생자를 낸 발트해 운하 건설(1933년 완성)이 전형적인 예이다. 셋째, 공산당 일당독재 체제에서 언론은 당과 국가에 의해 관리되어, 방사성 폐기물의 위험을 지적하는 전문가가 있어도 목소리는 묻히게 된다. 실제로 우랄 핵참사는 오랜 기간 비밀에 부쳐졌는데 1976년 영국의 『뉴 사이언티스트(New Scientist)』에 처음으로 전해졌다. 논문을 기고한 소련의 생물학자 조레스 메드베제프(Zhores Medvedev)는 "1957년 혹은 58년에 남우랄의 광범위한 지역이 방사성 폐기물에 의해 오염되었다"[30]고 폭로하였는데, 그 때문에 훗날 국외추방을 당하게 되었다.

4. 역설적인 원자력 비즈니스

현재 러시아에서도 방사성 폐기물 처리는 골치 아픈 문제이다. 쌓이기만 하는 사용후핵연료가 신생국 러시아로 계승되어 처리시설 건설이 여전히 현안이 되고 있기 때문이다. 옐친 정권은 재처리시설을 정비하기 위한 비용을 댈 수 없었다. 1990년대 러시아정부

---

[30] 조레스 메드베제프, 우메바야시 히로미치(梅林宏道) 역 『우랄 핵참사(ウラルの核慘事)』技術と人間, 1982년, 9~15쪽.

는 만성적인 자금부족에 시달리고 있었기 때문이다.

이렇게 국내의 사용후핵연료의 처리조차 버거운 상황임에도 옐친(Boris Yel'tsin) 대통령은 1995년 1월 외국의 사용후핵연료 유입을 허용하는 대통령령을 발표하였다. 의도가 무엇이었을까. 러시아 측의 의도는 외국의 사용후핵연료 처리를 적극적으로 수용함으로써 자금을 비축하고 그 자금으로 사용후핵연료 재처리시설을 건설한다는 것이었다. 아다모프(Yevgenii Adamov) 러시아 원자력성 차관은 1998년 4월 다음과 같이 본심을 드러냈다. "외국의 사용후핵연료의 재처리를 수용하면 러시아는 50~60억 달러를 얻을 수 있고, 이 자금으로 제레즈노고르스크의 재처리시설을 완성시킬 수 있다".[31]

2000년에 대통령에 취임한 푸틴(Vladimir Putin)도 옐친 정권의 방침을 계승했다. 푸틴 대통령은 2001년 7월 11일 해외에서 사용후핵연료를 인수하여 국내보관을 인정하는 일련의 법안에 서명하였다.[32] 이 법률은 인수한 사용후핵연료를 영구보관하는 방침일 것이라는 해석도 있었다.[33]

신생 러시아는 사용후핵연료의 처리에 더하여 핵탄두의 해체와 그 결과 발생하는 핵물질의 처리도 해야 되는 상황이었다. 이것은

---

31) "Russia to reprocess foreign spent nuclear fuel", Bellona, ⟨http://www.bellona.org/english_import_are/international/russia/nuke_industry/waste_imports/8513⟩(2009년 2월 10일 접속)

32) REF, 2001.7.12 ⟨http://www.rferl.org/content/Article/114239.html⟩(2009년 2월 24일 접속)

33) Jane Dawson and Robber Darst, "Russia's Proposal for a Global Nuclear Waste Repository", Environment, vol.47, no.4, 2005, p.12

해외의 사용-후핵연료를 인수하여 외화를 획득한다는 방침으로 기울게 하는 또 다른 요인이 되었다. 미·소 양국은 1993년 제2차 전략무기삭감조약(START Ⅱ)에 조인하고 각각 핵탄두수를 대폭 감축하기로 하였다. 러시아 의회의 비준이 200년 4월까지 이루어지지 않았기 때문에 START Ⅱ의 실효성은 없었지만, 그 대신 2002년 5월 전략공격전력삭감조약(통칭 모스크바조약)이 양국 간에 조인되었다. 이 조약으로 양국은 보유하고 있는 5000~6000발의 전략핵탄두를 2012년 말까지 1700~2000발로 감축하기로 하였다. 러시아가 조약에 응한 이유는 무엇일까. 러시아는 소련 붕괴 후 구소련 국가에 남겨진 전술핵무기를 회수하였다. 또 카자흐스탄, 우크라이나, 벨라루스가 보유하는 전략핵탄두도 1996년까지 러시아로 이송되었다. 1990년대의 러시아 재정은 극히 어려웠기에 걸맞지 않는 핵전략을 그대로 유지할 여유가 없었다. 러시아가 모스크바조약에 응한 것은 이 때문일 것이다.

핵전략 감축이란 핵탄두를 해체하고 그 결과 발생하는 핵물질을 저장(내지는 처리)하는 것이다. 그런데 러시아에서 핵탄두를 해체할 수 있는 시설은 레스노이(스베르들로프스크 45), 트료흐고르니(Tryokhgorny, 구 즐라토우스트 36), 자레치니(구 펜자 19), 크렘료프(구 아르자마스 16) 등 네 곳 밖에 없다. 더욱이 핵탄두의 해체로 발생하는 핵물질을 저장할 수 있는 시설은 세베르스크(구 톰스크 7), 레스노이, 오조르스크(구 첼랴빈스크 65) 등 세 곳이다. 소련시대에는 잉여 핵무기가 발생하는 사태를 전혀 예상하지 않았던 탓에 그 이상의 시설은 필요치 않았던 것이다.[34] 이런 사정으로 핵무기 삭감에 응한 러시아는 급히 신규 처리시설을 정비해야 했다. 그 비용을 변통한다는 관점에서라도 외국의 사용후핵연료 처리를 맡는다는 안은 매력적이었을 것이다.

그러나 러시아는 중요 고객을 모집하는 데 실패하였다. 2004년에 되어도 러시아는 세계시장에 들어가지 못한 채였다. 시장은 미국과 프랑스, 특히 미국이 대부분을 점유하고 있었다. 러시아의 고객이 된 것은 구소련 권에 속해있던 동유럽의 일부 국가뿐이어서 사용후핵연료 인수는 수익사업이 되지는 않았다.35)

고객모집 실패이유는 러시아의 재처리기술의 안전성에 문제가 있었기 때문일 것이다. 처리시설이 정비되지 않으면 러시아는 사용후핵연료를 그대로 방치하거나 해양투기를 할지도 모른다. 그렇게 되면 결국엔 사용후핵연료를 위탁한 국가를 포함하여 주변 국가가 환경오염의 피해자가 될 뿐이다. 원자력 발전에 의존하는 대부분의 국가는 러시아를 신뢰하지 않았을 것이다.

실제 러시아는 외국의 사용후핵연료를 인수할 경우 기존 시설로는 재처리를 감당하지 못할 것이 분명하였다. 러시아의 당국자 가운데서도 그 사실을 인정한 사람이 있다. 2001년의 법률이 하원에서 심의될 당시, 핵과 방사능의 안전을 감독하는 러시아 연방기관인

---

34) 마루야마 히로유키(丸山浩行)「러시아 핵복합체-잉여무기해체와 플루토늄 관리의 현상(ロシアの核複合體-余剰武器解體とプルトニウム管理の現狀)」『더 월드 모니터(ザ・ワールド・モニター)』제142호, 1999년 5월, 12쪽.

35) "No contrasts for spent nuclear fuel imports in Russia for 2004", Bellona, ⟨http://www.bellona.org/english_import_are/international/russia/nuke_industry/waste_imports/32058⟩(2009년 2월 10일 접속)⟩

러시아원자력 및 방사선안전청(GOSATOMNADZOR)의 안드레이 키슬로프(Andrei Kislov)는 "외국의 사용후핵연료 인수처의 후보지인 제레즈노고르스크와 오조르스크의 시설은 노후화되어 사용후핵연료의 재처리나 대량보관도 불가능하다. 그 시설들은 오직 국내의 사용후핵연료의 처리를 염두에 두고 설계되었으며, 외국에서 유입되는 새로운 사용후핵연료를 처리할 능력은 없다. 러시아는 적절한 재처리시설과 보관장소를 신설해야 한다"고 하였다.36) 키슬로프가 사용후핵연료의 재처리시설과 보관장소 신설이 선결되어야 한다고 주장한 것은 정론이다. 외국이 지불하는 수수료가 재처리시설의 건설에 충당된다는 보증도 없었고, 가령 그랬다 하더라도 단시일 내에 재처리시설을 정비하는 것은 불가능했을 것이다.

외국의 사용후핵연료 인수 자체에 반발하는 세력도 있었다. 국정운영이나 현지에서도 그러한 방향에서 환경보호파가 반대운동을 전개하였다.37) 제레즈노고르스크의 재처리시설 건설이 1990년대 중반 이후에도 정체된 것은 자금부족과 함께 현지 주민의 강력한 반대운동에 부딪혔기 때문이다. 2001년의 법률이 채택된 당시에도 제레즈노고르스크에서는 반대 서명운동이 일어났다.38)

이러한 환경운동에 대해 러시아정부는 어떤 대응을 하였을까. 푸

---

36) Sophie Lambroschini, "Russia: Plans To Import Spent Nuclear Feul Prompt Safety Concerns", 〈http://www.rfuel.org/contents/Article/1095997.html〉 (2009년 2월 10일 접속)
37) 니시무라 요이치(西村陽一), 앞의 책, 190~191쪽.
38) Jane Dawson and Robber Darst, op.cit., p.18.

틴 대통령은 환경문제에 신경 쓸 겨를이 없다는 태도였다. 푸틴은 대통령취임 후 환경보호청을 폐지하고 업무를 천연자원성으로 이관하였다. 천연자원성은 이익을 올릴 수 있는 천연자원의 개발을 맡은 조직으로, 환경보호청의 통폐합은 사용후핵연료의 유입을 결정한 법률과 마찬가지로 자연환경보호보다는 경제적 이익을 우선시하는 푸틴 대통령의 자세가 뚜렷이 드러난다.[39]

5. 이란 핵개발에 대한 러시아의 대응

2003년경부터 핵연료 사이클을 관리하는 국제적인 장치를 확립할 필요성이 세계적으로 인식되기 시작했다. 계기가 된 것은 북한과 이란의 핵개발이다. 이란의 경우는 2002년 여름, 우라늄 농축을 위한 시설을 보유하고 있다는 정보가 이란의 반체제파를 통해 알려졌다. 미국정부는 같은 해 9월 테헤란 남방 나탄즈의 우라늄 농축시설을 인공위성을 사용하여 밝혀냈다.[40] 한편 러시아는 이란에 대하여 핵을 군사용으로 전용하는 데에는 반대하면서도 핵의 평화적 이용의 권리는 옹호하는 자세이다. 이란의 원자력발전소 건설을 지원하는 이상 당연한 태도였다. 러시아의 협력으로 건설이 진행 중인 원전은 페르시아만의 부셰르에 있다. 원래는 1970년대 중반에 독일

---

[39] Ibid., p.18.
[40] "이란 극비 핵개발?(イラン核極秘開發か)" 『산케이 신문(産證新聞)』 2002년 12월 13일자 오사카판 석간.

(당시 서독)의 기업이 건설을 맡았지만 이란·이라크 전쟁의 영향으로 공사가 중단되고 우여곡절 끝에 1995년 러시아가 건설을 인수하게 되었다. 2008년 12월 현재 준공이 임박했다고 하지만 여전히 조업은 개시되지 않고 있다.

2002년에 우라늄 농축 사실이 밝혀질 무렵 이란은 국제사회의 반발로 일단 우라늄 농축활동을 중단했다. 그러나 2005년 8월 '원자력의 평화이용을 목적으로 하는 연구를 위해'라는 명목으로 우라늄 농축을 재개, 2006년 4월에는 약 3.5%의 저농축 우라늄 제조에 성공하였다. 푸틴 대통령은 이란의 농축활동 재개를 "잘못된 판단"이라고 단언하였다.[41]

그러나 러시아는 곤란한 입장이었다. 이란의 핵개발은 멈추게 해야 하는 한편 이란의 원전건설은 러시아에 경제적인 이익을 가져다 주기 때문이다. 부셰르 원전건설에는 러시아 기업 약 300사가 참가하고 있으며 2만 명의 고용이 창출되었다. 원전건설에 관해 러시아는 이전까지 독점하던 중동과 유럽의 시장에서 내몰리고 있다. 그런 상황이니만큼 이란의 원전건설은 러시아로서는 사소한 문제라고 할 수 없다.[42]

게다가 러시아와 이란의 관계는 부셰르 원전건설에 그치지 않는다. 러시아에게 이란은 지정학적으로도 중요하여 신중한 태도가 필

---

41) 사이토 모토히데(齋藤元秀)「대국부활을 꾀하는 러시아의 이란 핵문제 대응(大國復活狙うロシアのイラン核問題對應)」『世界週報』2006년 7월 25일, 27쪽.
42) Robert Einhorn and Gary Samore, "Ending Russian Assistance to Iran's Nuclear Bomb", *Survival*, vol.13, no.2, 2002, p.61.

요한 국가이다. 이란은 우선 카스피 해를 끼고 러시아와 마주하는 중동과 페르시아만의 대국이다. 또 시아파 이슬람 세계의 중요한 역할자이다. 러시아로서는, 예를 들면 대터키정책을 생각하면 이란과의 밀접한 관계는 필수불가결하다. 세 번째로 이란은 러시아의 중요한 무기수출국이다. 네 번째로 러시아는 중앙아시아와 카프카스의 급진적인 이슬람세력에 대하여 끊임없는 경계를 해야 하며, 그 점에서라도 이란과의 관계가 중요하다.[43]

러시아 측에는 북한에서의 아픈 경험을 반복하지 않으려는 계산도 작용하고 있을 것이다. 북한의 원자력이용은 1960년대에 소련이 소형 원자로와 핵연료를 연구용으로 제공하면서 시작되었다. 북한은 그것을 비밀리에 이용하여 1989년에는 핵탄두를 제조할 정도의 핵물질을 보유하게 되었다. 1980년대 말부터 1990년대 초에 걸쳐 소련(및 그 계승국인 러시아)은 북한의 핵개발문제에 대응할 여유가 없었다. 국내의 혼란을 수습하기 바빴기 때문이다. 러시아는 북한의 핵개발을 컨트롤할 역할을 미국에 빼앗겨 버렸다. 북한에서의 정치적 영향력을 잃었을 뿐 아니라 경제적인 이익도 기대할 수 없게 되었다. 예를 들면 러시아는 연해지방에 북한의 원전을 건설할 것을 제안했지만 성과를 거두지 못했다.[44] 북한과의 이러한 경험은 러시아가 이란과의 관계에 집착하게 되는 한 원인이 되었다.

이상과 같이 러시아로서는 이란과 관계를 긴밀하게 유지하려는

---

43) *Ibid.*, p.62.
44) Bulent Aras and Fatih Ozbay, "Dances with Wolves: Russia, Iran and the Nuclear Issue", *Middle East Policy*, vol.13, no.4, 2006, p.139.

역학이 작용한다. 다만 그리는 한편 러시아는 이란의 핵무기 보유로 이어질 만한 움직임도 간과할 수는 없는 노릇이었다. 푸틴 대통령이 2003년 9월 CNN과의 인터뷰에서 말한 것처럼,[45] 러시아의 남부에 핵보유국이 출현하는 것은 안전보장의 관점에서 바람직하지 않기 때문이다. 곤란해진 러시아는 다음과 같은 대응책을 폈다. 즉 우라늄의 농축을 러시아에서 실행하고 사용후핵연료의 보관과 재처리도 러시아가 맡는다는 안이다. 러시아는 2005년 말부터 2006년 초까지 이란에 그러한 제안을 반복해서 요구했다.[46] 그러나 이란은 수용하지 않았고, 지금까지 이란은 우라늄의 농축활동을 단념하지 않고 있다.

6. 국책으로서의 원자력 비즈니스

이란의 핵개발은 기존의 핵확산금지체제에 한계가 있음을 시사한다. 이를 통감한 엘바라데이(Muhammad ElBaradei) IAEA 사무국장은, 2003년 10월 새로운 핵관리 방식을 제창하였다. ①민생용 사업에서 군사이용이 가능한 물질 (즉 분리플루토늄과 농축우라늄)의 가공과 재처리 및 농축에 의한 새로운 물질의 생산을 규제한다. 구체적인 방책으로 그런 작업은 국제적으로 관리되는 시설에서만 수행하도록 한다. ②핵무기생산에 직접 이용될 수 있는 물질 (예를

---

[45] *Ibid.*, p.134.
[46] *Ibid.*, pp.140~141.

들면 고농축 우라늄)의 사용을 피하는 원자력 에너지 시스템을 갖춘다. ③사용후핵연료와 방사성 폐기물의 관리에 착수할 국제적인 접근방식을 검토한다.47) IAEA는 2005년 2월 전문가 그룹의 보고서에서 IAEA의 감시체제하에 핵연료의 공급을 국제적으로 보장한다는 구상을 새롭게 제기하였다.48)

앞 절에서 언급했듯이 러시아는 이란에 대해 우라늄 농축과 사용후핵연료의 처리를 맡겠다고 제안했다. 러시아가 그런 사업을 IAEA의 관리하에 두는 것을 상정한 것은 아니고 자국의 정치적, 경제적 이익을 우선시한 것이다.

그러나 일반적으로 말하자면, IAEA의 구상은 러시아로서는 이용가치가 있었다. 핵연료 사이클을 국제적으로 관리하는 형식을 정비할 수 있다면 러시아는 핵확산에 손을 더하고 있다는 비난을 피할 수 있다. 뿐만 아니라 러시아의 원자력비지니스는 IAEA의 보증을 얻음으로써 해외시장에서 판로를 확대할 수 있다. 아마도 그런 판단 하에 러시아는 본격적으로 국제적인 원자력 비즈니스에 뛰어 들기로 정했을 것이다. 푸틴 대통령은 2006년 1월 25일 유라시아경제공동체 회의석상에서 국제핵연료사이클센터를 러시아에 설립할 용의가 있음을 밝혔다. 그리고 핵무기를 보유하지 않은 국가를 위해 IAEA의 감시하에 우라늄 농축을 맡을 것이라고 설명하였다.49) 요

---

47) Mohamed ElBaradei, "Towards a Safer World", *Economists*, vol.369, 2003.
48) Yury Sokolove, "Yadernaya energetika-sleduyushchaya chetvert", *Mezhduharodnaya Zhizn*, 1-2, 2008, p.91. 집필자인 유리 소코로브는 IAEA 차장이다.
49) 『러시아 월보(ロシア月報)』 제751호, 2006년, 87쪽.

컨대 사용후핵연료의 인수뿐 아니라 핵연료 사이클 전체를 대상으로 하는 사업을 하겠다는 것이다. 러시아가 원자력비즈니스에 본격적으로 뛰어들었음을 알 수 있다.

푸틴 대통령의 발언과 러시아의 공문서로 판단해 보면 러시아는 국책으로 원자력산업을 기간산업으로 육성하겠다는 의향이 보인다. 그 목적은 우선 증대하는 국내의 전력수요를 충족시키기 위한 것이다. 푸틴 대통령은 2006년 1월 31일 텔레비전 인터뷰에서 원자력발전이 러시아 국내의 발전에서 차지하는 비중을 현재 16~17%에서 2030년에는 25%까지 끌어 올리겠다고 하였다.[50]

두 번째 현재 경제 전체에서 러시아가 국제경쟁력을 갖게 하는 것이 급선무라는 것이다. 러시아는 천연자원 외에 그다지 유력 수출품이 없기에 국제경쟁에서 살아남기 위해서는 산업의 다각화가 다급해 졌다.[51] 원자력산업은 유망한 산업이자 러시아의 다각화전략을 실현시키기 위한 주력무기가 될 수 있다. 푸틴 대통령은 2006년 5월의 교서연설에서 러시아경제의 국제경쟁력을 강화하기 위해 원자력발전을 발전시킬 조치가 필요하다고 강조하였다.[52]

교서연설에 드러난 방침은 연방특별프로그램 '러시아의 원자력산업의 발전- 2007~2010년의 예정 및 2015년까지의 전망'으로 성

---

50) *RFE/RL Newsline*, January 31, 2006.
51) 푸틴 대통령은 2008년 2월 8일 연설에서 그러한 인식을 분명히 드러냈다. 〈http://www.kremlin.ru/text/appears/2008/02/159528.shtml〉(2008년 11월 13일 접속)
52) 『러시아 월보(ロシア月報)』 제755호, 2006년, 112~113쪽.

문화되었다(2006년 10월 6일 러시아정부 승인). 이 프로그램은 다음의 방침을 강조한다. ①원자력발전소를 순차적으로 증설한다. ②핵연료 사이클 관련제품(및 작업과 서비스)을 세계시장에 내놓는다. ③국외에서의 원전건설과 조업에 협력한다.53)

국제핵연료사이클센터를 운영하는데 근간이 되는 것은 농축우라늄의 수출이다. 때문에 원료가 되는 천연우라늄을 확보해야만 한다. 러시아 국내에서 산출되는 천연우라늄은 세계 9위로 그다지 많은 편은 아니다. 우라늄 농축기술을 무기로 삼기 위해서는 천연우라늄 제공국과의 협력이 필수적이다.

러시아가 처음 선택한 협력대상은 카자흐스탄이었다. 푸틴 대통령은 국제핵연료사이클센터구상을 제창한 바로 그날, 카자흐스탄의 나자르바에브(Nursultan Nazarbaev) 대통령과 원자력에너지의 평화이용에 관한 공동성명을 냈다. 양국의 대통령은 더욱이 같은 해 10월 3일 국제핵연료사이클센터를 러시아에 설치하겠다는 구상에 카자흐스탄이 참가하는데 합의하였다. 양국은 2007년 5월 10일 국제우라늄농축센터 설립에 관한 협정을 체결하였다.54) 이 센터는 시베리아의 안가르스크(이르크츠크 북서)에 있다. 러시아는 카자흐스탄의 우라늄 채굴사업의 자금수당을 적극적으로 후원하는 담보로 카자흐스탄으로부터 천연가스를 수입하고 우라늄 농축을 맡기로 하였다.

---

53) "연방특별프로그램 〈러시아 원자력산업의 발전 - 2007~2010년의 예정 및 2015년까지의 전망〉"(러문) 〈http://www.minatom.ru/News/Main/view?id=44774 & idChannel=125〉(2009년 2월 10일 접속)

54) "Rossiisko-Kazakhstanskoe vzaimoproniknovenie", *Nezavisimaya gazeta*, 12 August, 2008.

맺음말

소련의 원자력 개발은 필수적인 사회적 비용(안전성)을 감안하지 않고 진행되어 왔다고 할 수 있다. 그 증거는 체르노빌 원전폭발사고로도 충분할 것이다. 국민의 안전을 희생양으로 삼는 정책이 어떻게 가능했던 것일까. 소련시대는 사회주의체제하였고, 당과 국가지도부는 생산고를 끌어 올리는데 여념이 없었다. 또 공산당 일당독재 탓에 야당이 환경문제를 내세워 정부를 압박하는 일도 없었다. 언론과 결사의 자유가 사실상 없었기 때문에 생활을 방위하기 위한 시민의 시위도 허락되지 않았다. 이처럼 소련시대 원자력정책의 특징은 당초의 정치, 경제체제의 소산으로 볼 여지가 있다.

신생국 러시아로 바뀐 후 원자력정책은 어떻게 되었을까. 러시아는 적어도 형식적으로는 삼권분립을 보장받은 민주주의 국가이다. 의회에서는 야당의 존재도 허용되며 소련시대와 달리 환경보호운동도 가능하게 되었다. 그러나 러시아가 소련시대와 비교하여 특별히 환경보호를 고려하고 있다고는 보이지 않는다. 오히려 국가주도로 원자력 개발을 추진하고 있으며, 영리추구 수단으로까지 여겨지고 있다. 그것은 해외의 사용후핵연료의 처리를 적극적으로 떠맡으려는 데에서도 엿볼 수 있다. 그런 경향은 특히 푸틴 정권의 2기 이후에 현저해 졌다. 러시아가 이러한 정책을 추구하는 이유로는 국내의 전력수급사정이 급박하다는 점과, 천연자원의 수출에 의존하는 경제의 다각화가 다급해졌다는 사정을 지적할 수 있다.

글쓴이의 말

　히로시마와 나가사키에 원폭이 투하된 지 이미 60년 이상 지났다. 미증유의 참극에 도탄에 빠진 피폭자와 유족의 비통한 호소에도 아랑곳없이 여전히 인류는 핵의 위협을 받고 있다. 본서에서 서술하였듯이 국제적으로 주목되는 핵무기보유국의 확대뿐 아니라, 민생이용이라는 그럴듯한 말에 핵확산은 관심과 주의를 끄는 일이 없이 원전건설증가의 형태로 급속하게 진행되고 있다. 이러한 사태는 제2차 세계대전 후 희구해 온 세계평화의 호소가 현실정치와 국제관계 앞에서 얼마나 무력한지를 보여줌과 동시에, 얼마나 많은 국가가 한정된 화석연료를 대신할 핵에너지에 의존하면서 만족을 모른 채 탐욕스레 경제발전을 추구해 왔는지 재확인시켜준다.
　그 점에서 본서에서 여러 번 언급한 NPT체제의 근본적인 재검토가, 이중의 의미에서 '핵 억지론'에 지탱되어 온 위기적인 현상을 조금이나마 타개하는 데 필요함은 두말할 필요가 없다. 특히 NPT는 분명한 핵보유국과 비보유국 사이에서, 전자가 후자의 핵보유를 금지 혹은 관리한다는, 군사적 '남북문제'라고 할 만한 성격을 가지고 있다. 명확하게 '이중기준'을 잣대로 하는 데 거리낌이 없다.
　이러한 사태를 전면적으로 재검토하여 반드시 모든 국가가 예외

없이 핵무기보유를 전면금지하는 조약으로 수정되어야 한다. 그렇지 않으면, 이미 핵무기의 소형화와 통상무기화까지 착수하고 있는 기존의 핵보유대국 주장에 설득력이 없을 뿐 아니라, 이를 추종하는 핵무기준비국은 끝없이 이어질 것이 틀림없다. 또 인도, 파키스탄, 이스라엘과 같은 비가맹국의 핵개발 전례를 교훈으로 삼는다면 유엔가입시 핵폐기조약과 포괄적핵실험금지조약(CTBT) 가맹의무를 지우는 것도 당연한 대책일 것이다.

'핵무기 문화'는 국제적인 긴장과 분쟁으로 자라난다. 핵무기 의존체질은 이른바 '테러'를 포함하여 언제 전쟁으로 전화될지 모르는 국제정치의 소산이라고 바꿔 말할 수 있다. 바로 그렇기 때문에 유엔의 전면지원을 받으면서 긴장과 분쟁에 이해관계가 없는 제3자적인 국제조정기관의 수립도 적극적으로 구상해야 한다. 그중에서도 지금까지 변함없이 미국을 비롯한 초강대국의 '이중기준'이 위세를 떨쳐온 국제질서를 규탄하고 핵폐기의 이념에 따른 질서확립을 가능하게 하는 국제정치 시스템을 서둘러 구축해야 한다.

동시에 통상적인 의미에서 경제적인 남북문제에 연동한 개발도상국의 원전건설에 제동을 걸기 위해서 핵의 '선진국'이, 예를 들면 2002년 4월에 개정원자력법을 제정하여 원자력에너지 이용의 폐지를 결정한 독일처럼, 솔선하여 탈원전을 진행시킴과 동시에 태양에너지, 풍력, 수력 등 다양한 자연에너지를 유연하게 조합하여 국제적인 대체에너지 개발에 앞장서야 한다. 더하여 히로시마, 나가사키, 체르노빌과 그 외 피폭의 비극과 함께 원자력에너지 이용에 휘감긴 방사능 오염의 위협과 핵무기개발의 표리일체적인 관계성에 대해 지금 이상으로 세계적으로 인지하고 핵물질과의 결별을 인류 공통으로 극복해야 하는 가장 중요한 과제로 삼아 널리 국제적인 이해를 끌어내는 교육도 지극히 중요하다 할 것이다.

동서냉전하 1960년대에 인류가 언제 핵전쟁의 위협에 내몰릴지 예측불허인 상황은 종종 '다모클레스의 칼'이 머리 위에 매달려 있다는 표현으로 회자되었다. 그로부터 이미 반세기 가까이 지난 현재, 핵전쟁뿐 아니라 일상생활에 가까워지고만 원전의 존재에서, 당장이라도 인류는 방사능 오염의 피해에 언제 조우할지 모르는 상황에 처해 있다. 그런 점에서 보자면 지상에 숲처럼 들어서기 시작한 수많은 '다모클레스의 칼'에 위협을 받고 있는 우리는 한층 위기에 접근했다고 할 수 있을 것이다.

본서는 약 4년 전부터 시마네현립대학의 후쿠하라 유지 교수와 함께 매년 여름방학 중에 개최하는 대학원생 지도를 위한 연구합숙 '동서아시아연대연구회'에 참가해 온 4인(요시무라, 후쿠하라, 후쿠이 유즈루, 곤도 다카후미)과 히로시마대학의 누노카와 히로시 교수, 히로시마시립대학의 우노 마사키 교수 외에, 방위대학의 쓰노다 야스마사 교수, 국제기독교대학의 이이즈카 히사코 교수가 참가하여 책으로 엮어내게 되었다. 집필자 전원이 참여하지는 못했지만 그중 일곱 명이 2008년 9월에 시마네 현 '현민의 숲'에 모여 집필자 회의를 개최하였다. 그 아름답고 풍요로운 자연을 만끽하면서 각자의 초고를 놓고 격렬하게 논의한 것도 기억이 남는다.

그로부터 1년이 지나지 않아 본서가 간행될 수 있었던 것은 기획자의 의도에 흔쾌히 따라 준 집필자들의 열의와 적극적인 참여 덕분이다. 또 전문서가 세상에 나오기 어려워진 최근의 출판사정에서도 이번 기획의 의의를 충분히 이해하고 출판지원(사타케교육연구조성금)을 결정해준 히로시마대학후원회에 이 자리를 빌려 깊은 감사를 전하고 싶다.

그리고 국제서원의 이시이 아키라(石井彰) 대표는 출판과정에서 적절하고 따뜻한 조언을 해 주셨다. 마음으로부터 감사의 뜻을 전한다.

본서의 출판까지 지원을 아끼지 않으신 많은 분에게 보답이 되기 위해서라도 본서를 계기로 핵폐기에 대한 이해가 한층 더 깊어지기를 바라며, 집필자 일동은 이를 위해 이후에도 다양한 노력을 더해 갈 것이다.

2009년 4월 1일
사이조(西條)의 연구실에서
글쓴이를 대표하여 요시무라 신타로 씀

옮긴이의 말

1945년 인류를 파멸로 몰아간 전쟁의 광기는 히로시마와 나가사키에 원자폭탄이 투하되면서 막을 내렸지만, 이후 인간이 발명한 최악의 무기는 인류에게 '핵'의 공포를 끌어안게 하였다. 인류의 생존과 세계 평화라는 슬로건과 함께 핵에 대한 논의는 '반전반핵'이란 방향으로 어느 정도 가닥이 잡힌 듯하다. 이에 비해 '클린 에너지'라는 이름으로 사용되는 원자력 발전에 대한 논의는 '위험한 핵의 평화적 이용'이라는 미명하에 상대적으로 폭넓게 용인되어 온 것이 사실이다. 그러나 2011년 3월 11일 동일본 대지진 발생 이후 후쿠시마 원자력발전의 폭발사고는 오랫동안 뇌리에서 사라졌던 체르노빌 핵참사에 대한 기억을 상기시키면서 기존의 핵관련 논의 자체를 처음부터 다시 생각하게 하였다.

지난 2월 일본의 민간독립검증위원회가 발표한 후쿠시마 원전폭발사고의 진상조사보고서에 따르면, 폭발사고 3일 후인 3월 13일 총리실은 '악마의 연쇄반응'이라고 부르는 이바라키 현의 도카이 원전에서 '멜트다운'이 일어나면 최악의 경우 도쿄 인구 3500만 명을 대피시켜야 하는 상황에 이를 수 있다는 논의를 하였다. 그야말로 전후 최대의 위기상황에 직면하였다는 것이다. 현재 일본에 산재한

54기의 원전은 모두 가동이 중지된 상태이다. '핵'이 가져오는 참사에 비해 전력공급난에 따른 불편함은 논할 바가 아니라는 인식이 반영된 것이다(노다 정권은 원전 재가동을 고려하고 있으나, 반대 여론이 들끓고 있다).

이러한 일련의 사건은 우리나라의 원전문제를 되돌아보게 한다. 최근 고리원자력발전소의 사고와 관계자들의 은폐에 대한 의구심이 솟는 가운데, IAEA가 진상조사에 착수한 것도 같은 흐름에서 파악할 수 있을 것이다.

동시에 이란의 핵 프로그램을 둘러싸고 미국은, '핵무기'와 상관없는 '평화적인 이용'이라는 이란정부의 항변에도 불구하고 금방이라도 전쟁이 일어날 것 같은 추상적인 '공포'를 일깨우며 국제사회를 압박하고 있다. 이란과 'P5+1'(유엔 안전보장이사회 상임이사국 5개국+독일)의 협상은 5월 24일 인식의 차이를 좁히지 못한 채 결렬되고 말았다. 이란의 핵을 둘러싼 핵 협상은 이란과 상대국뿐 아니라 강대국 사이에서도 의견이 대립되어 이번뿐 아니라 수년째 헛걸음을 해 왔다. 그 배경에는 '핵전쟁'으로 이어질지도 모르는 참사를 막아야 한다는 '보편성'보다는 복잡하게 작용하는 각국의 이해관계가 있다. 이란의 핵문제는 남의 나라 이야기로만 끝나지 않는다. 미국을 비롯한 유럽 국가들은 이란정부에 경제제재를 가하려 하고, 이러한 미국의 방침은 한국정부에도 영향을 미쳐 우리나라는 울며 겨자먹기로 이란 경제제재에 발을 내딛어야 할 판이다. 2010년에도 그랬지만 미국은 이번에도 국방수권법에 따라 이란 원유수입을 삭감할 것을 한국정부에 요구하였고, 나아가 "이란과 북한의 상황은 연결된 문제"라며 미국의 대이란 제재에 적극적으로 나설 것을 압박하고 있는 상황이다(지난 1월 16일 방한한 로버트 아인혼 미 국무부 대북·대이란 제재 조정관의 발언을 보라!).

본서는 이렇게 '핵'을 둘러싼 논의가 전쟁, 평화, 경제뿐 아니라 국제정치까지 얽히고설킨 실타래처럼 복잡한 양상을 띠고 있음을 아시아 각국의 개별적 분석을 통해 적나라하게 들춰내고 있다. 본서의 가장 큰 특징은 각각의 집필자가 한반도를 비롯하여 중국과 인도, 파키스탄, 이란, 이스라엘, 러시아 등 집필 대상이 된 국가에서 오랜 기간 체류하면서 얻은 경험을 바탕으로 핵을 둘러싸고 복잡하게 얽힌 각국 내부의 사정을 소상하게 밝혔다는 점이다. 각국의 사례는 핵에 대한 인식이나 정책이 나라마다 얼마나 자의적이고 편의적으로 이용되고 있는지를 보여준다.

특히 일본의 사례는 핵에 대한 이중적 태도가 아시아의 핵확산에 어떻게 관련됐는지, 그리고 지난 후쿠시마 원전 사고 이전에도 수많은 원자력 관련 사고가 발생했음에도 불구하고 그 위험에 대한 인식이 얼마나 느슨한지를 충격적으로 드러내고 있다. 다만 3.11의 후쿠시마 원전 사고를 계기로 '원자력 마피아'라고 불리는 정관재계, 그리고 학자들까지 관여해 온 핵에 대한 어두운 장막을 걷어내고 지난 세기 인류가 행해 온 오만함을 반성하는 목소리가 높아진 것은 그나마 다행이라 하겠다.

히로시마대학 대학원 유학 시절, 요시무라 선생님의 아시아 국제정치 강좌에서 시작된 오랜 인연으로 본서를 우리말로 옮겨달라는 부탁을 받았다. 일본사상사 전공자인 옮긴이에게 당시의 수업이나 본서의 번역작업은 국제정치가 일상생활에 깊게 연관되어 있음을 알게 해 준 소중한 경험이었다. 특히 '핵의 평화적 이용', '클린 에너지'라는 이미지에 감쳐졌던, 혹은 감추어 왔던 원자력발전에 대해 근본적으로 시점을 다시 세워야할 필요성을 깨닫게 해 주었다. 독자 여러분에게 공감을 얻는다면 옮긴이의 보람일 것이다.

  마지막으로 본서의 간행에 애써주신 고려대학교 일본연구센터 최관 소장님과 총서간행위원회의 여러 선생님, 그리고 도서출판 문의 최명선 사장님과 편집부에도 감사인사를 전한다.

2012년 6월 1일
안암동 연구실에서
김선희 씀

글쓴이 소개

[집필순]

누노카와 히로시(布川弘)

히로시마대학대학원 총합과학연구과교수. 일본근현대사 전공.
주요논저:『近世近代の地域社會と文化』(淸文堂, 2004), 「國際平和運動における新渡戶稻造と賀川豊彦の役割」(平成12年度-14年度 科學硏究費補助金 基盤硏究C 硏究報告書, 2003), 『近代日本社會史硏究所說』(廣島大學出版會, 2009)

후쿠이 유즈루(福井讓)

인제대학교 일어일문학과 전임강사. 한국근대사, 현대한국정치사회사.
주요논저:「朝鮮總督府の遞信政策-朝鮮簡易生命保險制度の導入と遞信局」(松田利彦編『日本の朝鮮·台灣支配と植民地官僚』國際日本文化硏究センター, 2008), 「一時歸鮮證明書制度について-その實態に關する一考察」(『朝鮮史硏究會論文集』제46집, 2008), 「朝鮮總督府の遞信官僚とその政策觀-朝鮮簡保制度の施行を中心に」(松田利彦·やまだあつし編『日本の朝鮮·台灣支配と植民地官僚』思文閣, 2009)

후쿠하라 유지(福原裕二)

시마네현립대학대학원 북동아시아개발연구과 준교수.
국제관계사, 한반도지역연구 전공.
주요 논저:『日本·中國からみた朝鮮半島問題』(共編, 國際書院, 2007), 「金日成權力の『歷史』構築と對日認識の形成」(『北東アジア硏究』제12호, 2007), 「竹島關連言說の檢討」(『總合政策論叢』제17호, 2009)

이이즈카 히사코(飯塚央子)

국제기독교대학 강사. 중국의 국제관계사 전공.
주요 논저:「中國の核開發と國際戰略の變遷」(茅原郁生『中國の核, ミサイル, 宇宙戰力』蒼蒼社, 2002), 「文化大革命期の核開發」(國分良成編『中國文化大革命再論』慶應義塾大學出版會, 2003), 「科學技術をめぐる國際關係」(國分良成編『中國政治と東アジア』慶應義塾大學出版會, 2003)

곤도 다카후미(近藤高史)

긴키대학 강사. 파키스탄현대사, 남아시아국제관계 전공.
주요 논저:「『ムハージル民族』への視角：エスニシティの『統合』をめぐって」(『アジア太平洋論叢』제15호, 2005),「カシュミール問題の諸相：『分權主義』運動の活發化との關連で」(『アジア研究』제50권, 제1호, 2004),「パキスタンの民族問題に關する一考察：スィンド州のムハージル運動を事例として」(『アジア社會文化研究』제4호, 2003년)

요시무라 신타로(吉村愼太郎)

히로시마대학대학원 총합과학연구과 교수. 이란현대사, 중동국제관계 전공.
주요 논저:『レザー・シャー獨裁と國際關係－轉換期イランの政治史硏究』(廣島大學出版會, 2007),『イラン・イスラーム體制とは何か－革命・戰爭・改革の歷史から』(書肆心水, 2005),「近現代イラン政治の展開と宗教的／世俗的ナショナリズム－19世紀後半から1960年代までを中心に」(酒井啓子・臼杵陽編『イスラーム地域研究叢書5 イスラーム地域の國家とナショナリズム』東京大學出版會, 2005)

우노 마사키(宇野昌樹)

히로시마시립대학 국제관계학부 교수. 문화인류학, 중동지역연구 전공.
주요 논저:「パレスチナ『近代』を問い續ける」,「ヤズィーティー孔雀像を崇める人々」(堀内正樹・松井健編『講座 世界の先住民族－ファーストピープルズの現在 中東編』明石書店, 2006),「東南アジアにおけるイスラーム－グローバリゼーションとネットワークをキーワードとして」(廣島市立大學現代アジア研究會編『現代アジアの變化と連續性』彩流社, 2008)

쓰노다 야스마사(角田安正)

방위대학교 교수. 러시아지역연구 전공.
주요 논저:『CIS：舊ソ連空間の再構成』(田畑伸一郎・末澤惠美編, 國際書院, 2004),『世紀の賣却－第二のロシア革命の內幕』(フリーランド著, 共譯, 新評論, 2005),『帝國主義論』(レーニン著, 光文社古典新譯文庫, 2006),『ゴルバチョフ・ファクター』(ブラウン著, 共譯, 藤原書店, 2008)

옮긴이

김선희(金仙熙)

고려대학교 일본연구센터 HK연구교수. 일본문화, 일본사상사 전공.
주요 논저: 『국학과 일본주의 일본보수주의의 원류』(공저, 동북아역사재단, 2011), 『일본 '국체' 내셔널리즘의 원형 모토오리 노리나가의 국학』(공역, 동북아역사재단, 2011), 『에도유교와 근대의 지』(역서, 선인, 2010), 『시마네현 다케시마의 신연구』(역서, 해양수산개발원, 2010), 「근대 왕인전승의 변용양상에 관한 고찰」(『일본문화연구』 제41집, 2012), 「전근대 왕인(王仁) 전승의 형성과 수용」(『일본문화연구』 제39집, 2011), 「韓國における「歷史敍述」の問題-林泰輔 『朝鮮史』の受容を中心に」(『東アジア文化交涉研究』 제3호, 2010(일본), 「『排耶蘇』에 나타난 하야시 라잔(林羅山)의 유학사상에 대한 일고찰」(『일본문화연구』 제33집, 2010)

일본학총서 24

핵확산 문제와 아시아
핵 억지론(抑止論)을 넘어서

2012년 7월 30일 초판 1쇄 발행

지은이	요시무라 신타로 외
옮긴이	김선희
발행자	최명선
펴낸곳	도서출판 │문 (등록 제209-90-82210)

주 소	서울특별시 성북구 보문동7가 11번지
전 화	929-0804(편집부), 922-2246(영업부)
팩 스	922-6990
ISBN	978-89-94427-22-5 (03300)
정 가	12,000원

ⓒ 김선희, 2012

* 이 책의 판권은 지은이에게 있습니다.
  지은이의 서면 동의가 없는 무단 전재 및 복제를 금합니다.
* 잘못된 책은 바꾸어 드립니다.